21世纪高职高专会计学系列教材

财务管理实务

C A I W U G U A N L I S H I W U

（第二版）

主　编　肖　凌

副主编　曾瑞玲　郭卉郁

厦门大学出版社 XIAMEN UNIVERSITY PRESS | 国家一级出版社 全国百佳图书出版单位

总　序

美国经济学家哈比森(F. H. Harbison)认为:“人力资源是国民财富的最终基础。一个国家如果不能发展人民的技能和知识,就不能发展任何别的东西。”二战后的西欧国家和日本,尽管在人力和物质财富上遭受了巨大创伤,但在较短的时期内在经济发展上却取得了巨大的成功。其主要原因之一就在于这些国家重视教育,特别是通过高等职业技术教育来提高劳动者的素质,使他们能很快地与引入的资本、新的生产技术和工艺,以及管理技能相结合,把本国经济很快地推向前进。例如,在德国,职业技术教育被认为是战后国家重新崛起的“秘密武器”;在日本,职业技术教育被看成是“经济发展的柱石”。

随着中国经济的高速发展,对高素质的技能型、应用型人才的需求越来越大。通过职业技术培训和教育,提高劳动者的生产技能和管理水平,切实提高人力资本的质量,已是一个非常迫切的现实问题。进入21世纪后,高等职业教育的改革和发展呈现出前所未有的发展势头,学生规模已占我国高等教育的半壁江山,成为我国高等教育的一支重要的生力军。与大学教育相比,高等职业教育的基本目标是培养适合社会需求的技能型、应用型专业人才,其教学特点是设计以“技术应用”为主、理论够用的课程体系。因此,高等职业教育本身具有鲜明的职业特征,这就要求我们在课程体系设计上体现职业教育的特色,认真研究和改革课程教学内容及教学方法,努力加强教材建设。而高等职业会计专业教育是财经类高职教育的一个重要组成部分，其教育目标是培养高素质的应用型会计技术职业人才。但迄今为止，大多数高职会计专业教材只是大学本科教材的简化和重复，符合职业特点和需求的教材还不多。为此，我们尝试编写了本系列高职会计专业教材。

本系列教材的编写正值新企业会计准则及中国注册会计师审计准则施行之时，因此本系列教材相关内容均按照新准则编写，同时根据高职教育的特点重新规划了教材体系，重组系列课程的教材结构，突出人才培养的实践性、应用性的原则。按照教育部制定的"高职高专教育基础课程教学基本要求"，教材的基础理论以"必要，够用"为度，突出基础理论的应用和实践技能的培养。

深圳职业技术学院是我国首批高职类示范性院校，其会计专业是该校重点专业，拥有一支较强的师资力量，在全国各高职院校中享有较高的声誉。本系列教材由该专业长期从事高等职业教育、有丰富教学经验和实践经验的资深教师精心编写，由厦门大学出版社陆续向广大读者推出。相信本系列教材在为我国培养高职会计专业技能型、应用型人才中将会发挥其重要的作用。

闫红玉

2007.3

第二版前言

本书出版以来，已有不少高职院校使用，并获得良好的口碑。同时，一些同仁也对本书提出了宝贵意见和建议，编者在几年的教学使用中也发现了一些错漏和可以改进的地方。此次，编者综合各种意见和建议，进行了修订，主要内容如下：

1. 对全书的习题进行了增删和修订，增加了习题答案，以方便使用者参考。

2. 第四章“筹资管理”中修正了长期借款成本的公式，增加了例题；补充了个别资金成本—折现模式的介绍；修订了经营杠杆的内容，增加了2个例题进行说明。

3. 第五章“投资管理”对项目投资净现值率(NPVR)法的例题数据进行了重新设计，使得例题情况更具合理性和代表性。

4. 第六章“营运资金管理”第四节“存货管理”对存货管理部分进行了简化，删除了“三、存货经济批量”中的“存货陆续供应和使用时的经济批量模型”和“有数量折扣的经济批量模型”部分，保留了“订货点控制”部分；删除了“四、存货日常管理”中的“存货储存期控制”部分，保留了“ABC控制法”部分。

以上修订由主编肖凌负责完成。由于作者水平有限，书中一定还有疏漏和不足之处，敬请广大读者指正。本书有配套的电子课件和单元测验题目(含答案)，如有需要，请通过以下邮箱与肖凌联系：973774647@qq.com。

编者

2013年9月

前言

本书根据《企业会计准则》、《企业财务通则》以及具体会计准则等规定，结合近年来财务研究的新成果，系统地介绍了企业财务管理的理论、方法和内容。在编写过程中，紧密结合新准则施行的要求，以及会计实务和学校教育、培训的需要，着重阐述了企业资金筹集、投资、营运、分配以及财务分析考核等方面的财务管理理论与实务。在行文上，力求简明易懂；在内容上，力求理论联系实际，保留一定深度，但又不深入。本书可作为各类院校、职业技术教育的教材，也可作为广大财会教学工作者、经济理论工作者和财会实际工作者以及各类管理人员自学、培训、进修和提高业务水平的读物。

本书共分九章。第一章是财务管理概论，主要介绍了企业财务管理的目标、内容、环节和环境；第二章和第三章分别介绍了财务管理的分析方法和分析原则；第四章到第七章介绍了企业财务管理的主要内容，包括筹资、投资、营运资金和利润分配等的管理；第八章介绍了企业财务管理的一般程序，包括财务预测、财务预算和财务控制；第九章是企业财务管理内容的扩展，包括国际理财、企业并购、破产和清算、财务人才等。每章后面配备了相应的习题，用以加深读者对财务管理的理解。

本书由肖凌主编，曾瑞玲和郭卉郁为副主编。肖凌负责拟订全书大纲，具体各章节分工为：肖凌编写第一章、第二章、第三章及各章习题；曾瑞玲编写第四章、第五章、第六章及各章习题；郭卉郁编写第七章、第八章、第九章及各章习题。最后由肖凌进行全书的总纂和修改。

编者

2007年8月

目 录

第1章 财务管理概论

第一节 财务管理目标

财务管理是企业管理的一部分,是企业管理资金运动、处理财务关系的管理活动的总称,具体包括对企业资金进行规划、控制和运用。

目标是行动的方向。财务管理目标是指企业在特定的经济环境中,进行财务活动要达到的目标,是企业财务活动的行动指南和评价标准。财务管理目标取决于企业目标和特定的社会经济模式。科学地设置财务管理目标,对优化财务管理行为,实现财务管理的良性循环,具有重要意义。根据现代企业财务管理理论和实践,最具有代表性的财务管理目标主要有以下几种观点:

一、利润最大化

企业是营利组织,企业设立的目的是为了获利,因此财务管理行为要朝着实现企业利润最大化的方向努力。该观点认为利润代表了企业新创造的财富,利润越多表明企业财富增加得越多,越接近企业目标。财务管理以利润最大化为目标的理由在于:在市场经济条件下,利润是衡量企业获利多少的标志。只有获取利润的企业才能生存、发展,吸引更多的资源,最终增加整个社会财富。另外,利润的计算简便,按照会计核算的配比原则,一定时期的收入减去费用后的余额就是企业的利润。

但将利润最大化作为财务管理目标无法避免以下问题:首先,没有考虑利润实现的时间,因为资金是有时间价值的,未来实现的100万元利润不等于现在实现的100万元利润;其次,利润是一个绝对数,没有体现利润总额与投入资本的关系,因而不便于不同资本规模的企业或同一企业不同期间之间的比较;再次,片面追求利润最大化,容易导致企业短期行为,忽视长远计划如研发、人才培训,和一些基本的责任如职工福利、安全生产、环保等;最后,没有考虑风险因素,高额利润的诱惑往往让人忽视暗藏的风险。

二、资本利润率最大化或每股盈余最大化

资本利润率是净利润与资本额(净资产)的比率。每股盈余是净利润与普通股股数的比值。企业所有者的目标是取得投资收益,其具体表现就是净利润与投入资本或股份数的对比关系。该目标克服了利润最大化目标未将利润与投资额联系起来考虑的缺点,能够解释和对比不同企业或同一企业在不同时期的盈利能力。但该观点仍然没有考虑资金时间价值因素,仅强调企业所有者的利益,无法避免企业短期行为。同时,资本利润率或每股盈余与资本额或股本成反比,为了追求指标最大化,企业可能会故意压缩资本或股本而增加负债,致使资本结构失调,给企业经营带来更大的财务风险。

三、企业价值最大化

也称为股东财富最大化。是指通过企业的合理经营,在考虑货币时间价值和风险价值的情况下,使企业的总价值达到最大,进而使股东财富达到最大化。在理论上,企业价值等于企业在未来各期净利润(或现金流)的现值之和。未来收益是不确定的、有风险的,一般按可能实现的概率计算。因此,企业价值与收益成正比,与收益实现的时间和风险成反比;在实践上,企业价值可以经过资产评估来确定,或反映在股价上。以企业价值最大化为目标的优点在于该目标考虑了资金的时间价值和投资的风险,促使企业合理选择投资方案,统筹安排长短期计划,最终达到企业资产保值增值的要求,实现股东财富最大化和社会资源的合理配置。

以企业价值最大化为财务管理目标的缺点在于,企业价值不容易确定。对于上市公司,虽然可以股票价格来衡量企业价值,但股票价格是受到多种因素影响的结果,一时的股价并不能直接反映企业未来的获利能力。对于非上市企业,只有通过资产评估来确定企业价值。但在评估过程中,由于受到要素市场成熟程度、评估标准和方法的影响,评价结果很难做到客观和准确。

第二节 财务管理内容

财务管理是基于企业再生产过程中客观存在的资金运动和财务关系而产生的,是一项综合性的管理工作。资金运动管理的内容主要包括资金的筹集、投放、营运使用和分配等。财务关系管理是指企业在进行资金运动管理过程中处理的与有关各方所发生的经济利益关系,包括企业与政府、投资方、债权人、债务人、职工等方面的财务关系。

一、资金运动管理

(一)筹资管理

足够的资金是开办和经营企业的前提,因此筹集企业所需资金是财务管理的首要内容。筹资管理是指企业为了满足投资和用资的需要,筹措和集中所需资金的过程。在筹资过程中,企业一方面要确定筹资的总规模,以保证投资所需的资金;另一方面要通过筹资渠道、筹资方式或工具的选择,合理确定筹资结构,以降低筹资成本和风险。

企业筹资来源分为两种:一是企业自有资金,可以是企业业主投入的资金,也可以向投资者吸收直接投资,或向公众发行股票,以及企业在经营过程中累积的留存利润。这部分资金在资产负债表右边的所有者权益类列示,包括实收资本、资本公积金、盈余公积金和未分配利润。二是企业借入的资金,包括从银行借款、发行债券、利用商业信用等方式取得。这部分资金在资产负债表右边的负债类列示,包括流动负债、长期负债等。

企业筹集资金表现为资金的流入,而企业清偿债务、支付利息、分配利润则表现为资金的流出。这种因企业筹资引起的资金运动,构成了企业财务管理的主要内容。

(二)投资管理

企业筹集资金后,就要为取得收益而进行投资,以实现企业财务目标。企业投资分为对内投放资金和对外投放资金。对内投放资金是指企业将筹集的资金购置相关流动资产、固定资产和无形资产以满足企业内部生产经营的需要。对外投放资金是指企业投资购买其他企业的股票、债券,或出资与其他企业进行合资、联营等,这也是日常所说的或会计上的投资。企业投资需要支付资金,发生资金流出,形成企业生产经营所需的各种资产或有价证券和股权。

当企业将投资后形成的资产出售，又会产生资金的流入。只有在资金流入大于资金流出时，企业才能获得收益和利润。因此，企业投资管理过程必须考虑投资方向、投资规模和投资风险，以提高投资效益，实现企业财务目标。

（三）营运资金管理

营运资金是企业为了满足日常经营活动需要而垫支的资金，因此营运资金管理的主要内容是筹措短期资金，提高短期资金周转率。如企业要用一定资金来购买生产用原材料或销售用商品，支付企业经营费用如工资、房租、水电费等。若资金短缺，则要考虑对外筹措短期借款，或提高资产周转率，扩大销售额，或加大欠款催收力度、收回资金。营运资金管理的目的是通过有效进行资金的日常调度和调剂，合理配置资金，以提高资金使用效率，增强短期资金的流动性。营运资金管理是企业财务管理的一项日常工作。

（四）收入分配管理

收入是资金的流入，是企业经营的结果，企业由此可进入下一个资金运动循环。但在此之前，要对收入进行必要的分配和管理。首先，收入要用于弥补生产经营的耗费，缴纳流转税，剩余部分是企业的营业利润。营业利润加上投资收益、营业外收支净额组成企业利润总额。利润总额要按税法规定缴纳企业所得税，税后净利润要提取公积金和公益金，分别用于扩大积累、弥补亏损和职工福利，最后剩下的利润可以作为股东收益分配或留存企业作为追加投资。

二、财务关系管理

（一）企业与政府的财务关系

政府作为社会管理者，要保卫国家安全，维持社会秩序，提供基础设施和公共服务等。这些功能是企业所不具备，也无法完成的，只能交给政府这一特殊的组织来履行。因此，政府依据这一身份，可以制定法律，无偿参与企业利润的分配。企业必须按照法律规定向中央和地方政府缴纳各种税款，包括所得税、流转税、资源税、财产税和行为税等。这是一种强制性的分配关系，目的是保证足够的国家财政收入，用以提供一国的公共产品。

（二）企业与投资者（股东）的财务关系

投资者向企业投入资金，在该企业就享有相应的权利和义务。企业投资者可以是国家、法人和自然人。投资者按照投资合同、企业章程履行出资义务。根据投资者出资额大小，投资者可以对企业享有对应比例的控制权和利润分配权。在企业破产清算时，投资者享有企业剩余资产的分配权，但同时也要承担以投资额为限的经济法律责任。

（三）企业与债权人的财务关系

企业除了利用自有资金经营外，为了扩大经营规模，降低资金成本，还需向各种债权人借入一定数量的资金。企业的债权人包括贷款银行、提供信用的供应商、本企业债券持有人以及其他借贷资金的单位或个人。企业利用了债权人的资金，就要按约定的借款利率按时向债权人支付利息，到期归还本金。这是企业与债权人之间的债务与债权关系。

（四）企业与债务人的财务关系

当企业对外提供借款、对客户赊销提供商业信用、购买债券等形式出借资金后，就形成与债务人之间的债权与债务关系。企业有权要求债务人按照合约支付利息和归还本金，或者偿还货款。

（五）企业与员工的财务关系

员工是企业劳动力的提供者，在生产经营中，企业要定期向员工支付工资、奖金、津贴、补助等，企业提取的公益金是员工应享的福利。这体现了员工和企业在劳动成果上的分配关系。

第三节 财务管理环节

财务管理环节是指企业财务管理工作的步骤与一般程序，包括财务分析、财务预测、财务决策、财务预算和财务控制。

一、财务分析

财务分析是根据会计核算资料，采用特定的手段和方法，对企业经营活动和财务活动的过程及其结果进行评价和分析。财务分析可以了解企业当前的财务状况，总结一定时期的经营成果，发现和掌握企业财务运动的规律，为改善财务预测、制定财务预算和进行财务控制提供依据。财务分析分为事前分析、事中分析和事后分析。财务分析贯穿于整个财务管理活动的各个环节，既是预测、决策的依据，又是决策和预算执行的总结。财务分析的程序是：(1)准备和收集资料，掌握信息；(2)计算和比较财务指标，揭露差异和问题；(3)分析原因，明确责任；(4)提出改进措施。

二、财务预测

财务预测是根据财务活动的历史资料和相关信息，结合企业自身经营条件，对企业未来一定时期的财务活动和经营成果进行科学的预计和测算。财务预测可以提高企业应对风险的能力，有效避免机会成本带来的损失，抓住有利机会带来的收益。财务预测是决策的前提，是制定财务预算的基础。财务预测的一般程序是：(1)确定预测目标；(2)收集相关资料；(3)选择预测方法和建立预测模型；(4)计算预测结果；(5)分析和选择预测方案。

三、财务决策

财务决策是在具体的财务目标指导下，根据财务预测提供的数据和其他相关信息，在若干个与生产经营和财务活动相关的方案中，选择最优方案的过程。企业财务管理的核心就是财务决策，财务分析、预测都是为决策服务的，财务决策直接关系到企业财务活动和经营活动的成败。财务决策的程序是：(1)确定决策目标；(2)根据预测结果，提出备选方案；(3)对备选方案进行分析、比较，确定最优方案。

四、财务预算

财务预算是指根据财务决策所确定的目标和方案，运用科学的技术手段和方法，对企业未来财务活动所发生的资金筹集、资金投放、资金耗费等进行具体规划。财务预算是预测和决策的结果和具体化，是财务控制的依据。财务预算编制的步骤是：(1)分析财务环境，根据决策目标化解确定预算指标；(2)进行各个预算间的协调和平衡；(3)选择预算方法，编制财务预算。

五、财务控制

财务控制是指在财务管理过程中，利用有关信息，根据企业制定的相关财务制度、财务预算等，对企业的财务活动进行监督、检查、调节等，以保证一定时期企业财务目标的实现。财务控制是企业落实和完成预算任务、达到决策目标的有效保证。财务控制的具体步骤是：(1)制定控制标准，依据责权利相结合的原则，分解落实各项财务指标；(2)跟踪各部门财务指标完成情况，及时调整差异；(3)分析执行中出现的差异，进行各级指标考核。

第四节 财务管理环境

财务管理环境是指对企业财务管理活动产生影响作用的企业内外部条件和因素的统称，如市场、价格、金融、税收、法律、生产技术、人力资源等。财务管理环境直接制约着一个企业的财务活动的展开。对企业来说，只有了解和把握企业的财务管理环境，才能制定正确的财务管理政策，实现企业各项经营活动的均衡开展，促进企业更好地生存和发展。本书着重讨论对企业财务管理影响较大的经济环境、法律环境、金融环境和企业内部环境。

一、经济环境

影响企业财务管理的经济因素主要有经济周期、经济发展水平、经济政策和通货膨胀等。

(一)经济周期

经济周期是指在市场经济条件下，经济发展和运行具有一定的波动性，大体上经历复苏、繁荣、衰退和萧条四个阶段的循环。二战后，随着各国政府对经济干预的加强，较好地避免了经济周期中的衰退阶段，但却出现了通货膨胀特征。我国经过20多年的改革开放，本国经济与世界经济不断融合，在经济发展与运行上也出现特有的经济周期和波动。比如在20世纪90年代初就曾经出现投资过热、生产过剩，导致通货膨胀，政府不得不实行紧缩政策，避免经济过热，保持经济持续、稳定发展。在经济周期性波动中，企业的筹资、投资、分配、资产运营都要受到影响。针对经济周期不同的阶段，企业应未雨绸缪，采取相应的财务政策。如在紧缩时期，社会资金短缺，利率上升，企业筹资困难，这时企业要停止扩张、减少库存、处置闲置设备、减薪或裁减雇员等。企业要随时关注本国及国际经济的走势，外向型企业还要关注贸易伙伴国的经济形势和贸易政策，及时分析经济波动对企业的影响，制订相应政策，掌握在经济大环境下的财务管理技能。

(二)经济发展水平

改革开放以来，我国的GDP高速增长，经济建设如火如荼。“十六大”的召开，将我国经济建设的现代化、国际化进程向更高层次推进，这就给企业扩大规模、调整方向、打开市场以及拓宽企业财务管理的范围带来了机遇。同时，由于高速发展中的企业资金短缺将长期存在，这对企业财务管理带来严峻的挑战。对此，企业经营者和财务人员要积极寻求在新形势下与经济发展水平相适应的财务管理模式。

（三）经济政策

从党的"十六大"以来，按照建成完善的社会主义市场经济体制和更具活力、更加开放的经济体系的目标和要求，我国经济体制改革又迈出新的步伐，生产力得到进一步解放。当前随着我国对国有资产管理体制、财税体制、金融体制、外汇体制、外贸体制、投资体制、社会保障制度、行政管理体制等各项改革的进一步深化，将会深刻地影响着我国的经济生活，也将深刻地影响着我国企业的发展和财务活动的运行。比如金融政策中的货币发行量、信贷规模会影响企业的资金来源和资本结构；税收政策会影响企业投资项目的选择；社会保障制度决定企业用工的选择等。因此，经济政策对企业尤其是上市公司有很大影响。这就要求企业在进行财务决策时，要时刻关注国家的产业政策和地方政府的相关政策。

（四）通货膨胀

通货膨胀对企业财务管理有两个方面的影响：一是对企业资金的影响。在经济处于通货膨胀阶段时，原材料价格会上涨。同时政府紧缩银根，控制社会投资，资金成本会上升。二是对企业利润的影响。企业在通货膨胀时期名义利润会大幅度地增加，但扣除通货膨胀的影响后，企业利润实际只有小幅增长，甚至没有增长或亏损。因此，企业为了实现预期的经营目标，就要采取防范措施，减少通货膨胀带来的影响。为此，企业要设法与原材料供应商签订长期供货合同，或购买期货合约对冲，规避原材料价格变动风险；企业生产的产品要进行及时的价格调整，弥补物价变动的损失；通过利用长期筹资方法筹集企业所需的资金，以避免在通货膨胀时较高的资金成本；考虑物价变动因素，采用稳健的会计核算原则和方法。

二、法律环境

市场经济是法治经济。法律为企业的经营活动提供了法律保障，企业在不违反法律的前提下可以自由经营。影响财务管理的主要法律环境因素有企业组织形式的法律规定、税收法律规定和财务会计制度等。

（一）企业组织法规

1. 个人独资企业

个人独资企业是指依照个人独资企业法成立，由一个自然人投资，财产为投资人个人所有，投资人以其个人财产对企业债务承担无限责任的经营实体。

设立个人独资企业应具备的条件是：

(1)投资人为一个自然人；

(2)有合法的企业名称，名称中不得使用“有限”、“有限责任”或“公司”字样；

(3)有投资人申报的出资额；

(4)有固定的生产经营场所和必要的生产经营条件。

个人独资企业具有结构简单、容易开办、利润独享、限制较少等优点。但个人独资企业的缺点在于出资者要承担无限责任，并且由于个人财力有限、信用低而筹资困难。

2.合伙企业

合伙企业是指由各合伙人订立合伙协议，共同出资、合伙经营、共享收益、共担风险，并对合伙企业债务承担无限连带责任的营利性组织。设立合伙企业应具备的条件是：

(1)合伙人应为两个以上的自然人，并且都是依法承担无限责任和具有完全民事行为能力的人。

(2)有书面合伙协议。

(3)有各合伙人实际缴付的出资，合伙人可以用货币、实物、土地使用权、知识产权或者其他财产权利出资。对货币以外的出资需要评估作价的，可以由全体合伙人协商确定，也可以由全体合伙人委托法定评估机构进行评估。经全体合伙人协商一致，合伙人也可以用劳务出资，其评估办法由全体合伙人协商确定。

(4)有合伙企业的名称，名称中不得使用“有限”、“有限责任”、“公司”等字样。

(5)有经营场所和从事合伙经营的必要条件。

合伙企业存续期间，合伙人的出资和所有以合伙企业名义取得的收益均为合伙企业的财产，所产生的亏损或者民事责任由全体合伙人承担。因此，合伙企业具有开办容易、信用较好的优点。但缺点是要承担无限责任，企业权力分散，导致决策过程长等。

3.公司

公司是指依照公司法登记设立，以其全部法人财产，依法自主经营、自负盈亏的企业法人。公司以其股东投资形成的全部法人财产权，依法享有民事权利，承担民事责任。公司股东作为出资者按投入公司的资本额享有所有者的资产受益、重大决策和选择管理者等权利，并以其出资额或所持股份为限对公司承担有限责任。公司分为有限责任公司和股份有限公司。

有限责任公司是指由2个以上50个以下股东共同出资，每个股东以其所认缴的出资额为限对公司承担有限责任，公司以其全部资产对其债务承担责任的企业法人。其特点是：

(1)公司资本总额不划分为等额股份。

(2)公司不发行股票，只向股东签发出资证明书。

(3)股东之间可以相互转让其全部出资或者部分出资。股东向股东以外的人转让其出资时，必须经全体股东过半数同意；不同意转让的股东应当购买该转让的出资，如果不购买该转让的出资，视为同意转让。

(4)股东人数有严格限制，为2个以上50个以下。

(5)股东以其出资比例享受权利、承担义务，并以出资额为限对公司承担有限责任。

股份有限公司是指全部资本分为等额股份，股东以其所持股份为限对公司承担责任，公司以其全部资产对公司债务承担责任的企业法人。其特点是：

(1)公司资本划分为等额股份，同股同权，每一份股份代表一份表决权；

(2)公司股份采取股票形式，股票是公司签发的证明股东所持股份的凭证；

(3)股东可以依法转让所持有的股份；

(4)设立股份有限公司，应当有5人以上为发起人，但没有上限限制；

(5)股东以其所持股份为限对公司承担有限责任。

公司相比于独资企业和合伙企业，优点在于便于筹措资金，可以通过发行股票、债券等迅速筹集大量资金，有利于企业进一步发展。并且公司股东只承担有限责任，股东对公司债务的责任以其投资额为限。企业在初创时可以采用以上三种形式中的一种，但随着企业发展，企业有必要采用公司这一现代企业制度形式。

(二)税法

国家财政税收政策对企业资金供应、税收负担和生产经营有着重要的影响，构成了企业财务管理的外部环境。企业的财务决策应当适应国家税收政策的导向，合理安排资金投放，以追求最佳的经济效益。以下是对我国税制的简要介绍。

1.所得税类

目前我国所得税有两种：

(1)企业所得税。新《企业所得税法》将于2008年1月1日起施行，适用于在中华人民共和国境内的企业和其他取得收入的组织(以下统称企业)。这些企业为所得税的纳税人，依照本法的规定缴纳企业所得税。新法统一了内外资企业的所得税率，规定上述企业在我国境内和境外的生产、经营所得和其他所得，为应纳税所得额，按25%的税率计算缴纳税款。

(2)个人所得税。该税的税率设有5%～45%、5%～35%的超额累进税率和20%的比例税率。

2.流转税类

流转税是对企业的流转额即销售额所征收的税金，也就是企业的销售税金，包括四种：

(1)增值税，是对商品生产、流通和加工、修理、修配各个环节的增值税额课税的一种流转税，属于价外税。其税率有三档：基本税率为17%，低税率为13%，出口税率为零。

(2)消费税，是对特定消费品和消费行为在特定环节征收的一种间接税。消费税用于引导消费，调整消费结构，缓解分配不公等矛盾。

(3)营业税，是对提供应税劳务的第三产业、转让无形资产或销售不动产的单位和个人征收的一种税。

(4)城市维护建设税，是专门为筹集城市维护建设资金而征收的一种税。

3.资源税类

资源税目前主要是对矿产资源和土地资源征收的税种，其目的是提高资源的利用效率，避免浪费；调节资源级差收入。主要有三种：

(1)资源税，是对在我国开采矿产和盐资源的单位和个人取得的级差收入征收的一种税。

(2)土地使用税，是对在城市和县城占用国家和集体土地的单位和个人，按土地使用面积定额征收的一种税。

(3)土地增值税，是为了调节土地增值收益而征收的一种税。

4.财产税类

财产税是对纳税人所有的财产课征的税。主要有房产税，它是对城镇、工矿区的房产，向产权所有人和承租人征收的一种税。

5.行为税类

行为税是以纳税人的某种特定行为为征税对象的税种。主要有四大类：

(1)固定资产投资方向调节税，该税是为了引导投资方向，对我国境内从事固定资产投资行为的单位和个人征收的一种税。

(2)印花税，是对书立、领受应税凭证的行为而征收一种税。

(3)车船使用税，是对行驶于我国境内的车船，按其种类定额征收的一种税。

(4)屠宰税,是对屠宰猪、牛、羊等牲畜行为征收的一种税。

企业在创立、发展过程中要遵守国家的税收法律,有纳税的法定义务。税赋是企业的一种费用,会增加企业的现金流出,对企业财务管理有重要影响。企业的业主和财务人员不但要了解和熟悉与自己业务经营相关的税种,还要及时知道有关减税、免税的原则规定。或者聘请专业人员进行咨询和指导,做到既不因为无知而造成偷漏税,也不因自己的非专业而无法享受税收优惠甚至多纳税。

(三)财务会计法规

财务会计法规主要是企业财务通则、企业会计准则和企业会计制度。《企业财务通则》是各类企业进行财务活动、实施财务管理的基本规范。《企业会计准则》是针对所有企业制定的会计核算规则,分为基本准则和具体准则,2006年2年15日已经出台1个基本准则和38个具体准则,于2007年1月1日起首先在上市公司施行,其他企业鼓励使用。为规范小企业会计行为,财政部已经正式发布《小企业会计制度》,自2005年1月1日起在全国小企业范围内实施。

(四)其他法规

与企业财务管理有关的其他经济法规还有许多,包括各种证券法规、结算法规、合同法规等。企业财务人员要熟悉这些法规,在守法的前提下完成财务管理的职能,实现企业的财务目标。

三、金融环境

企业经营活动实质上是资金在运动,包括资金的取得、资金的投入和资金的分配等。企业投资资金、运营资金等的取得除了靠自有资金外,还可以从金融机构和金融市场获取。可以说,金融机构和金融市场为企业融资提供了重要的渠道和手段,金融市场的成熟和完善程度、金融机构的组织体制和运作方式、金融工具的丰富程度、金融政策的变化等,对企业一定时期的财务管理会产生重大影响。

(一)金融机构

社会资金的汇集,再转移到资金需求者手中,大多由金融机构完成。金融机构主要由银行类金融机构和非银行类金融机构组成。

1.银行

银行是指从事存贷、汇兑、结算等金融业务,充当信用中介、支付中介、投资手段、提供信用工具和作为宏观调控手段的金融机构。我国银行主要包括:

(1)中央银行。即中国人民银行,是国家的货币发行机关,是政府的金融决策顾问和执行金融政策的银行。

(2)商业银行。商业银行是以经营存款、贷款、办理各种结算、汇兑等业务,按现代商业银行机制运行,自主经营、自负盈亏以营利为目的的金融机构。商业银行的一切经营活动必须严格遵守国家有关金融法律和法规,并接受中央银行的监管。我国的商业银行可以分为国有控股商业银行,如中国工商银行、中国农业银行、中国银行和中国建设银行;股份制商业银行,如交通银行、中信实业银行、中国光大银行、中国民生银行和华夏银行;区域性股份制银行如深圳发展银行、招商银行、广东发展银行、福建兴业银行和上海浦东发展银行等;合作商业银行,如城市合作银行和农村信用社。

(3)政策性银行。政策性银行从 1994 年开始在我国建立,目前有国家开发银行、中国农业发展银行和中国进出口银行。建立政策性银行的目的是,实现政策性金融和商业性金融的分离,割断政策性贷款和基础性货币的联系。

2. 非银行类金融机构

非银行类金融机构主要包括信托投资公司和租赁公司等。前者主要办理信托存款和信托投资业务,在国外发行债券和股票,办理国际租赁业务。后者介于金融机构和企业之间,它先筹集资金购买各种租赁物,然后租赁给企业。

(二)金融市场

金融市场是指资金供应者和资金需求者双方通过信用工具融通资金的市场,即实现货币借贷和资金融通、办理各种票据和进行有价证券交易活动的市场。与企业财务管理有关的金融市场包括短期借贷市场、短期债券市场、票据承兑市场、长期借贷市场、长期债券市场和股票市场。以资金为交易对象的金融市场可以是有形的市场,如银行、证券交易所等;也可以是无形的,如利用计算机、电话、传真等设备通过经纪人进行资金交易。

(三)利息率

利息率简称利率,是固定期间(通常为 1 年)的利息占本金的比率。利率是在资金借贷关系中资金的交易价格,随市场资金供求情况的变动而变动。利率可分为固定利率和浮动利率。固定利率是指在借贷期内固定不变的利率,浮动利率是指在借贷期内可以调整的利率。若存在通货膨胀,固定利率会使债权人利益受到损害,而浮动利率则会使债权人利益免于受损。影响利率的最主要因素是资金的供求关系,此外经济周期、通货膨胀、国家货币政策、财政政策和对外政策等,对利率都有不同程度的影响。

四、企业内部环境

除了以上所述的外部环境，企业自身的因素对财务工作也具有重要的影响。这些因素包括公司治理结构、企业主或经理对财务工作的认识、财务人员的素质和财务会计制度的建立和完善程度等。

（一）公司治理结构

公司治理是当企业所有权和经营权发生分离时，产生的所有者对经营者的一种监督与制衡机制。这种机制的目标是保证股东利益的最大化，防止经营者对所有者利益的背离。其主要特点是通过股东大会、董事会、监事会及管理层所构成的公司治理结构进行内部治理。对于一般的民营企业来说，由于所有者和经营者为同一人，不存在治理问题。但当企业规模发展到需要引入经理人时，或者企业本身就是由各种投资人投资成立的公司时，便存在公司治理问题。这时公司治理结构是否合理就直接影响到企业业务的开展。比如，当股东对管理层监管不力时，就会出现内部人控制，经理人就会为自己的私利作打算，而不会以公司所有者利益为目标。因此，公司治理结构是否合理是影响企业财务管理的重要因素。

（二）业主对财务工作的认识

许多业主或经理在经营企业时，把主要精力都用于关注企业的采购、生产、产品开发和销售业务上，对财务管理重视不够，甚至认为财务工作可有可无，更没有资金使用成本概念。只有在企业陷入财务危机时，才认识到财务管理的重要性。因此，业主或经理对财务工作的态度直接决定了企业财务管理工作的有效开展。

（三）会计制度的设计和执行

对于企业来说，进行会计核算和建立会计制度是必要的。一方面，进行会计核算可以提供有关资金运用、产品成本、纳税、利润等的数据，为企业决策、评价业绩提供有用的信息；另一方面，会计制度包括内部控制的建立和执行可以解决企业内部治理问题，维护企业财产的完整性和安全性。因为只有在财务数据可靠，企业能正常运作的前提下，财务管理的工作才是有意义的。

（四）财务人员的素质

一位好的财务人员可以为企业扫除很多后顾之忧。首先他能健全并执行财务会计制度，对企业生产经营进行核算和反映，提供真实的财务数据，保护资产的安全。其次，他能利用会计数据进行财务分析，为企业经营管理献计献策。最重要的是，他能为企业资金的运用进行合理安排，保证企业资金的正常运转。

思考与练习

一、思考题

1.关于财务管理的目标的观点有哪些？企业宜采用哪种观点？

2.简述财务管理的内容。

3.简述财务管理的环节。

4.简述财务管理的环境。

二、判断题

1.实际上的企业价值等于企业在未来各期净利润(或现金流)的现值之和。(　　)

2.营运资金管理的主要内容是筹措长短期资金,提高资金周转率。(　　)

3.财务管理是基于企业再生产过程中客观存在的资金运动和财务关系而产生的,是一项综合性的管理工作。(　　)

4.企业与政府的财务关系主要是按照法律规定缴纳各种税款。(　　)

5.企业经营活动实质上是资金在运动,包括资金的取得、资金的投入和资金的分配。(　　)

三、单选题

1.以企业价值最大化作为财务管理目标存在的问题是(　　)。

A.没有考虑资金的时间价值　　B.没有考虑投资的风险

C.企业的价值难以确定　　D.造成企业的短期行为

2.企业筹措和集中资金的财务活动是(　　)。

A.筹资活动　　B.分配活动

C.投资活动　　D.决策活动

3.企业价值最大化目标强调的是企业(　　)。

A.预期获利能力　　B.实际获利能力

C.现有生产能力　　D.潜在销售能力

4.作为企业财务管理目标,每股盈余最大化优于利润最大化的地方在于(　　)。

A.考虑了资金的时间价值　　B.考虑了投资的风险

C.将利润与投入资本相联系　　D.可避免企业短期行为

5.以股东财富最大化作为企业财务管理目标,可以下列哪个指标衡量?

(　　)。

A. 税后净利润　　B. 每股盈余

C. 资本利润率　　D. 公司股价

6. (　　)是财务预测和财务决策的具体化，是财务控制和财务分析的依据。

A. 财务预测　　B. 财务决策

C. 财务预算　　D. 财务控制

7. 以下(　　)是商业银行。

A. 中国人民银行　　B. 中国农业银行

C. 国家开发银行　　D. 中国进出口银行

四、多选题

1. 企业财务管理的内容包括(　　)。

A. 筹资管理　　B. 投资管理

C. 营运资金管理　　D. 收入分配管理

2. 企业财务关系管理包括(　　)。

A. 企业与政府的财务关系　　B. 企业与投资者的财务关系

C. 企业与债权人的财务关系　　D. 企业与债务人的财务关系

E. 企业与员工的财务关系

3. 影响企业理财的经济因素包括(　　)。

A. 经济周期　　B. 经济发展水平

C. 经济政策　　D. 通货膨胀

4. 法律上的企业组织形式有(　　)。

A. 个人独资企业　　B. 合伙企业

C. 公司　　D. 协会

5. 以下哪些是流转税？(　　)。

A. 增值税　　B. 消费税

C. 营业税　　D. 所得税

6. 企业的金融环境包括(　　)。

A. 金融机构　　B. 金融市场

C. 利息率　　D. 会计准则

第2章 财务分析

第一节 财务分析的意义和方法

一、财务分析的意义

财务分析就是运用企业财务报告、账簿记录和其他相关资料，对企业一定时期的财务状况、经营成果和现金流量进行比较、分析，反映企业在过去运营中的利和弊，为下一步的经营预测、决策提供重要的财务数据依据。财务分析是企业定期的财务总结，连接财务管理工作的过去和未来，在企业财务工作中具有重要意义。具体来说，财务分析有以下作用：

1.财务分析可以进一步了解企业财务状况

会计报表数据是静态的，缺乏参照对比，只能披露某时企业的财务状况。要深入了解企业财务状况，只有通过各期财务数据进行企业的偿债能力、营运能力、盈利能力和发展能力分析，向企业业主和管理者展示企业经营的财务动态过程，从而发现企业存在的问题，分析问题的原因，找出解决的办法。

2.财务分析可以进行经营业绩的评价

通过财务分析，可以检查企业预算的完成情况，考核经营管理人员的业绩，为完善合理的激励机制提供帮助。企业财务管理的目标是努力实现利润最大化或企业价值最大化，财务分析可以找出现实与目标的差距，不断挖掘企业各方潜力，扩大经营成果。

3.财务分析可以为投资决策提供帮助

财务分析可以进一步了解企业获利能力的高低、偿债能力的强弱及营运能力的大小，计算投资后的收益水平和风险程度，从而为投资决策提供必需的信息。

4.财务分析可以为不同信息使用者提供所需的信息

财务报表是财务分析的基础,但财务报表是根据准则按照固定的披露格式呈报的,不能满足不同信息使用者的需求,比如企业股东和企业的债权人所需的财务信息就不一样。因此,财务报表使用者可以根据自己的要求对财务报表进行财务分析,使之符合个别决策的需要。

二、财务分析的方法

财务分析的基本方法有比较分析法、比率分析法、趋势分析法。

(一)比较分析法

比较分析法是将某项财务指标与该指标的标准值进行对比,以揭示企业实际财务状况和财务成果相比预期值的实现程度。运用比较分析法的关键是选用合适的参照标准,通常可采用的是企业内部标准和企业外部标准两种。分析方法可采用简单比较法和差额比较法,前者是将实际数与标准值或预期值简单比较,后者要将指标分解为各个项目,分别计算各个项目的实际数与基准数或目标值之间的差额,最后合计各个项目对总额的影响。

【例 2-1】假设某企业 2007 年 5 月某商品的计划单价为 100 元/件,单位成本为 80 元/件,计划销售数量为 1 000 件,预计利润为 20 000 元。实际销售数量是 1 100 件,由于售价提高到 110 元/件,实际销售额是 121 000 元,利润为 33 000 元。用简单比较法可知实际利润比计划利润增加 13 000 元。但这是一个综合指标,其中包含了单价、销售数量两个因素的影响,用差额比较法分解如下:

销量增加对利润的影响=(1 100−1 000)×(100−80)=2 000(元)

售价提高对利润的影响=(110−100)×1100=11 000(元)

综合因素对利润的影响=2 000+11 000=13 000(元)

(二)比率分析法

比率分析法是把某些彼此存在关联关系的项目加以对比,计算出比率后,用以确定企业财务状况和经营成果变动程度的分析方法。由于单纯的财务数据是静态的,不能深入揭示事物内在规律。而采用两个或两个以上的有关联数值的相对比率,将不可比较的数据变为可比较的指标,则可做到这一点。用于比率分析法的指标主要有以下两种类型:

1.结构比率

结构比率也称构成比率,是指财务数据中的组成部分数据与数据总和的比率,反映部分与总体的关系。计算公式为:

$$结构比率=\frac{某个组成部分数值}{总体数值}$$

如流动资产与总资产的比率等。该类比率用于揭示总体中的部分安排是否合理，为下一期财务结构的调整提供依据。

2.相关比率

相关比率是指同期财务报表中两个相关数值的比率，用以反映有关经济活动的相互关系。如资产负债率、应收账款周转率、销售利润率等。利用相关比率指标可以考察有联系的相关业务是否正常，以便及时进行调整，保证企业经营活动的顺利开展。

(三)趋势分析法

趋势分析法是利用会计报表等提供的数据资料，将连续几个时期的实际指标或比率进行定基对比和环比对比，揭示企业财务状况和经营成果变化趋势的一种分析方法。趋势分析法一般要编制比较财务报表，将连续若干期的企业财务报表(2～5年)并列在一起进行比较。这样可以从中发现各个财务项目的增减变化，找出其中的变化规律。其具体运用有以下三种方法：

1.重要财务比率的比较

重要财务比率的比较是将企业连续几个会计期间的重要财务比率进行对比，观察分析企业财务状况和经营成果的变动幅度和发展趋势。财务比率的比较有两种计算方法：

$$定基比率=\frac{当期指标}{固定基期数值}$$

$$环比比率=\frac{当期指标}{上年(或上年同期)数值}$$

例如表2-1给出了某企业销售利润率的变动趋势。

表2-1 某企业销售利润率历年比较

单位：%

年　份	2010年	2011年	2012年	2013年
销售利润率	18	21.0	19.3	23.0
定基比率	100	116.67	107.22	127.78
环比比率	100	116.67	91.90	119.17

2.财务报表的比较

财务报表的比较是将企业连续几个会计期间的财务报表的相同项目进行

比较，分析其变动的金额、幅度及原因，据以判断企业财务状况和经营成果的发展趋势。财务报表的比较包括资产负债表比较、利润表比较和现金流量表比较等。

表 2-2 列示了某企业的比较利润表。

表 2-2 某企业比较利润表

单位：万元

年　　份	2010 年	2011 年	2012 年	2013 年
一、主营业务收入	850	935	1 020	1 062.5
减：主营业务成本	620	677	720	745
主营业务税金及附加	77	84.7	92.4	96.25
二、主营业务利润	153	173.3	207.6	221.25
加：其他业务利润	13	14.3	25.5	45
减：营业费用	23	25.3	27.6	28.75
管理费用	18	19.8	21.6	22.5
财务费用	4.6	5.06	5.52	5.75
三、营业利润	120.4	137.44	178.38	209.25
加：投资收益	3.3	2.7	3.5	3.6
营业外收入	0	0	0	0
减：营业外支出	0	0	0	0
四、利润总额	123.7	140.14	181.88	212.85
减：所得税	40.8	46.2	60.0	70.2
五、净利润	82.9	93.9	121.9	142.6

表 2-2 的比较利润表显示，该企业主营业务收入稳步增长，主营业务利润有较大提高。除此之外，企业的其他业务利润在后两年取得大幅增长，企业 2013 年营业利润增加数 30.87 万元中，有 19.5 万元来自其他业务利润。

3.财务报表项目构成的比较

财务报表项目构成的比较以报表中某个项目指标作为基数，将其他项目与之比较计算百分比，以此来分析有关财务活动的变化趋势。该方法既可适用于不同期间的财务比较，又可用于不同规模企业间的横向比较，有利于分析企业的耗费水平和盈利水平。下面的表 2-3 是根据表 2-2 计算的利润表各项目构成比较报表。

表 2-3 某企业比较利润项目构成表

单位:%

年 份	2010 年	2011 年	2012 年	2013 年
一、主营业务收入	100.0	100.0	100.0	100.0
减:主营业务成本	72.9	72.4	70.6	70.1
主营业务税金及附加	9.1	9.1	9.1	9.1
二、主营业务利润	18.0	18.5	20.4	20.8
加:其他业务利润	1.5	1.5	2.5	4.2
减:营业费用	2.7	2.7	2.7	2.7
管理费用	2.1	2.1	2.1	2.1
财务费用	0.5	0.5	0.5	0.5
三、营业利润	14.2	14.7	17.5	19.7
加:投资收益	0.4	0.3	0.3	0.3
营业外收入	0	0	0	0
减:营业外支出	0	0	0	0
四、利润总额	14.6	15.0	17.8	20.0
减:所得税	4.8	4.9	5.9	6.6
五、净利润	9.8	10.0	11.9	13.4

从表 2-3 可看出,企业主营业务成本占收入比率由 2000 年的 72.9%降低到 2013 年的 70.1%,说明企业有效地控制了产品成本,使得销售利润率由 2010 年的 18%增加到 2013 年的 20.8%。企业的其他业务利润占总收入比率由 2010 年的 1.5%升至 2013 年的 4.2%,表明企业在其他业务中可能存在新的利润增长点。

第二节 财务比率分析

表 2-4 和表 2-5 分别是某公司 2012 年的资产负债表和利润表,用于本节财务比率的计算和分析。

表 2-4　某公司 2012 年资产负债表

单位:万元

资产	年初数	年末数	负债及所有者权益	年初数	年末数
流动资产:			流动负债:		
货币资金	688	774	短期借款	1 720	1 978
短期投资	860	430	应付账款	860	1 032
应收账款	1 032	1 118	预收账款	258	344
预付账款	34.4	60.2	其他应收款	86	86
存货	3 440	4 472	流动负债合计	2 924	3 440
待摊费用	51.6	68.8	长期负债	1 720	2 150
流动资产合计	6 106	6 923	所有者权益:		
长期投资	344	344	实收资本	10 320	10 320
固定资产净值	10 320	12 040	盈余公积	1 376	1 376
无形资产	430	473	未分配利润	860	2 494
			所有者权益合计	12 556	14 190
资产合计	17 200	19 780	负债及所有者权益合计	17 200	19 780

表 2-5　某公司 2012 年利润表

单位:万元

	上年数	本年数
一、主营业务收入	15 480	17 200
减:主营业务成本	9 202	10 492
主营业务税金及附加	928.8	1032
二、主营业务利润	5 349.2	5 676
加:其他业务利润	516	860
减:营业费用	1 393.2	1 523
管理费用	688	734
财务费用	172	192
三、营业利润	3 612	4 087
加:投资收益	258	258
营业外收入	86	129
减:营业外支出	516	559
四、利润总额	3 440	3 915
减:所得税	1 135.2	1 292.0
五、净利润	2 304.8	2 623.1

一、营运能力分析

营运能力是指企业的经营运行能力，即企业运用各项资产以赚取利润的能力。企业营运能力的财务分析比率有：存货周转率、应收账款周转率、营业周期、流动资产周转率和总资产周转率等。这些比率揭示了企业资金运营周转的情况，反映了企业对经济资源管理、运用的效率高低，企业资产周转越快，流动性越高，企业的偿债能力越强，资产获取利润的速度就越快。对企业来说，日常经营管理是企业财务管理的重点，因此尤其要重视对企业营运能力的分析。

（一）存货周转率

存货周转率是一定时期内企业销货成本与存货平均资金占用额的比率，用于反映企业存货管理效率的高低。分析指标包括存货周转率和存货周转天数。其计算公式为：

存货周转率＝主营业务成本÷平均存货

其中：

平均存货＝（期初存货余额＋期末存货余额）÷2

存货周转天数＝360÷存货周转率＝（平均存货×360）÷主营业务成本

公式中，主营业务成本即销货成本来自利润表，存货的期初数与期末数来自资产负债表。

【例题 2-2】以表 2-4 和表 2-5 的数据为例，2012 年某公司年初存货余额为 3 440 万元，年末存货余额为 4 472 万元，本年主营业务成本为 10 492 万元。求该公司 2012 年存货周转率和存货周转天数。

平均存货＝（3 440＋4 472）÷2＝3 956（万元）

存货周转率＝10 492÷3 956＝2.65（次）

存货周转天数＝360÷2.65＝136（天）

计算结果表明 2012 年该公司存货周转 2.65 次，或存货周转天数为 136 天。存货周转率可以衡量企业采购、储存、生产和销售各个业务环节的管理水平和工作效率，而且直接影响企业的偿债水平和盈利能力。一般来说，存货周转率高表明企业存货周转快，用于存货占用的资金就少，可为企业节省资金，缓解资金使用压力。同时存货快速转化为现金或应收款，增强了企业的短期偿债能力。因此，通过分析企业存货周转率，可以找出存货采购、生产和销售管理中存在的问题。一方面存货不能采购过量，造成资金无谓占用；另一方面也不能储存过少，影响生产。生产中要科学安排计划，保证质量，按时交货。企业可以将此指标与企业前期及其他同类企业进行比较，判断该指标的高低。

(二)应收账款周转率

应收账款周转率是一定时期内企业主营业务收入净额与平均应收账款余额的比值，是反映应收账款周转或变现速度的指标。分析指标包括应收账款周转率和应收账款周转天数，其计算公式为：

应收账款周转率＝主营业务收入净额÷平均应收账款余额

其中：

主营业务收入净额＝主营业务收入－销售折扣与折让

平均应收账款余额＝(期初应收账款余额＋期末应收账款余额)÷2

$$\text{应收账款周转天数} = 360 \div \text{应收账款周转率} = \left(\text{平均应收账款余额} \times 360 \right) \div \text{主营业务收入净额}$$

公式中，主营业务收入净额来自公司利润表，应收账款余额的期初数与期末数来自资产负债表，包括表中的应收账款余额和应收票据余额。若一年中应收账款波动较大，可以按应收账款在每月的余额来计算平均数。

【例 2-3】以表 2-4 和表 2-5 的数据为例，2012 年某公司年初应收账款余额为 1 032 万元，年末应收账款余额为 1 118 万元，本年主营业务收入净额为 17 200万元。求该公司 2012 年应收账款周转率和应收账款周转天数。

平均应收账款余额＝(1 032＋1 118)÷2＝1 075(万元)

应收账款周转率＝17 200÷1 075＝16(次)

应收账款周转天数＝360÷16＝23(天)

计算结果表明 2012 年该公司应收账款周转次数为 16 次，或平均回款期为 23 天。应收账款周转率用于分析企业应收账款的回收速度和管理效率。应收账款周转率高，或周转天数短，表明企业应收款变现速度快，账龄短，短期偿债能力强，同时可以减少坏账，提高企业流动资金利用效率。借助该指标还可评价客户的信用状况。企业可以将此指标与企业前期及其他同类企业进行比较，判断该指标的高低，以求得改进。

(三)营业周期分析

营业周期是指企业在正常的营业过程中，自投入资金购买材料开始到生产、销售存货，最终收回现金为止的一个循环所需要的时间。若忽略预付账款、预收账款及应付账款的影响，则营业周期等于存货周转天数与应收账款周转天数之和。其计算公式为：

营业周期＝存货周转天数＋应收账款周转天数

【例 2-4】延续例题 2-2、2-3，2012 年某公司存货周转天数为 136 天，应收账款周转天数为 23 天。求该公司 2012 年营业周期。

营业周期＝136＋23＝159(天)

一般来说，营业周期的长短反映了企业的资金周转速度的快慢。营业周期越短，说明资金周转速度越快；营业周期越长，说明资金的周转速度越慢。

（四）流动资产周转率

流动资产周转率是一定时期内企业主营业务收入净额与流动资产平均占用额的比值，是反映企业流动资产周转速度的指标。分析指标包括流动资产周转率和流动资产周转天数，其计算公式为：

流动资产周转率＝主营业务收入净额÷流动资产平均占用额

其中：

流动资产平均占用额＝(期初流动资产余额＋期末流动资产余额)÷2

流动资产周转天数＝(流动资产平均占用额×360)÷主营业务收入净额

公式中，主营业务收入净额来自公司利润表，流动资产余额的期初数与期末数来自资产负债表。

【例 2-5】以表 2-4 和表 2-5 的数据为例，2012 年某公司期初流动资产余额为 6 106 万元，期末流动资产余额为 6 923 万元，本年主营业务收入净额为 17 200万元。求该公司 2012 年流动资产周转率和流动资产周转天数。

流动资产平均占用额＝(6 106＋6 923)÷2＝6 514.5(万元)

流动资产周转率＝17 200÷6 514.5＝2.64(次)

流动资产周转天数＝360÷2.64＝136(天)

计算结果表明 2012 年该公司流动资产周转速度为每年 2.64 次，平均 136 天周转一次。流动资产周转率越高，或周转天数越少，表明以相同的流动资产用于采购、生产和销售循环所占用的时间越短，流动资产利用效果越好。生产经营上任何一个阶段工作的改进，都会反映到周转天数的缩短上来。

（五）总资产周转率

总资产周转率是一定时期内企业主营业务收入净额与企业总资产平均占用额的比值，是反映企业资产总额周转速度的指标。分析指标包括总资产周转率和总资产周转天数，其计算公式为：

总资产周转率＝主营业务收入净额÷平均资产总额

其中：

平均资产总额＝(期初资产余额＋期末资产余额)÷2

总资产周转天数＝360÷总资产周转率

公式中，主营业务收入净额来自公司利润表，总资产余额的期初数与期末数来自资产负债表。

【例 2-6】以表 2-4 和表 2-5 的数据为例，2012 年某公司期初资产余额为 17 200万元，期末资产余额为 19 780 万元，本年主营业务收入净额为 17 200 万元。求该公司 2012 年总资产周转率和总资产周转天数。

总资产平均占用额＝(17 200＋19 780)÷2＝18 490(万元)

总资产周转率＝17 200÷18 490＝0.93(次)

总资产周转天数＝360÷0.93＝387(天)

计算结果表明 2012 年该公司总资产周转速度为每年 0.93 次，平均 387 天周转一次。总资产周转率用来分析企业全部资金的使用效率。若这个比率低，说明企业利用其资产进行经营的效率差，最终会影响企业的盈利能力。企业要采取措施，处置不能盈利的资产，增加销售收入，以提高总资产利用率。

二、盈利能力分析

利润是企业的主要经营目标，是企业经营的出发点和最终归宿。盈利能力是企业的获利能力，不仅关系到企业业主的利益，也是债权人对企业债权的保障和员工收入的来源。因此，对盈利能力的分析可以体现企业价值的大小、财务结构是否合理、资产经营效率高低等利益相关者关心的问题。企业利润有多种来源，如主营业务、其他业务和偶发或非正常业务所得，但盈利分析有时只关注企业正常的主营业务盈利状况，对于非正常的证券买卖、资本利得、自然灾害损失等不作考虑。盈利能力分析的指标包括销售利润率、成本费用利润率、总资产报酬率、净资产收益率和资本保值增值率。

(一)销售利润率

销售利润率是企业一定时期内利润与主营业务收入净额的比值，其中企业利润包括主营业务利润、营业利润、利润总额和净利润，由于利润总额和净利润包含其他偶然因素，因此用于计算指标的利润一般用前二者。相应计算公式为：

主营业务利润率(或销售毛利率)＝主营业务利润÷主营业务收入净额

营业利润率＝营业利润÷主营业务收入净额

【例 2-7】以表 2-5 的数据为例，计算某公司 2011 年与 2012 年的相关销售利润率如表 2-6 所示。

表 2-6 销售利润率计算表

项　　目	2011 年	2012 年
主营业务利润(万元)	5 349.2	5 676
营业利润(万元)	3 612	4 087
主营业务收入净额(万元)	15 480	17 200
主营业务利润率(%)	34.6	33.0
营业利润率(%)	23.3	23.8

计算结果显示,该企业的主营业务利润率或毛利率在 2012 年有所降低,原因在于成本较上年增加了。该指标越大,表明销售成本比重越小,企业在控制产品价格和产品成本方面的余地越大,企业的盈利能力就越强。分析评价该指标时,一般要参考同类企业或行业销售毛利率,判断该指标是否合理。

该企业的营业利润率反而呈上升趋势。营业利润是在主营业务利润的基础上扣除了企业期间费用(包括营业费用、管理费用和财务费用)之和后的结果,表明企业经营管理水平和耗费情况。该企业由于 2012 年控制了各项期间费用的增长,使之低于收入增长幅度,最终使得营业利润率有微幅上升。营业利润率进一步说明了企业的盈利水平,同时提醒企业要注意改善经营管理水平,降低期间费用。

(二)成本费用利润率

成本费用利润率是利润与成本费用的比值,其中利润一般为主营业务利润(也可用其他利润,如净利润),成本一般为主营业务成本(也可用其他成本,如再加上期间费用、税金、其他业务支出等)。其计算公式为:

主营业务成本利润率＝主营业务利润÷主营业务成本

【例 2-8】以表 2-5 的数据为例,计算某公司 2011 年与 2012 年的主营业务成本利润率如表 2-7 所示。

表 2-7 主营业务成本利润率计算表

项　　目	2011 年	2012 年
主营业务利润(万元)	5 349.2	5 676
主营业务成本(万元)	9 202	10 492
主营业务成本利润率(%)	58.1	54.1

计算结果显示，该企业的主营业务成本利润率在2012年有所降低，原因在于成本较上年比利润增加更快，企业应关注成本上升的原因。该指标反映了企业每投入或耗费一元的成本费用能给企业带来的毛利润，显示企业在生产耗费与所得间的关系。一般来说，主营业务成本利润率高的企业对生产成本的控制能力较强，盈利潜力大；反之，则表明企业的成本管理水平不高，还有待改进。

(三)资产报酬率

资产报酬率又称为投资报酬率，是企业一定时期内的报酬总额与平均资产总额的比值，其中报酬总额为利润总额加上利息支出。其计算公式为：

资产报酬率=(利润总额+利息支出)÷平均资产总额

其中利息支出为企业对外借款的利息，在利润表中列支为财务费用。

【例2-9】以表2-4和表2-5的数据为例，计算某公司2011年与2012年的资产报酬率如表2-8所示。

表2-8　资产报酬率计算表

项　　目	2011年	2012年
利润总额+利息支出(万元)	3 612	4 107
期初资产数(万元)	16 800	17 200
期末资产数(万元)	17 200	19 780
平均资产总额(万元)	17 000	18 490
资产报酬率(%)	21.2	22.2

注：假设2011年初资产总额为16 800万元。利息支出为利润表中的财务费用。

计算结果显示，该企业的资产报酬率在2012年有所增加。该指标反映企业资产综合利用效果，也是衡量企业利用业主资金和债权人资金是否取得效益的重要信号。该指标越高，表明企业的资产利用效率越高，企业盈利能力越强，债权人的债权越有保障。

(四)净资产收益率

净资产收益率又称为权益报酬率、净值报酬率，是企业一定时期内的净利润与所有者权益平均总额的比值。其计算公式为：

净资产收益率=净利润÷平均所有者权益总额

其中：

平均所有者权益总额=(期初所有者权益+期末所有者权益)÷2

其中净利润来自利润表的最后一行，所有者权益来自资产负债表。

【例 2-10】以表 2-4 和表 2-5 的数据为例，计算某公司 2011 年与 2012 年的净资产收益率如表 2-9 所示。

表 2-9 净资产收益率计算表

项 目	2011 年	2012 年
净利润(万元)	2 304.8	2 623.1
期初所有者权益数(万元)	11 546	12 556
期末所有者权益数(万元)	12 556	14 190
平均所有者权益数(万元)	12 051	13 373
净资产收益率(%)	19.1	19.6

注：假设 2011 年初所有者权益总额为 11 546 万元。

计算结果显示，该企业的净资产收益率在 2012 年有小幅增加。该指标反映业主或投资者投入企业的自有资本获取利润的能力，是站在业主和投资方的立场来分析企业的经营成果，衡量资本的获利能力。指标数值越高，表明业主投资收益率越高。该指标通用性强，适用范围广，不受行业限制。特别是在对上市公司业绩进行评价时，该指标居于首位。通过对该指标的分析，可以显示企业获利能力在同行业中的地位，以及与同类企业的差异。

(五)资本保值增值率

资本保值增值率是企业某期期末所有者权益扣除客观原因增减因素后与年初所有者权益的比值。其计算公式为：

资本保值增值率＝扣除客观因素后的年末所有者权益÷年初所有者权益

【例 2-11】以表 2-4 的数据为例，计算某公司 2011 年与 2012 年的资本保值增值率如表 2-10 所示。

表 2-10 资本保值增值率计算表

项 目	2011 年	2012 年
期初所有者权益数(万元)	11 546	12 556
期末所有者权益数(万元)	12 556	14 190
资本保值增值率(%)	108.7	113.0

注：假设 2011 年初所有者权益总额为 11 546 万元。

计算结果显示，该企业 2012 年的资本保值增值率高于 2011 年。该指标反映企业在排除当期增资扩股以及撤资的因素后，因为生产经营获取利润而导致企业资本变动的情况。企业业主根据该指标能够考察投入资本的保全性和增长性，及时发现侵蚀所有者权益的现象。该指标若等于100%，表明企业资本得到保值。在此基础上指标数值越大，说明资本增值状况越好，债权人的债权越有保障。若该指标小于100%，表明企业资本受到侵蚀，资本未得到保全和增值，应予以充分重视。

三、偿债能力分析

偿债能力是指企业偿还到期债务的能力，是反映企业财务状况和经营能力的重要标志。偿债能力分析包括短期偿债能力分析和长期偿债能力分析。

(一)短期偿债能力分析

短期偿债能力主要取决于流动资产的变现能力。企业能否保持足够的短期偿债能力，有时事关企业的生死。当企业不能履行正常的短期债务清偿程序时，将不得不变卖资产或借新债还旧债。这样一方面会影响生产，另一方面会使企业信用下降，资金调配陷入困境，再次筹资变得困难。如果经营情况因此恶化，企业将面临破产境地。对处于高速发展的企业来说，资金紧张是常态。为了再上台阶，业主往往会孤注一掷，置企业于高风险的境地。因此，企业应高度关注财务报表中的短期偿债指标，使企业生产经营处于安全地带。企业短期偿债能力分析指标包括：流动比率、速动比率和现金流动负债比率等。

1. 流动比率

流动比率是企业某期期末流动资产与流动负债的比值。其计算公式为：

流动比率＝流动资产÷流动负债

【例2-12】以表2-4的数据为例，计算某公司2011年末与2012年末的流动比率如表2-11所示。

表2-11　流动比率计算表

项　　目	2011年末	2012年末
流动资产(万元)	6 106	6 923
流动负债(万元)	2 924	3 440
流动比率	2.1	2.0

计算结果显示，该企业的流动比率在2012年末略微下降。该指标表明企业每一元流动负债有多少流动资产作为偿还的保证，反映企业将流动资产变现偿还到期流动负债的能力。一般来说，流动比率为2比较合适，这样企业的流动资产在一部分用于生产经营的同时，还留有余地用于偿还短期债务。某企业虽然2012年末流动比率有所下降，但仍在合理水平上，表明该企业具有较强的短期偿债能力。该指标越高，说明企业短期偿债能力越强，偿债越有保证。但该指标又不宜过高，过高会使企业流动资产占用过多，造成资金闲置，影响资金使用效率，加大企业资金使用成本，最终影响企业利润。该指标过低，说明企业资金紧张，难以如期偿还到期债务。

在使用流动比率时，还要具体考虑流动资产中的存货变现能力、待摊费用和待处理财产损溢等因素。如果上述因素影响到流动资产的变现能力，如存货积压、待摊费用或待处理财产损溢增加等，造成实际上的现金短缺，则流动比率高也不能保证企业有足够的现金用于偿债。因此，为了弥补流动比率指标的这个不足，剔除其中的不稳定因素，企业可以采用速动比率。

2.速动比率

速动比率是企业某期期末速动资产与流动负债的比值。其计算公式为：

速动比率＝速动资产÷流动负债

其中：

速动资产＝现金＋银行存款＋短期投资＋应收票据＋应收账款＋其他应收账款＋预付账款

【例2-13】以表2-4的数据为例，计算某公司2011年末与2012年末的速动比率如表2-12所示。

表2-12 速动比率计算表

项　目	2011年末	2012年末
速动资产(万元)	2 614.4	2 382.2
流动负债(万元)	2 924	3 440
速动比率	0.9	0.7

计算结果显示，该企业2012年末的速动比率比上年末有所降低。该指标中的速动资产是指流动资产除去变现能力差的项目如存货、待摊费用和待处理财产损溢后的余额，较之流动资产更能反映资产的流动性和变现能力。用速动资产计算的速动比率能可靠地反映企业偿还短期债务的能力，弥补流动

比率的缺陷。根据经验速动比率一般等于1为宜，小于1会使企业面临偿债危机；大于1虽然能保证企业的偿债安全，但会增大企业的资金成本。上面的某企业2012年年初和年末的流动比率都满足公认标准，但速动比率却分别为0.9和0.7。原因在于该企业流动资产中存货过多，导致速动比率低于安全标准。如果该企业的存货可以很快出售，变现能力很强，则无须担心企业的短期偿债能力。若该企业的存货是因积压而增加，则实际偿债能力就隐藏危险，需引起重视，采取措施进行改善。

在实务中，速动比率并非绝对以1为标准，而是还要结合其他因素进行考虑。若企业大量采用现金销售如零售企业，则几乎没有应收账款，速动比率低于1是很正常的。有时速动比率低于1，但由于有一定的信贷额度，则会增强企业短期偿债能力。有时速动比率大于或等于1，但要是企业存在对外担保或或有负债，则会降低企业的偿债能力。因此，企业短期偿债能力分析要考虑各方因素，才能作出正确判断。

（二）长期偿债能力分析

长期偿债能力是指企业偿还长期负债的能力，主要取决于负债与资产总额的比率，也取决于企业的资本结构和获利能力。长期偿债能力分析指标包括资产负债率、产权比率、已获利息倍数等。

1. 资产负债率

资产负债率又称负债比率，是企业某期期末的负债总额与资产总额的比率。其计算公式为：

资产负债率＝负债总额÷资产总额

【例2-14】以表2-4的数据为例，计算某公司2011年末与2012年末的资产负债率如表2-13所示。

表2-13　资产负债率计算表

项　　目	2011年末	2012年末
负债（万元）	4 644	5 590
资产（万元）	17 200	19 780
资产负债率（%）	27	28

计算结果显示，该企业的资产负债率较低，只有不到30%。该指标表明企业的资产总额中，由债权人提供的资金也即负债总额所占的比重。企业所

有资金由自有资金和负债构成，如果该比值大于100％，表明企业负债总额大于资产总额，净资产为负数，企业已经资不抵债，面临破产倒闭的危险。对债权人来说，资产总额大于负债总额时债权才有保障，因此资产负债率应该小于100％，而且越低越好。

对于业主或股东来说，资产负债率并非越低越好。只要企业的资产报酬率超过借入资金的利息率，企业就可以在投入一定自有资金的情况下，扩大负债经营比例，利用财务杠杆作用取得更多的投资利润。但在资产报酬率低于借入资金的利息率时，资产负债率越大，企业赚得的息税前利润中利息所占的比例越大，甚至利息大于利润，这时企业应降低资产负债率，越低越好。本章例题企业投资报酬率显然远高于债务利率，可有效利用财务杠杆适当扩大债务规模，以取得更多利润。

因此，从财务管理的角度看，企业应在制订借款政策时审时度势，综合考虑各种因素，充分估计预期的利润和潜在的风险，做出合理的决策。

2. 债务股权比率

债务股权比率也称产权比率，是负债总额与所有者权益总额的比值。其计算公式为：

债务股权比率＝负债总额÷所有者权益总额

【例 2-15】以表 2-4 的数据为例，计算某公司 2011 年末与 2012 年末的债务股权比例如表 2-14 所示。

表 2-14 产权比率计算表

项　　目	2011 年末	2012 年末
负债(万元)	4 644	5 590
所有者权益(万元)	12 556	14 190
债务股权比率(％)	37	39

计算结果显示，该企业的债务股权比率在 2011 年末和 2012 年末都不高。该指标是资产负债率的另一种表示，表明企业的所有者权益对负债的保障程度，是企业财务结构是否稳健的重要标志。该指标越低，表明企业的长期偿债能力越强，但也不能获得负债的财务杠杆效应。因此，该指标的高低要视具体情况进行评价，分析方法可参考对资产负债率的分析。

3.权益比率与权益乘数

权益比率是所有者权益总额与资产总额的比值。其计算公式为：

权益比率=所有者权益总额÷资产总额=1−资产负债率

权益比率的倒数称为权益乘数，其计算公式为：

权益乘数=1÷权益比率=资产总额÷所有者权益总额

【例 2-16】以表 2-4 的数据为例，计算某公司 2011 年末与 2012 年末的权益比率和权益乘数如表 2-15 所示。

表 2-15　权益比率计算表

项　　目	2011 年末	2012 年末
所有者权益(万元)	12 556	14 190
资产(万元)	17 200	19 780
权益比率(%)	73	72
权益乘数	1.37	1.39

权益比率反映资产总额中有多少是所有者投入的，从债权人角度看，这个比率越高越好。它表示企业的资金来源中依靠所有者投资的比重较大，靠负债筹资的比重较小，长期偿债能力较强。但权益比率太高不能有效利用财务杠杆作用，只要投资报酬率高于债务利率，就可以适当降低权益比率。上述例题某公司的计算结果显示权益比率较高，在投资报酬率高于借款利息率的情况下，可以适当加大负债比例，降低权益比率。

权益乘数是权益比率的倒数，反映资产总额是所有者权益的倍数。权益乘数越大，表明业主投入的资本在资产中所占的比重越小；反之，则越大。权益乘数的分析可以参考权益比率的分析方法。

4.已获利息倍数

已获利息倍数是企业一定时期息税前利润与利息支出的比值。其计算公式为：

已获利息倍数=息税前利润÷利息支出

其中：

息税前利润=利润总额+利息费用

【例 2-17】以表 2-4 的数据为例，计算某公司 2011 年与 2012 年的已获利息倍数如表 2-16 所示。

表 2-16 已获利息倍数计算表

项 目	2011 年	2012 年
息税前利润(万元)	3 612	4 107
利息支出(万元)	172	192
已获利息倍数	21.00	21.39

计算结果显示，该企业的已获利息倍数 2011 年和 2012 年分别为 21 倍和 21.39 倍。该指标不仅可以反映企业获利能力的大小，而且可以衡量企业偿付借款的能力。从长期看，若要维持正常偿债能力，已获利息倍数至少要大于 1。该比值越高，企业长期偿债能力就越强。因此例题企业已获利息倍数是非常高的，具备较强的偿付债务利息的能力。若已获利息倍数小于 1，则表明企业利润还不够偿还债务利息，已处于亏损状态，偿债风险增大。

四、发展能力分析

发展能力分析是分析企业在现有基础上，扩大经营规模、发展壮大的能力。发展能力分析指标有销售收入增长率、资本积累率、总资产增长率、固定资产成新率、三年利润平均增长率和三年资本平均增长率等。

(一)销售收入增长率

销售收入增长率是本期主营业务收入增长额与上年主营业务收入的比值，计算公式为：

销售收入增长率＝本期主营业务收入增长额÷上年主营业务收入

【例 2-18】以表 2-5 的数据为例，计算某公司的销售收入增长率如表 2-17 所示。

表 2-17 销售收入增长率计算表

项 目	2011 年	2012 年
主营业务收入(万元)	15 480	17 200
主营业务收入增长额(万元)	3 160	1 720
销售收入增长率(%)	25.6	11.1

注：假设 2010 年主营业务收入为 12 320 万元。

计算结果显示，该企业的销售收入增长率在 2012 年出现回落。该指标表示与上年比较，企业销售额的增减变化情况，它是评价企业发展和成长的重要指标。指标应结合前几年的数据进行分析。若历年指标大于零，而且呈递增趋势，说明企业产品的市场前景广阔，企业发展处于上升期。若历年指标大于零，但呈递减趋势，说明企业产品处于成熟期，市场竞争日趋激烈，企业处于平稳发展期。若历年指标小于零，则表明企业产品出现市场萎缩，最终可能会被淘汰。

（二）资本积累率

资本积累率是企业本年所有者权益增长额与年初所有者权益的比值。计算公式为：

资本积累率＝本年所有者权益增长额÷年初所有者权益

【例 2-19】以表 2-4 的数据为例，计算某公司 2011 年和 2012 年的资本积累率如表2-18所示。

表 2-18　资本积累率计算表

项　　目	2011 年	2012 年
年初所有者权益(万元)	11 546	12 556
年末所有者权益(万元)	12 556	14 190
所有者权益增长额(万元)	1 010	1 634
资本积累率(%)	8.7	13.0

注：假设 2011 年初所有者权益总额为 11 546 万元。

计算结果显示，该企业的资本积累率 2012 年有大幅度增加。该指标反映企业当年资本的积累程度，也即企业可以进行扩大再生产的能力，是评价企业发展潜力的重要指标。资本积累率越高，表明企业的资本积累越多，企业可持续发展能力越强。该指标若为负数，表明企业资本受到侵蚀，所有者权益受到损害，企业应予以重视。

（三）总资产增长率

总资产增长率是企业本年总资产增长额与年初资产总额的比值。计算公式为：

总资产增长率＝本年总资产增长额÷年初资产总额

【例 2-20】以表 2-4 的数据为例，计算某公司 2011 年和 2012 年的总资产增长率如表 2-19 所示。

表 2-19 总资产增长率计算表

项目	2011 年	2012 年
年初资产总额(万元)	16 800	17 200
年末资产总额(万元)	17 200	19 780
资产增长额(万元)	400	2 580
总资产增长率(%)	2.4	15.0

注:假设 2011 年初资产总额为 16 800 万元。

(四)固定资产成新率

固定资产成新率是企业本期平均固定资产净值与平均固定资产原值的比值。其计算公式为:

固定资产成新率=平均固定资产净值÷平均固定资产原值

其中:

平均固定资产净值=(年初固定资产净值+年末固定资产净值)÷2

平均固定资产原值=(年初固定资产原值+年末固定资产原值)÷2

该指标越高,说明企业的固定资产越新,代表的生产率越高,需要用于固定资产维护和更新的资金越少,对扩大再生产的准备越充足,企业发展壮大的可能性越大。

(五)三年利润平均增长率

三年利润平均增长率反映了企业连续三年的利润增长情况,体现了企业的发展趋势。其计算公式为:

$$三年利润平均增长率=\sqrt[3]{\frac{年末利润总额}{三年前年末利润总额}}-1$$

该指标越高,说明企业可用于资本积累的净利润越多,其可持续发展的能力越强,发展潜力越大,竞争力越强。由于这一指标反映了企业连续三年的盈利状况,因此它能比较稳定地体现企业的发展趋势。

(六)三年资本平均增长率

三年资本平均增长率反映了企业连续三年的资本增长情况,体现了企业的发展规模。其计算公式为:

$$三年资本平均增长率=\sqrt[3]{\frac{年末所有者权益}{三年前年末所有者权益}}-1$$

该指标越高,表明企业所有者权益得到的保障程度越高,企业可以长期使用的资金越充足,抗风险和可持续发展能力越强。由于这一指标显示了企业连续三年的资本保值增值状况,因此它能比较稳定地反映企业的发展趋势。

第三节 财务综合分析——杜邦分析法

著名跨国公司杜邦公司为了制定财务计划、财务预算和进行财务控制设计了财务综合分析方法——杜邦分析法。该方法的基本原理是将净资产收益率分解为一系列相互联系的财务比率的乘积，体现了企业财务指标间的逻辑关系和互动影响。现以本章第二节例题中某公司的2012年数据为例，说明杜邦分析法的计算过程，如图2-1所示。

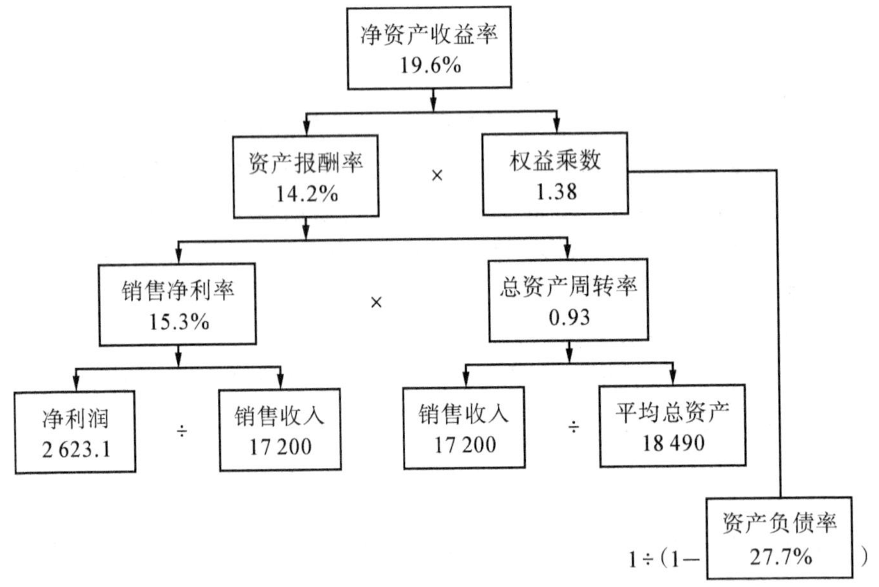

图2-1 杜邦分析图

在杜邦分析图中，首先从净资产收益率开始分解，形成一个树状图。在图中，几乎包含了第二节中所有的财务比率，从中可以清晰地了解公司的财务状况和经营成果。

(一)净资产收益率

净资产收益率＝资产报酬率×权益乘数

净资产收益率(权益报酬率)是所有比率中最具有综合性与代表性的一个指标，它反映的是一定期间的股东报酬率。净资产收益率的高低取决于资产报酬率和权益乘数，三者间是成正比的关系。当资产报酬率一定且为正数时，若企业权益乘数为1,即企业没有负债,则净资产收益率等于资产报酬率;若企业有负债,权益乘数大于1,则净资产收益率会大于资产报酬率,表明股东利用负债取得了财务杠杆收益,此时股东或投资者的资本增值速度高于企业资本增值速度。当资产报酬率为负数即企业在亏损时,企业若存在负债,权益乘数大于1,则净资产收益率降低的速度会大于资产报酬率降低的速度,此时股东或投资者的资本将以更快的速度缩水。

(二)资产报酬率

资产报酬率=销售净利率×总资产周转率

该等式也称为杜邦等式,其中资产报酬率是企业财务分析的关键指标,因为资产是获取利润的源泉。影响资产报酬率的因素有两个:销售净利率和总资产周转率。销售净利率意味着提高资产报酬率必须重视销售,增加收入,节约成本才能增加利润;总资产周转率意味着必须加速资产周转,提高资产使用效率,这样才能对销售净利率形成乘数效应,进一步扩大利润。

(三)销售净利率

销售净利率=净利润÷销售收入

从公式中看,销售净利率与净利润成正比,与销售收入成反比。一般通过降低生产成本、经营费用等使得净利润的提高幅度超过销售收入的增长幅度,从而使销售净利率得到提高。销售收入对销售净利率的影响则要进一步分析,当销售收入增大时,其中产品成本是成正比上升的。但经营费用中有相当部分是固定成本,并不随销售收入的增加而上升,即产生规模效应。因此销售收入增加,在一定程度上也会提高销售净利率。此外,销售收入的增加也会提高总资产周转率,最终影响到净资产收益率。

(四)总资产周转率

总资产周转率=销售收入÷平均资产总额

总资产周转率的提高除了要努力增加销售收入外,还要关注资产结构。企业资产由流动资产和非流动资产组成,二者的比例决定企业资产结构的合理与否。资产结构反映了企业资产的流动性,不仅关系到企业的偿债能力,还关系到企业的获利能力。若流动资金占用过多,会造成资金成本增加,挤占非流动资金,影响生产能力和销售业务;若非流动资金占用过多,除资金成本增加外,还会造成生产能力闲置,流动资金使用紧张。因此,要提高资产报酬率,在关注总资产周转率的同时,还要提高存货周转率、应收账款周转率等。

(五)权益乘数

权益乘数=平均资产总额÷平均所有者权益=1÷(1-资产负债率)

权益乘数反映所有者权益同总资产的关系，也间接反映负债与资产的关系。在总资产需要量既定的前提下，企业适当开展负债经营，相对减少所有者权益所占的份额，就可以使权益乘数提高，这样能给企业带来较大的财务杠杆利益，但同时企业也需要承受较大的风险压力。因此，企业既要合理使用全部资产，又要妥善安排资金结构。

杜邦分析法将所有影响净资产收益率的因素构建成一个完整的财务比率分析系统，包括企业的销售状况、资本结构、费用控制和资产周转等财务比率。只有综合考虑系统内部各个指标之间的关系，才能发现企业资产管理中的问题，深入了解企业财务状况和经营成果的全貌；只有协调好系统内部各个指标之间的关系，才能提高净资产收益率。

思考与练习

一、思考题

1.简述财务分析的意义和方法。

2.怎样进行营运能力分析，包括哪些财务比率，如何计算？

3.怎样进行盈利能力分析，包括哪些财务比率，如何计算？

4.怎样进行偿债能力分析，包括哪些财务比率，如何计算？

5.企业发展能力分析指标包括哪些财务比率，如何计算？

6.怎样用杜邦分析法进行综合财务分析？

二、判断题

1.存货周转率是销售收入与存货平均余额的比率。（　　）

2.应收账款周转率是一定时期内企业主营业务收入净额与平均应收账款余额的比率。（　　）

3.资产报酬率是企业一定时期内的报酬总额与平均资产总额的比率，其中报酬总额为利润总额。（　　）

4.采用杜邦分析法计算权益乘数时，资产负债率是用期末负债总额与期末资产总额来计算的。（　　）

5.在总资产净利率不变的情况下，资产负债率越低，净资产收益率越高。（　　）

6.速动比率是企业某期期末速动资产与流动负债的比率，速动资产包括货币资金、应收款和存货。（　　）

7. 已获利息倍数是企业一定时期息税前利润与利息支出的比值。(　　)

8. 资本积累率是企业本年资产增长额与年初资产总额的比值。(　)

9. 固定资产成新率是企业本期期末固定资产净值与期末固定资产原值的比值。(　　)

10. 杜邦分析法首先从净资产收益率开始分解,最后以权益乘数结束。(　　)

三、单选题

1. (　　)不是营运能力的分析指标。

A. 存货周转率　　B. 总资产周转率

C. 应收账款周转率　　D. 流动比率

2. 权益乘数是(　　)。

A. 1÷(1－产权比率)　　B. 1÷(1－资产负债率)

C. 1－资产负债率　　D. 1－净资产收益率

3. 某企业 2006 年年初与年末所有者权益分别为 250 万元和 400 万元,则资本保值增值率为(　　)。

A. 62.5%　　B. 160%

C. 60%　　D. 40%

4. 如果营运资金大于 0,则以下结论正确的有(　　)。

A. 速动比率大于 1　　B. 权益乘数大于 1

C. 流动比率大于 1　　D. 短期偿债能力绝对有保障

5. (　　)指标不是评价企业长期偿债能力的指标。

A. 债务股权比率　　B. 速动比率

C. 资产负债率　　D. 已获利息倍数

6. (　　)是企业财务结构稳健与否的重要标志。

A. 资产负债率　　B. 产权比率

C. 速动比率　　D. 流动比率

7. 当企业流动比率大于 1 时,增加流动资金借款会使当期流动比率(　　)。

A. 降低　　B. 不变

C. 提高　　D. 不确定

8. (　　)指标是一个综合性最强的财务比率,也是杜邦财务分析体系的核心。

A. 销售净利率　　B. 资产周转率

C. 权益乘数　　　　D. 净资产收益率

四、多选题

1. 企业盈利能力分析的指标有(　　)。

A. 销售利润率　　　　B. 成本费用利润率

C. 净资产收益率　　　　D. 资产报酬率

2. 财务分析的基本内容包括(　　)。

A. 现金流量分析　　　　B. 营运能力分析

C. 盈利能力分析　　　　D. 偿债能力分析

3. 衡量企业短期偿债能力的指标有(　　)。

A. 资产负债比率　　　　B. 流动比率

C. 速动比率　　　　D. 销售利润率

4. 应收账款周转率提高,意味着企业(　　)。

A. 短期偿债能力增强　　　　B. 盈利能力提高

C. 坏账成本下降　　　　D. 流动比率提高

5. 影响存货周转率的因素有(　　)。

A. 销售收入　　　　B. 存货成本

C. 存货计价方法　　　　D. 存货余额

6. 反映企业长期偿债能力的指标有(　　)。

A. 产权比率　　　　B. 资产负债率

C. 总资产周转率　　　　D. 已获利息倍数

7. 属于营运能力分析的指标有(　　)。

A. 存货周转率　　　　B. 应收账款周转率

C. 固定资产周转率　　　　D. 流动资产周转率

8. 企业盈利能力分析可以运用的指标有(　　)。

A. 资本保值增值率　　　　B. 成本利润率

C. 权益乘数　　　　D. 总资产周转率

五、计算与分析题

1. 某公司总资产期初数为 800 万元,其中:存货期初数为 180 万元,期末数为 240 万元;期初流动负债为 150 万元,期末流动负债为 225 万元,期初速动比率为 0.75,期末流动比率为 1.6,本期总资产周转次数为 1.2 次(假定该公司流动资产等于速动资产加存货,非流动资产期初与期末不变)。

要求:(1)计算该公司流动资产的期初数与期末数。

(2)计算该公司本期销售收入。

(3)计算该公司本期流动资产平均余额和流动资产周转次数。

2.某公司年初存货为15万元,应收账款为12万元。年末流动比率为2,速动比率为1.5,存货周转率为4次,流动资产为42万元,其中现金类资产10万元,本期销售成本率为80%(假设该公司流动资产包括存货、应收账款和现金类资产,其他忽略不计)。计算该公司的本年销售额和应收账款周转天数。

3.某公司对2012年的财务比率预测部分结果如下:销售收入为200万元,流动比率为2.2,速动比率为1.2,销售利润率为5%,净资产收益率为25%,产权比率为80%,流动负债与股东权益之比为1∶2,应收账款与销售收入之比为1∶10。要求根据上述信息,编制该公司简化的资产负债表。

某公司资产负债表

2012年12月31日　　单位:万元

资产	金额	负债及所有者权益	金额
现金		流动负债	
应收账款		长期负债	
存货		股东权益	
固定资产净值			
资产总计		权益总计	

4.已知2012年某公司有关资料如下:

某公司资产负债表

2012年12月31日　　单位:万元

资产	年初数	年末数	负债及所有者权益	年初数	年末数
流动资产			流动负债合计	175	150
货币资金	50	45	长期负债合计	245	200
应收账款净额	60	90	负债合计	420	350
存货	92	144			
待摊费用	23	36	所有者权益合计	280	350
流动资产合计	225	315			
固定资产净值	475	385			
总　计	700	700	总　计	700	700

同时，该公司2011年度销售利润率为16%，总资产周转率为0.5次，权益乘数为2.5，净资产收益率为20%，2012年度销售收入为350万元，净利润为63万元。根据上述资料：

(1)计算2012年年末的流动比率、速动比率、资产负债率和权益乘数；

(2)计算2012年总资产增长率、销售利润率和净资产收益率；

(3)分析销售利润率、总资产周转率和权益乘数变动对净资产收益率的影响。

第3章 资金的时间价值与风险

第一节　资金时间价值概述

资金的时间价值是现代财务管理的基础观念之一，因其非常重要并且涉及所有财务管理活动，有人称之为财务管理的“第一原则”。

一、资金时间价值的经济含义

商品经济中，经常会遇到这样一种现象：一定量的资金在不同时点上，具有不同价值，现在的一元钱和一年后的一元钱经济价值不相等。例如，我们现在将10 000元资金存入银行一年，银行的年利率为2.25%，一年后可得到10 225元。也就是说，现在的10 000元与一年后的10 225元相等。这是因为，这10 000元经过一年时间的投资增加了225元。可见，资金会随着时间的推移而发生增值。使资金在投入、收回的不同时点上价值不同而形成的价值差额，称为资金的时间价值，又称“货币时间价值”。

二、资金时间价值的度量

在通常情况下，资金的时间价值是在没有风险和没有通货膨胀条件下的社会平均资金利润率，是企业资金利润率的最低限度，也是使用资金的最低成本率。由于竞争，市场经济中各部门投资的利润率趋于平均化。企业在投资某项目时，至少要取得社会平均的利润率，否则不如投资于另外的项目或另外的行业。

在实践中，如果通货膨胀率很低，可以用政府债券利率来表现货币时间价值。购买政府债券是风险最低的投资行为。因为，政府的信誉是最可靠的，它不可能故意违约、也不会像企业那样因亏损等原因而不得不违约。而且，政府债券通常都可以自由流通，加之信誉好，所以也不存在流动风险。如果通货膨胀率也很低，则政府债券的利率近似等于纯利率，即货币时间价值。

三、在财务活动中树立货币时间价值观念的意义

(一)使财务决策建立在全面、客观、可比的基础上

货币的时间价值使得等量的货币在不同的时点上具有不同的经济价值，所以不同时点的货币收支不宜直接进行比较。特别是长期投资项目，其时间跨度很长——5 年、10 年甚至更长的时间，投资的支出和回收又不在同一个时点上，所以必须将不同时点上的现金流入量和现金流出量都折算为同一时点的数值，这样才能使投资项目的经济评价建立在客观而可比的基础上。所以，离开了货币时间价值因素，就无法正确计算不同时期的财务收支，也无法正确评价企业盈亏。货币时间价值原理正确地揭示了不同时点上货币之间的换算关系，是财务决策的依据。

(二)使有限的资金得到最充分的利用

既然货币有时间价值，使用资金就不能是无偿的，而必须付出代价。占用一元的资金必须提供一元的效益；占用一天的资金必须提供一天的效益，不能无偿占用资金又不提供任何效益。把这样的观念引入到财务管理工作中，在资金筹集、运用和分配等各方面充分考虑这一因素，就会使企业产生一种压力，促使企业努力挖掘资金潜力、减少资金占用、加快资金周转、提高资金使用的经济效益，使有限的资金得到最充分的利用。所以，引入货币时间价值的观念是提高企业财务管理水平，搞好筹资、投资、分配决策的有效保证。

第二节　资金时间价值的计算

由于资金在不同时点上的价值不同，不同时点上的资金就不能直接比较，必须换算到相同的时点上才能比较。因此，掌握资金时间价值的计算就显得尤为重要了。资金时间价值的计算包括一次性收付款项和非一次性收付款项(年金)的终值、现值的计算。

一、一次性收付款项的终值与现值

一次性收付款项是指在某一特定时点上一次性支出(或收入),经过一段时间后再相应地一次性收回(或支出)的款项。这种性质的款项在日常生活中十分常见,如前例将 10 000 元钱存入银行,一年后提出 10 225 元,这里所涉及的收付款项就属于一次性收付款项。

资金时间价值的计算,涉及两个重要的概念:现值和终值。

现值(P),又称本金,是指未来某一时点上的一定量资金折算到现在的价值。前例中的 10 000 元就是一年后的 10 225 元的现值。

终值(F),又称将来值,是指现在一定量资金在未来某一时点上的价值,俗称本利和。前例中的 10 225 元就是现在的 10 000 元在一年后的终值。

终值与现值的计算涉及利息计算方式的选择。目前有两种利息计算方式,即单利和复利。因此,终值与现值的计算也有单利和复利之分。在财务管理中,一般按复利来计算。

(一)单利的终值与现值

单利是指只按本金计算利息而利息部分不再计息的计息方式。在单利计算中,设定以下符号:

P——本金(现值);

i——利率(贴现率、折现率);

I——利息;

F——本利和(终值);

n——计算利息的期数。

注:如无特殊说明,给出的利率均为年利率。

1.单利利息的计算

$I=P\times i\times n$

【例 3-1】某人持有一张附息票据,面额为 5 000 元,票面利率为 5%,出票日期为 8 月 12 日,到期日为 11 月 10 日(90 天)。则该持有者到期可得的利息为:

$$I=P\times i\times n=5\ 000\times 5\%\times \frac{90}{360}=62.5(\text{元})$$

2.单利终值的计算

$$\begin{aligned}F&=P+I\\&=P+P\times i\times n\\&=P\times(1+i\times n)\end{aligned}$$

【例 3-2】某人现在将 20 000 元存放于银行,年存款利率为 5%,在单利计息方式下，要求：分别计算一年后、两年后的本利和为多少。

$F_1=P\times(1+i\times n)=20\ 000\times(1+5\%)=21\ 000$（元）

$F_2=P\times(1+i\times n)=20\ 000\times(1+5\%\times 2)=22\ 000$（元）

3. 单利现值的计算

$P=F\div(1+i\times n)$

【例 3-3】某人希望 5 年取得本利和 10 000 元，用以支付一笔款项。则在利率为 5%，单利方式条件下，此人现在需存入银行的资金为多少？

$P=F\div(1+i\times n)=10\ 000\div(1+5\%\times 5)=8\ 000$（元）

上面求现值的计算，也可称贴现值的计算，贴现使用的利率称为贴现率。

单利计息方法由于每期所得利息不再计算利息，实际上是假定利息不再投入资金周转过程，这不符合资金运动规律，不能完全反映资金的时间价值。

（二）复利的终值与现值

复利，就是不仅本金要计算利息，而且本金所生的利息在下期也要加入本金一起计算利息，即通常所说的"利滚利"。

在复利的计算中，设定以下符号：

F——复利终值；

i——利率；

P——复利现值；

n——期数。

1. 复利终值

复利终值是指一定数量的本金在一定的利率下按照复利的方法计算出的若干时期以后的本利和。例如公司将一笔资金 P 存入银行，年利率为 i，如果每年计息一次，则 n 年后的本利和就是复利终值。如图 3-1。

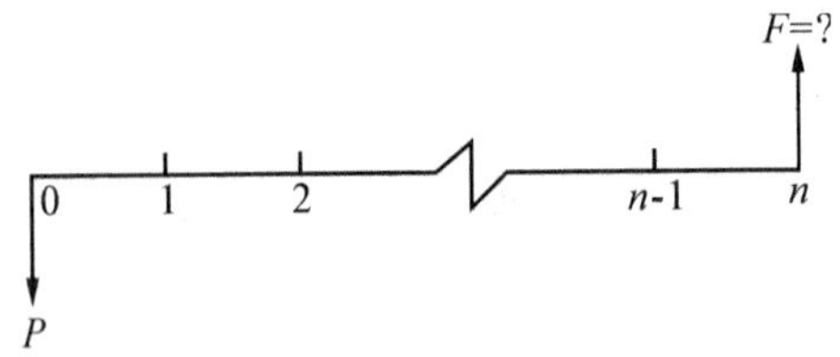

图 3-1 复利终值示意图

如图 3-1 所示，一年后的终值为：

$F_1=P+P\times i=P\times(1+i)$

两年后的终值为：

$F_2=F_1+F_1\times i=F_1\times(1+i)=P\times(1+i)\times(1+i)=P\times(1+i)^2$

由此可以推出 n 年后复利终值的计算公式为：$F=P\times(1+i)^n$

【例 3-4】将 100 元存入银行，利率假设为 10%，一年后、两年后的终值是多少？

$F_1=100\times(1+10\%)=110$(元)

$F_2=100\times(1+10\%)^2=121$(元)

复利终值公式中，$(1+i)^n$ 称为"复利终值系数"或"1 元复利终值"，用符号$(F/P,i,n)$表示。例如$(F/P,8\%,5)$，表示利率为 8%、5 期的复利终值系数。该系数可通过查阅"1 元复利终值系数表"方式直接获得，则：$F=P\times(F/P,i,n)$。通过复利终值系数表(见本书附录附表一)，还可以在已知 F，i 的情况下查出 n；或在已知 F，n 的情况下查出 i。

【例 3-5】某人现在将 20 000 元存放于银行，年存款利率为 5%，在复利计息方式下，要求：分别计算一年后、两年后的本利和为多少。

$F_1=20\ 000\times(1+5\%)=21\ 000$(元)

$F_2=20\ 000\times(F/P,5\%,2)$

上式中的$(F/P,5\%,2)$表示利率为 5%，期限为 2 年的复利终值系数。在复利终值系数表上，我们可以从横行中找到利率 5%，纵列中找到期数 2 年，纵横相交处，可查到$(F/P,5\%,2)=1.102\ 5$。该系数表明：在年利率为 5%的条件下，现在的 1 元与 2 年后的 1.102 5 元相等。

$F_2=20\ 000\times1.102\ 5=22\ 050$(元)

将单利终值与复利终值比较发现，在第一年中，单利终值与复利终值是相等的，在第二年，单利终值与复利终值不相等，两者相差 50(22 050－22 000)元，这是因为复利方式下第一年本金所生的利息在第二年也要计算利息，即 50(1 000×5%)元。因此，从第二年开始，单利终值与复利终值是不相等的。

2.复利现值

复利现值是指未来某一特定时间的特定资金按复利折算到现在的价值。即为取得未来一定本利和现在所需要的本金。例如，将 n 年后的一笔资金 F，按年利率 i 折算为现在的价值，这就是复利现值。如图 3-2。

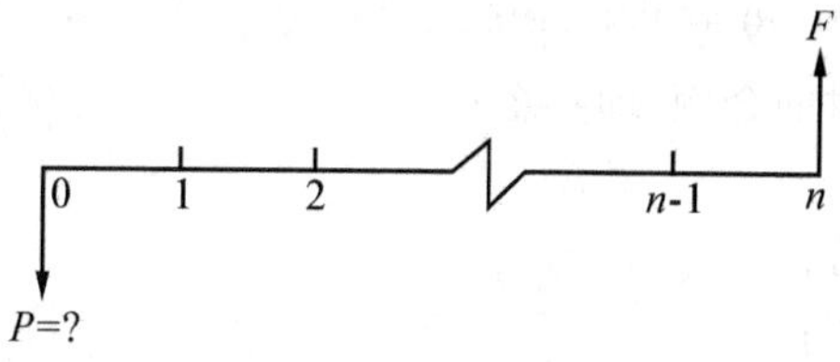

图 3-2 复利现值示意图

复利现值的计算公式为：

$P=F\div(1+i)^{n}=F\times(1+i)^{-n}$

式中，$(1+i)^{-n}$称为“复利现值系数”或“1元复利现值”，记作：$(P/F,i,n)$。该系数可通过查阅“1元复利现值系数表”（见本书附录附表二）求得，则：$P=F\times(P/F,i,n)$。例如$(P/F,5\%,4)$，表示利率为5%，期限为4期的复利现值系数。

【例3-6】A公司计划5年后进行技术改造，需要资金100万元，当银行利率为5%时，公司现在应存入银行的资金为：

$$
\begin{aligned}
P &= F\times(1+i)^{-n}\\
&=F\times(P/F,i,n)\\
&=1\ 000\ 000\times0.783\ 5\\
&=783\ 500(\text{元})
\end{aligned}
$$

与复利终值系数表相似，通过复利现值系数表在已知i,n的情况下查出P；或在已知P,i的情况下查出n；或在已知P,n的情况下查出i。

复利终值与复利现值的关系：

(1)互为逆运算；

(2)复利终值系数与复利现值系数互为倒数。

二、年金的终值与现值

年金是指一定时期内，每隔相等的时间，收入或支出相等金额的系列款项。例如：分期付款赊购、分期偿还贷款、发放养老金、支付租金、提取折旧等都属于年金收付形式。

年金具有连续性和等额性特点。连续性要求在一定时间内间隔相等时间就要发生一次收支业务，中间不得中断，必须形成系列。等额性要求每期收付款项的金额必须相等。

年金按照每次收付发生的时点不同，可以分为普通年金、先付年金、递延年金和永续年金。

在年金的计算中，设定以下符号：

A——每年收付的金额，即年金；

i——利率；

F——年金终值；

P——年金现值；

n——期数。

注：财务管理中，讲到年金，一般是指普通年金。

(一)普通年金

普通年金是指在每期期末,间隔相等时间,收入或支出相等金额的系列款项的年金。每一间隔期,有期初和期末两个时点,由于普通年金是在期末这个时点上发生收支,故又称后付年金。如图 3-3 所示。

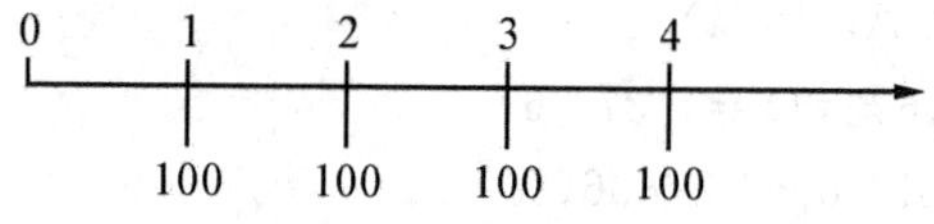

图 3-3 普通年金示意图

图 3-3 中,横轴代表时间,用数字标出各期的顺序号,竖线的位置表示支付的时刻,竖线下端数字表示支付的金额。该图表示 4 期内每年 100 元的普通年金。

1. 普通年金的终值

普通年金终值是指一定时期内每期期末等额收付款项的复利终值之和。例如,按图 3-3 的数据,假如 $i=6\%$,第四期期末的普通年金终值的计算见图 3-4。

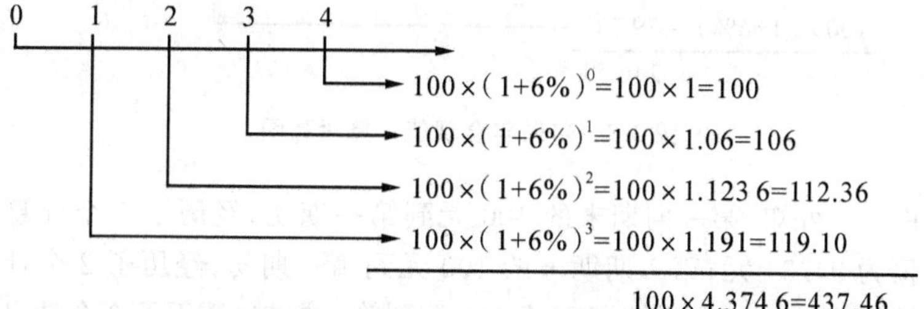

图 3-4 普通年金终值计算示意图

从图 3-4 可知,第一期期末的 100 元,有 3 个计息期,其复利终值为 119.1 元;第二期期末的 100 元,有 2 个计息期,其复利终值为 112.36 元;第三期期末的 100 元,有 1 个计息期,其复利终值为 106 元;而第四期期末的 100 元,没有利息,其终值仍为 100 元。将以上四项加总得 437.46 元,即为整个的年金终值。普通年金终值的计算公式是:

$$F=A\times\frac{(1+i)^n-1}{i}$$

公式中,A 是年金,$\frac{(1+i)^n-1}{i}$通常称为“1 元年金的终值”或“年金终值系数”,用符号$(F/A,i,n)$表示。该系数可通过查“1 元年金终值系数表”(见本书附录附表三)获得,该表的行是利率 i,列是计息期数 n,相应的年金系数在其纵横交叉之处,则:F=A×(F/A,i,n)。

【例 3-7】某人每年年末存入银行 1 000 元,若年利率为 6%,则第 4 年末可从银行一次性取出多少钱?

F=1 000×(F/A,6%,4)

查表得:(F/A,6%,4)=4.374 6

F=1 000×4.374 6=4 374.6(元)

2.普通年金的现值

普通年金现值是指一定时期内每期期末收付款项的复利现值之和。例如,按图 3-3 的数据,假如 $i=6\%$,其普通年金现值的计算如图 3-5 所示。

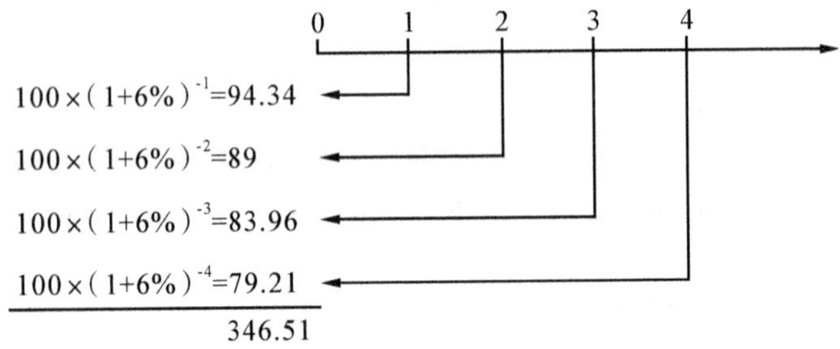

图 3-5　普通年金现值计算示意图

从图 3-5 可知,第一期期末的 100 元到第一期初,经历了 1 个计息期,其复利现值为 94.34 元;第二期期末的 100 元到第一期初,经历了 2 个计息期,其复利现值为 89 元;第三期期末的 100 元到第一期初,经历了 3 个计息期,其复利现值为 83.96 元;第四期期末的 100 元到第一期初,经历了 4 个计息期,其复利现值为 79.21 元。将以上四项加总得 346.51 元,即为 4 期的年金现值。普通年金现值的计算公式是:

$$P=A\times\frac{1-(1+i)^{-n}}{i}$$

公式中,A 是年金,$\frac{1-(1+i)^{-n}}{i}$称为"1 元年金的现值"或"年金现值系数",记作(P/A,i,n)。该系数可通过查"1 元年金现值系数表"(本书附录附表四)获得,则:P=A×(P/A,i,n)。

【例 3-8】某公司预计在 8 年中,从一名顾客处每年年末收取 6 000 元的汽车贷款还款,贷款利率为 6%,则该顾客借了多少资金,即这笔贷款的现值是多少?

P=6 000×(P/A,6%,8)

查表得：$(P/A,6\%,8)=6.2098$

则：$P=6\ 000\times 6.209\ 8=37\ 258.8$(元)

3.偿债基金

偿债基金，是指为了在约定的未来某一时点清偿某笔债务或积聚一定数额的资金而必须分次等额形成的存款准备金。年偿债基金的计算实际上是年金终值的逆运算，其计算公式为：

$$A=F\times\frac{i}{(1+i)^{n}-1}$$

公式中的$\frac{i}{(1+i)^{n}-1}$称作“偿债基金系数”，记作$(A/F,i,n)$。该系数可通过查“偿债基金系数表”获得，或通过年金终值系数的倒数推算出来。所以：

$A=F\times(A/F,i,n)$

或 $A=F\div(F/A,i,n)$

即$(A/F,i,n)=1\div(F/A,i,n)$

利用偿债基金系数可把年金终值折算为每年需支付的年金数额。

【例 3-9】假设某企业有一笔 4 年后到期的借款，到期值为 1 000 万元。若存款年利率为 10%，则为偿还该项借款应建立的偿债基金应为多少？

$A=1\ 000\div(F/A,10\%,4)$

查表得：$(F/A,10\%,4)=4.641\ 0$

$A=1\ 000\div 4.641\ 0=215.4$(万元)

上面计算表明，在存款年利率为 10%时，每年年末存入银行 215.4 万元，4 年后才能还清债务 1 000 万元。

4.年资本回收额的计算

资本回收是指在给定的年限内等额回收初始投入资本或清偿所欠债务的价值指标。年资本回收额的计算是年金现值的逆运算。其计算公式为：

$$A=P\times\frac{i}{1-(1+i)^{-n}}$$

公式中的$\frac{i}{1-(1+i)^{-n}}$称作“资本回收系数”，记为$(A/P,i,n)$。该系数可通过查“资本回收系数表”或利用年金现值系数的倒数求得。上式也可写作：

$A=P\times(A/P,i,n)$

或 $A=P\div(P/A,i,n)$

【例 3-10】某企业现在借得 1 000 万元的贷款，在 10 年内以年利率 12%等额偿还，则每年应归还的金额为：

A=1 000÷(P/A,12%,10)

查表得:(P/A,12%,10)=5.650 2

则:A=1 000÷5.650 2≈177(万元)

(二)先付年金

先付年金是指每期期初有等额的收付款项的年金,又称预付年金或即付年金。如图 3-6 所示。

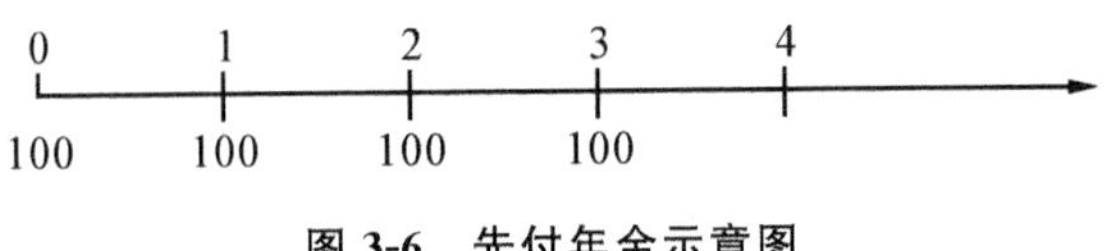

图 3-6 先付年金示意图

图 3-6 中,横轴代表时间,用数字标出各期的顺序号,竖线的位置表示支付的时刻,竖线下端数字表示支付的金额。该图表示 4 期内每年 100 元的先付年金。

1. 先付年金的终值

先付年金终值是指一定时期内每期期初等额收付款项的复利终值之和。例如,按图 3-6 的数据,假如 $i=6\%$,第 4 期期末的年金终值的计算见图 3-7。

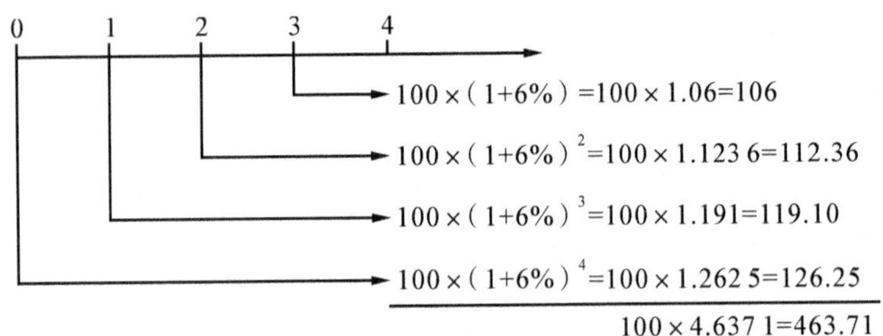

图 3-7 先付年金终值计算示意图

从图 3-7 可知,第一期期初的 100 元,有 4 个计息期,其复利终值为 126.25元;第二期期初的 100 元,有 3 个计息期,其复利终值为 119.1 元;第三期期初的 100 元,有 2 个计息期,其复利终值为 112.36 元;而第四期期初的 100 元,有 1 个计息期,其复利终值为 106 元。将以上四项加总得 463.71 元,即为整个的先付年金终值。

从以上的计算可以看出,先付年金与普通年金的付款期数相同,但由于其付款时间的不同,先付年金终值比普通年金终值多计算一期利息。因此,可在普通年金终值的基础上乘上$(1+i)$就是先付年金的终值。

先付年金的终值 F 的计算公式为：

$$F=A\times\left[\frac{(1+i)^{n+1}-1}{i}-1\right]$$

公式中的$\left[\frac{(1+i)^{n+1}-1}{i}-1\right]$通常称为“先付年金终值系数”，它是在普通年金终值系数的基础上，期数加 1，系数减 1 求得的，可表示为[(F/A,i,n+1)－1]，可通过查“1 元年金终值系数表”，得(n+1)期的值，然后减去 1 可得对应的先付年金终值系数的值。例如欲求[(F/A,6%,4＋1)－1]，先求出(F/A,6%,4＋1)的值为 5.637 1，再减去 1，得先付年金终值系数为 4.637 1。

【例 3-11】某公司决定连续 5 年于每年年初存入 100 万元作为住房基金，银行存款利率为 10%。则该公司在第 5 年末能一次取出的本利和为：

方法一：F＝100×[(F/A,10%,6)－1]

查表：(F/A,10%,6)＝7.715 6

F＝100×(7.715 6－1)＝671.56(万元)

方法二：F＝100×(F/A,10%,5)×(1＋10%)

查表：(F/A,10%,5)＝6.105 1

F＝100×6.105 1×1.1＝671.56(万元)

2.先付年金的现值

先付年金现值是指一定时期内每期期初收付款项的复利现值之和。例如，按图 3-6 的数据，假如 i＝6%，其先付年金现值的计算如图 3-8。

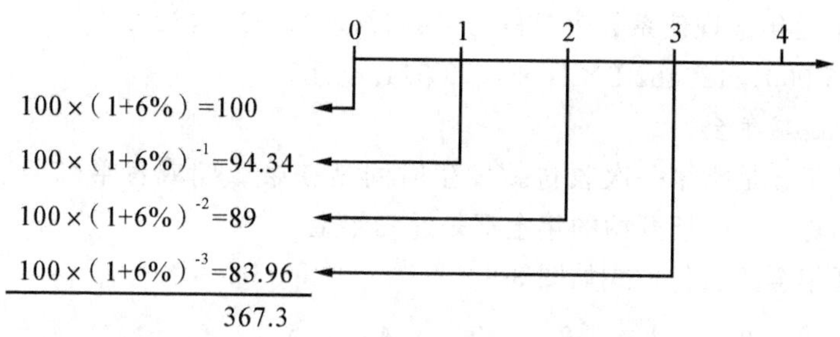

图 3-8 先付年金现值计算示意图

从图 3-8 可知，第一期期初的 100 元，没有计息期，其复利现值仍然为 100 元；第二期期初的 100 元到第一期初，经历了 1 个计息期，其复利现值为 94.34 元；第三期期初的 100 元到第一期初，经历了 2 个计息期，其复利现值为 89 元；第四期期初的 100 元到第一期初，经历了 3 个计息期，其复利现值为 83.96 元。将以上四项加总得 367.3 元，即为 4 期的先付年金现值。

从以上的计算可以看出，先付年金与普通年金的付款期数相同，但由于其付款时间的不同，先付年金现值比普通年金现值少折算一期利息。因此，可在普通年金现值的基础上乘上 $(1+i)$ 就是先付年金的现值。

先付年金的现值 P 的计算公式为：

$$P=A\times\left[\frac{1-(1+i)^{-(n-1)}}{i}+1\right]$$

公式中，$\left[\frac{1-(1+i)^{-(n-1)}}{i}+1\right]$ 通常称为“先付年金现值系数”。

先付年金现值系数是在普通年金现值系数的基础上，期数减 1，系数加 1 求得的，可表示为 $[(P/A,i,n-1)+1]$，可通过查“1 元年金现值系数表”，得 $(n-1)$ 期的值，然后加上 1 可得对应的先付年金现值系数的值。例如欲求 $[(P/A,6\%,4-1)+1]$，先求出 $(P/A,6\%,4-1)$ 的值为 2.673，再加上 1，得先付年金现值系数为 3.673。

【例 3-12】某人分期付款购买住宅，每年年初支付 6 000 元，20 年还款期，设银行借款利率为 5%，该项分期付款如果现在一次性支付，需支付的现金是多少？

方法一：$P=A\times[(P/A,i,n-1)+1]=6\ 000\times[(P/A,5\%,20-1)+1]$

查“1 元年金现值系数表”得：$(P/A,5\%,20-1)=12.085\ 3$

$P=6\ 000\times(12.085\ 3+1)=78\ 511.8$(元)

方法二：$P=A\times(P/A,i,n)\times(1+i)=6\ 000\times(P/A,5\%,20)\times(1+5\%)$

查“1 元年金现值系数表”得：$(P/A,5\%,20)=12.462\ 2$

$P=6\ 000\times12.462\ 2\times1.05=78\ 511.8$(元)

(三)递延年金

递延年金是指第一次收付款发生时间是在第二期或者第二期以后的年金。凡不是从第一期开始的年金都是递延年金。

递延年金的收付形式如图 3-9。

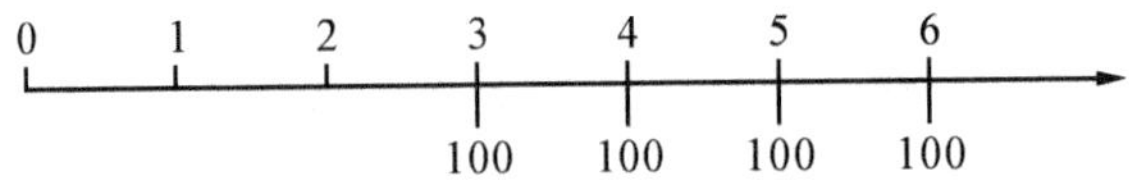

图 3-9　递延年金示意图

从图 3-9 可以看出，递延年金是普通年金的特殊形式，第一期和第二期没有发生收付款项，一般用 m 表示递延期数，该图中 $m=2$；从第三期开始连续 4 期发生等额的收付款项，一般用 n 表示收付期数，该图中 $n=4$。

1.递延年金终值

递延年金终值的计算方法与普通年金终值的计算方法相似，其终值的大小与递延期限无关，即：

$F=A\times(F/A,i,n)$

【例 3-13】某企业于年初投资一项目，估计从第五年开始至第十年，每年年末可得收益 100 万元，假定年利率为 5%。要求：计算投资项目年收益的终值。

$$F=A\times(F/A,i,n)$$
$$=100\times(F/A,5\%,6)$$
$$=100\times6.8019$$
$$=680.19(万元)$$

2.递延年金现值

递延年金现值是自若干时期后开始每期款项的现值之和。其计算方法有两种：

方法一：第一步，把递延年金看作 n 期普通年金，计算出递延期末的现值；第二步，将已计算出的现值贴现到第一期期初。

【例 3-14】如图 3-9 所示数据，假设银行利率为 6%，其递延年金现值为多少？

第一步，计算 4 期的普通年金现值。

$$P_2=A\times\frac{1-(1+i)^{-n}}{i}$$
$$=100\times\frac{1-(1+6\%)^{-4}}{6\%}$$
$$=100\times3.4651$$
$$=346.51(元)$$

第二步，已计算的普通年金现值，贴现到第一期期初。

$$P_0=P_2\times\frac{1}{(1+i)^m}$$
$$=346.51\times\frac{1}{(1+6\%)^2}$$
$$=346.51\times0.89$$
$$=308.39(元)$$

上述计算步骤如图 3-10 所示。

方法二：第一步，计算出 $(m+n)$ 期的年金现值；第二步，计算 m 期年金现值；第三步，将计算出的 $(m+n)$ 期扣除递延期 m 的年金现值，得出 n 期年金现值。

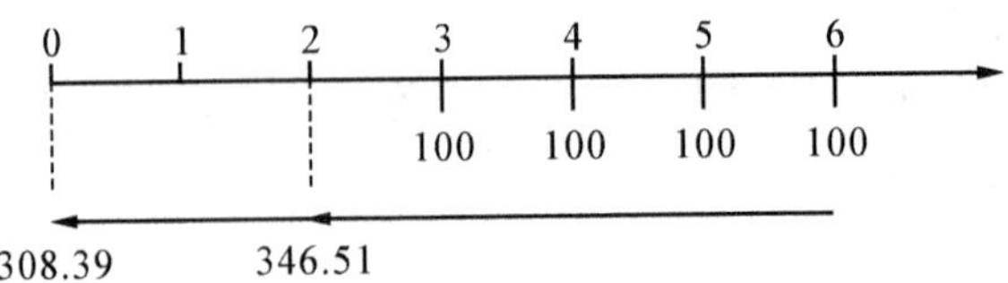

图 3-10　递延年金现值计算方法一示意图

【例 3-15】数据同例 3-14，利用方法二的计算步骤为：

$$P_{2+4}=100\times\frac{1-(1+6\%)^{-(2+4)}}{6\%}$$

$$=100\times4.9173$$

$$=491.73(\text{元})$$

$$P_2=100\times\frac{1-(1+6\%)^{-2}}{6\%}$$

$$=100\times1.8334$$

$$=183.34(\text{元})$$

$$P_4=P_{2+4}-P_2$$

$$=491.73-183.34$$

$$=308.39(\text{元})$$

上述计算步骤如图 3-11 所示。

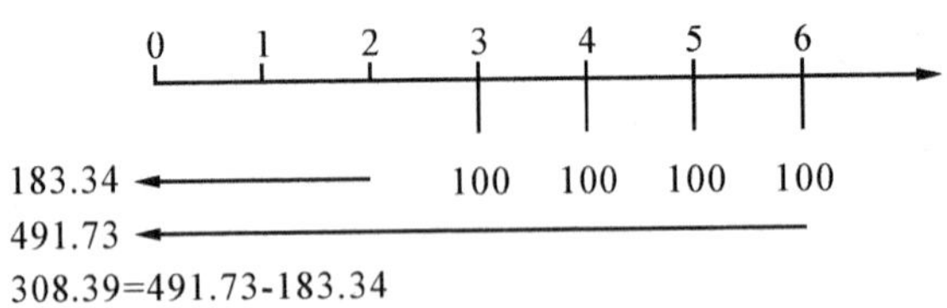

图 3-11　递延年金现值计算方法二示意图

（四）永续年金

永续年金是指无限期支付的年金，也称永久年金，如优先股股利。永续年金可视为普通年金的特殊形式，即期限趋于无穷大的普通年金。

由于永续年金持续期无限，没有终止时间，因此没有终值，只有现值。其现值的计算公式可由普通年金现值公式推出。

永续年金现值 P 计算公式为：

$$P=A\times\frac{1-(1+i)^{-n}}{i}$$

$$=A\times\frac{1-\frac{1}{(1+i)^{n}}}{i}$$

当 $n\to\infty$时，$\frac{1}{(1+i)^{n}}\to 0$

故：$P=\frac{A}{i}$

【例 3-16】拟建立一项永久性的奖学金，每年计划颁发 10 000 元奖金。若年利率为 10%，现在应存入多少钱？

$P=\frac{10\ 000}{10\%}=100\ 000$(元)

第三节　资金时间价值计算的特殊问题

上面讨论的有关计算均假定利率为年利率，每年计息一次。但实际上，计息周期不一定是年，也可能是季度、月份或日。比如，某些债券半年计息一次，有的抵押贷款每月计息一次，银行间拆借资金均为每天计息一次。

在单利计息的条件下，由于利息不再生利，所以按年计息与按月(半年、季、日等)计息效果是一样的。但在复利计息的情况下，由于每月(半年、季、日等)所得利息还要再次生利，所以按月(半年、季、日等)计算所得利息将多于按年计算所得利息。因此，有必要就计息期短于一年的复利计算问题加以讨论。

一、利率与计息期数的换算

当使用的利率是年利率、而计息期又短于一年时，利率及计息期数均应按下式进行换算：

$r_m=\frac{r}{m}$

$t=m\times n$

式中：r_m——计息期利率；

r——年利率；

m——每年计息次数；

n——年数；

t——换算后的计息期数。

其终值和现值的计算公式分别为：

$$F=P\times(1+r_m)^t=P\times\left(1+\frac{r}{m}\right)^{m\times n}$$

$$P=\frac{F}{(1+r_m)^t}=\frac{F}{\left(1+\frac{r}{m}\right)^{m\times n}}$$

【例 3-17】存入银行 1 000 元，年利率为 12%，计算一年后按年、半年、季、月计息的复利终值。

(1)按年复利的终值

$F_1=1\ 000\times(1+12\%)=1\ 120$(元)

(2)按半年复利的终值

$F_2=1\ 000\times[1+(12\%\div2)]^2=1\ 123.6$(元)

(3)按季复利的终值

$F_3=1\ 000\times[1+(12\%\div4)]^4=1\ 125.51$(元)

(4)按月复利的终值

$F_4=1\ 000\times[1+(12\%\div12)]^{12}=1\ 126.83$(元)

从以上计算可以看出，按年复利终值为 1 120 元，按半年复利终值为 1 123.6元，按季复利终值为 1 125.51 元，按月复利终值为 1 126.83 元。一年中计息次数越多，其终值就越大；一年中计息次数越多，其现值就越小，这二者的关系与终值和计息次数的关系恰好相反。

利率是应该有时期单位的，如年利率、半年利率、季度利率、月利率、日利率等，其含义是，在这一时期内所得利息与本金之比。但实务中的习惯做法是，仅当计息期短于一年时才注明时期单位，没有注明时期单位的利率指的是年利率。而且，通常是给出年利率，同时注明计息期。

二、名义利率与实际利率

如前所述，按照复利方式，如果每年计息次数超过一次，则每次计息时所得利息还将同本金一起在下次计息时再次生利。因此，一年内所得利息总额将超过按年利率、每年计息一次所得利息。在这种情况下，所谓年利率则有名义利率和实际利率之分。

名义利率，是指每年计息次数超过一次时的年利率，或名义利率等于短于一年的周期利率与年内计息次数的乘积。实际利率，是指在一年内实际所得利息总额与本金之比。显然，当且仅当每年计息次数为一次时，名义利率与实际利率相等。

如果名义利率为 r,每年计息次数为 m,则每次计息的周期利率为 r/m,如果本金为 1 元,按复利计息方式,一年后的本利和为:$(1+r/m)^m$,一年内所得利息为:$(1+r/m)^m-1$。则:

$$i=\left(1+\frac{r}{m}\right)^m-1$$

式中:i——实际利率;

r——名义利率;

m——一年内的计息次数。

【例 3-18】某人存入银行 1 000 元,年利率 8%,每季复利一次,问 5 年后可取出多少钱?

解:$r=8\%$;$m=4$。

$$i=\left(1+\frac{8\%}{4}\right)^4-1=8.24\%$$

$$F=1\ 000\times(1+8.24\%)^5=1\ 485.95$$

第四节　风险与报酬的分析

企业的财务管理工作,几乎都是在风险和不确定情况下进行的。离开了风险因素,就无法正确评价企业报酬的高低。风险报酬原理,正确地揭示了风险与报酬之间的关系,是财务决策的基本依据。为此,财务人员必须了解风险报酬的概念及其计算方法。

一、风险的含义

在现实生活中,人们从事的各种活动可以分为确定性和不确定性两种。确定性活动的特点是:其结果是唯一的,只要正确地掌握了活动的规律,就可以预先确定其最终结果,从而做出正确的判断。例如,当投资购买国库券时,就可以预先确定能在何时收回本金、在何时获得利息收入以及利息收入的多少。不确定性活动的特点是:其结果有两种或两种以上,最终将会出现哪一种结果人们无法预先确知。因此,从事这类活动时,最终出现的实际结果可能会好于原来预期的结果,也可能比原来预期的结果差。一般地说,风险是指在一定条件下和一定时期内可能发生的各种结果的变动程度。最终出现的实际结果与预期结果之间变动的程度及可能性越大,其风险性就越大。

为了对风险问题进行深入的研究，人们又将不确定性活动进一步细分为完全不确定性活动和风险性活动两类。

（一）完全不确定性活动

其特点是，人们不仅无法预先确知最终将会出现哪一种结果，就连对各种结果出现的可能性或概率也是一无所知。例如，某企业准备向A国出售某种产品，但对A国的经济状况、市场状况和消费者偏好均一无所知，如果这时候该企业就贸然进入A国市场，则其行为就是一种完全不确定性经济活动。

（二）风险性活动

其特点是，虽然最终将出现哪种结果是不确定的，但所有可能出现的结果和这些结果出现的可能性（概率）是已知的或是可以估计的。例如，某企业准备生产一套新款系列服装并在明年投放市场。企业虽然不能确切地知道这套服装明年投放市场后的收益状况，但根据对历史数据的分析、市场调研和经验判断，可以知道：如果这一服装系列能够成为流行款式，则收益率可达50%；如果销售状况一般，则收益率为20%；如果不大受欢迎，则收益率为－20%。同时，根据对明年服装流行款式的分析，生产者可以判断出该服装系列明年成为流行时装的概率为60%；销售状况一般的概率为20%；不受欢迎的概率为20%。这类活动即为风险性活动。

根据以上分析，我们可以给风险下这样的定义：风险是指未来的结果是不确定的，但未来哪些结果会出现及各种结果出现的可能性或概率分布是已知的或是可以估计的这样一种特殊的不确定性。

二、风险的类型

企业面临的风险主要有两种，即市场风险和企业特有风险。

（一）市场风险

市场风险是指影响所有企业的风险。它由企业外部因素引起，企业无法控制，这类风险涉及所有投资对象，不能通过多元化投资来分散，因此又称为不可分散风险或系统风险，如战争、经济衰退、通货膨胀、高利率等。例如，一个人投资于股票，不论买哪一种股票，他都要承担市场风险，因为当经济衰退时各种股票的价格都会不同程度下跌。

（二）企业特有风险

企业特有风险是指发生于个别企业的特有事件造成的风险，如罢工、新产品开发失败、没有争取到重要合同、诉讼失败等。这类事件是随机发生的，因而可以通过多元化投资来分散，即发生于一家公司的不利事件可以被其他公司的有利事件所抵消。这类风险称为可分散风险或非系统风险。例如，一个人投资于股票时，买几种不同的股票，比只买一种风险小。非系统风险根据风险形成的原因不同，又可分为经营风险和财务风险。

1.经营风险

经营风险是指生产经营的不确定性给企业盈利带来的不确定性，它是任何商业活动都有的，所以又称商业风险。经营风险主要来自以下几个方面：

(1)市场销售。市场需求、市场价格、企业可能生产的数量等的不确定，尤其是竞争导致的供产销的不稳定，加大了风险。

(2)生产成本。原料的供应和价格、工人和机器的生产率、工人奖金和工资等都有一定的不确定性，因而产生了风险。

(3)生产技术。设备事故、产品发生质量问题、新技术的出现等，很难准确预见，从而产生风险。

(4)其他。外部的环境变化，如天灾、经济不景气、通货膨胀、有协作关系的企业没有履行合同等，企业自己很难控制，从而产生风险。

2.财务风险

财务风险是指企业因举债给财务成果带来的不确定性，是筹资决策带来的风险，也叫筹资风险。企业举债经营，全部资金中除自有资金外还有一部分借入资金，这会对自有资金的盈利能力造成影响；同时，借入资金需还本付息，一旦无力偿还到期债务，企业便会陷入财务困境甚至破产。

例如，A公司股本10万元，好年景盈利2万元，股东资本报酬率为20%；坏年景亏损1万元，股东资本报酬率为-10%。假设公司预期今年是好年景，借入资金10万元，利息率10%，预期盈利4万元(20×20%)，付息后盈利为3万元，股东资本报酬率上升为30%(3/10)。这就是负债经营的好处。但是这个借款决策加大了原有的风险，如果借款后碰上了坏年景，企业付息前亏损2万元，付息后亏损3万元，股东资本报酬率降为-30%。这就是负债经营的风险。

这种风险程度的大小受借入资金与自有资金比例的影响，借入资金比例越大，风险程度就越高；借入资金比例小，风险程度也会随之降低。对财务风险的管理，关键是要保证有一个合理的资金结构，维持适当的负债水平，既要充分利用举债经营这一手段获取财务杠杆的收益，提高自有资金的盈利能力，同时又要注意防止过度举债而引起的财务风险的加大，避免陷入财务困境。

三、风险与报酬

(一)风险报酬

一般地说,投资者宁愿选择具有确定性的某一报酬率的方案,而不愿意选择具有不确定性的相同报酬率的方案,这种现象称为“风险厌恶”。事实表明,“风险厌恶”是一种非常普遍的现象。那么,人们为什么还会去承担风险,进行风险投资呢?这里有两个原因:

1. 世界上几乎不存在完全确定的经济活动

即使是投资于还本付息安全性最高的国债,也难免因通货膨胀率的不确定而带来投资收益的不确定。尽管国债利率中已经包含了预期的通货膨胀贴水,但这一贴水是否能正好抵消通货膨胀的影响仍然是不确定的;即使是在事后根据通货膨胀率给予利息补贴(如保值储蓄),由于这一补贴是根据通货膨胀的平均水平制定的,它能否弥补每一位投资者因通货膨胀造成的特殊损失也仍然是一个未知数。所以,要想避免一切不确定性,绝对地回避风险,就意味着什么事情都不能做,而一旦什么事情都不能做,则自身的生存就失去了保证。因此,不论是企业还是个人,不论他愿不愿意,都必须从事某种风险性活动。

2. 风险不仅意味着失败的威胁,同时也意味着成功的可能

风险越大,成功时的收获就越大,当然,一旦失败其损失也越大。事实证明,世界上所有的成功者,都是从风险中冲杀出来的。而且总体来讲,承担风险一定会得到相应的报酬的。正是为了获得因成功而带来的丰厚的报酬,人们才愿意去承担风险。

投资者因承担风险而获得的超过资金时间价值的那部分额外报酬,就是风险报酬。风险报酬额与投资额之比,即为风险报酬率。

这样,投资者进行风险投资所要求的或期望的投资报酬率便是无风险报酬率与风险报酬率之和。即:

期望投资报酬率=无风险报酬率+风险报酬率

其中:无风险报酬率(R_F)=资金时间价值(K_0)+通货膨胀贴水(I_P)。

假如某项投资的期望报酬率为15%,资金时间价值为10%,在不考虑通货膨胀的情况下,该项投资的风险报酬率便是5%。

(二)单项资产的风险衡量

1. 概率

在完全相同的条件下,某一事件可能发生也可能不发生,可能出现这种结

果也可能出现另外一种结果,这类事件称为随机事件。概率就是用来反映随机事件发生的可能性大小的数值。一般用 X 表示随机事件,X_i 表示随机事件的第 i 种结果,P_i 表示第 i 种结果出现的概率。一般随机事件的概率在 0 与 1 之间,即 $0 \leqslant P_i \leqslant 1$,$P_i$ 越大,表示该事件发生的可能性越大;反之,P_i 越小,表示该事件发生的可能性越小。所有可能的结果出现的概率之和一定为 1,即 $\sum_{i=1}^{n} P_i = 1$ 。肯定发生的事件概率为 1,肯定不发生的事件概率为 0。

【例 3-19】ABC 公司有两个投资项目,A 投资项目是一个高科技项目,该领域竞争很激烈,如果经济发展迅速并且该项目搞得好,就会取得较大市场占有率,利润也会很大,否则利润很小甚至亏本。B 投资项目是一个老项目,生产的是必需品,销售前景可以准确预测出来。假设未来的经济情况只有三种:繁荣、正常、衰退,有关概率分布和预期报酬率见表 3-1。

表 3-1 概率分布表

经济情况	概率 P_i	A 项目预期报酬	B 项目预期报酬
繁荣	0.3	90%	20%
正常	0.4	15%	15%
衰退	0.3	-60%	10%

从表 3-1 中可见,所有的概率 P_i 均在 0 和 1 之间,且 $P_1 + P_2 + P_3 = 0.3 + 0.4 + 0.3 = 1$。

2. 期望值

期望值是指当一个随机现象发生很多次时(趋于无穷多次),可能发生的结果与各自概率之积的加权平均值,它反映投资者的合理预期,记作:E(X)。

设 X 为离散型随机变量,则:$E(X) = \sum_{i=1}^{n} x_i P_i$

根据上例中表 3-1 的数据,则有:

$E(A) = 0.3 \times 90\% + 0.4 \times 15\% + 0.3 \times (-60\%) = 15\%$

$E(B) = 0.3 \times 20\% + 0.4 \times 15\% + 0.3 \times 10\% = 15\%$

上述计算结果表明,A、B 两项目如果经营很多年,其平均报酬率都是 15%。

3. 离散程度

离散程度即随机变量的实际值偏离期望值的程度,是用以衡量风险大小的统计指标。一般来说,离散程度越大,风险越大;离散程度越小,则风险越小。

反映随机变量离散程度的指标主要有：方差、标准差、标准离差率等。

(1)方差。按照概率论的定义，方差是各种可能的结果偏离期望值的综合差异，是反映离散程度的一种量度。其计算公式为：

$$\sigma^2 = \sum_{i=1}^{n} [X_i - E(X)]^2 P_i$$

现以表 3-1 中数据为例，计算 A、B 两项目的预计年收益率的方差：

$$\sigma_A^2 = (90\% - 15\%)^2 \times 0.3 + (15\% - 15\%)^2 \times 0.4 + (-60\% - 15\%)^2 \times 0.3 = 33.75\%$$

$$\sigma_B^2 = (20\% - 15\%)^2 \times 0.3 + (15\% - 15\%)^2 \times 0.4 + (10\% - 15\%)^2 \times 0.3 = 0.15\%$$

(2)标准离差。标准离差也叫标准差或均方差，是方差的平方根。在实务中一般使用标准差而不使用方差来反映风险的大小。一般来说，标准差越小，说明离散程度越低，风险也就越小；反之，标准差越大则风险越大。其计算公式为：

$$\sigma = \sqrt{\sum_{i=1}^{n} [X_i - E(X)]^2 P_i}$$

现以表 3-1 中数据为例，计算 A、B 两项目的预计年收益率的标准离差：

$$\sigma_A = \sqrt{33.75\%} = 58.09\%$$

$$\sigma_B = \sqrt{0.15\%} = 3.87\%$$

(3)标准离差率。标准离差是反映随机变量离散程度的一个指标，但我们应当注意到标准离差是一个绝对指标，作为一个绝对指标，标准离差无法准确地反映随机变量的离散程度。解决这一问题的思路是计算反映离散程度的相对指标，即标准离差率。

标准离差率是某随机变量标准离差相对该随机变量期望值的比率。通常用符号 q 表示。其计算公式为：

$$q = \frac{\sigma}{E(X)}$$

标准离差率是一个相对指标，它以相对数反映决策方案的风险程度。方差和标准差作为绝对指标，只适用于期望值相同的决策方案的风险程度的比较，对于期望值不同的决策方案，评价和比较各自的风险程度只能借助于标准离差率这一相对指标。在期望值不同的情况下，标准离差率越大，风险越大；反之，标准离差率越小，风险越小。

现仍以表 3-1 中数据为例，计算 A、B 两项目的预计年收益率的标准离差率：

$q_A=\frac{58.09\%}{15\%}=387.27\%$

$q_B=\frac{3.87\%}{15\%}=25.8\%$

当然,在此例中项目A和项目B的期望投资报酬率是相等的,可以直接根据标准离差来比较两个项目的风险水平。但如果比较项目的期望报酬率不同,则一定要计算标准离差率才能进行比较。

(三)投资组合的风险度量

美国人有一句谚语:“不要把你的全部鸡蛋放在一个篮子里。”意思是说,通过分散存放鸡蛋可以减少风险。投资也是一样,投资者通常不会把自己的全部资金投放在某一项资产上,而是同时持有多项资产。这种多项资产构成的集合,称为投资组合。为便于阐述,举一例如下。设资产1与资产2在5种不同经济状况下预期报酬率的概率分布如表3-2所示。

表3-2 预期报酬率的概率分布表

经济状况 i	概率 P_i	K_{1i}	K_{2i}
1	0.2	30%	−45%
2	0.2	20%	−15%
3	0.2	10%	15%
4	0.2	0	45%
5	0.2	−10%	75%

1.投资组合的期望报酬

投资组合的期望报酬是投资组合中各单项资产期望报酬的加权平均值,以它们各自在投资组合中所占资金的比例为权数。计算公式为:

$K=W_1K_1+W_2K_2$

式中:K——投资组合的期望报酬率;

W_1,W_2——资产1、资产2在投资组合总体中所占的资金比重;

K_1,K_2——资产1、资产2各自的期望报酬率。

设 $W_1=80\%,W_2=20\%$。

则:$K_1=0.2\times30\%+0.2\times20\%+0.2\times10\%+0.2\times0+0.2\times(-10\%)$
$=10\%$

$K_2=0.2\times(-45\%)+0.2\times(-15\%)+0.2\times15\%+0.2\times45\%+0.2\times$

75%=15%

$K=80\%\times10\%+20\%\times15\%=11\%$

2.投资组合的风险度量

与单项资产一样,投资组合的风险也以它的方差或标准差来度量。但投资组合的方差或标准差与构成投资组合的各项资产的方差或标准差的关系,要比它们的期望报酬之间的关系复杂得多。

在一个投资组合中,如果某一投资项目的报酬率呈上升的趋势,其他投资项目的报酬率有可能上升,也有可能下降,或者不变。在统计学中,测算投资组合中任意两个投资项目报酬率之间变动关系的指标是协方差和相关系数,这也是投资组合风险分析中的两个核心概念。投资组合预期报酬率的方差计算公式为:

$$\sigma^2=W_1^2\sigma_1^2+W_2^2\sigma_2^2+2W_1W_2\sigma_{12}$$

式中:σ^2——投资组合预期报酬率的方差;

σ_1^2,σ_2^2——资产1和资产2预期报酬率的方差;

σ_{12}——资产1和资产2预期报酬率之间的协方差。

协方差用于描述资产1的预期报酬率和资产2的预期报酬率这两个随机变量之间的线性相关程度。若二者不相关,则协方差为零;若二者正相关,则协方差大于零;若二者负相关,则协方差小于零。协方差的计算公式为:

$$\sigma_{12}=\sum_{i=1}^{n}P_i(K_{1i}-K_1)(K_{2i}-K_2)$$

依前例:

$$\sigma_1^2=(30\%-10\%)^2\times0.2+(20\%-10\%)^2\times0.2+(10\%-10\%)^2\times0.2+(0-10\%)^2\times0.2+(-10\%-10\%)^2\times0.2=2\%$$

$$\sigma_2^2=(-45\%-15\%)^2\times0.2+(-15\%-15\%)^2\times0.2+(15\%-15\%)^2\times0.2+(45\%-15\%)^2\times0.2+(75\%-15\%)^2\times0.2=18\%$$

$$\sigma_{12}=0.2\times(30\%-10\%)\times(-45\%-15\%)+0.2\times(20\%-10\%)\times(-15\%-15\%)+0.2\times(10\%-10\%)\times(15\%-15\%)+0.2\times(0-10\%)\times(45\%-15\%)+0.2\times(-10\%-10\%)\times(75\%-15\%)=-6\%$$

$$\sigma_1=\sqrt{\sigma_1^2}=\sqrt{2\%}=14.14\%$$

$$\sigma_2=\sqrt{\sigma_2^2}=\sqrt{18\%}=42.43\%$$

$$\sigma^2=(80\%)^2\times2\%+(20\%)^2\times18\%+2\times80\%\times20\%\times(-6\%)=0.08\%$$

$\sigma=\sqrt{\sigma^2}=\sqrt{0.08\%}=2.83\%$

由此可见，组合后的期望报酬率为 11%，低于资产 2 的期望报酬率 15%，但高于资产 1 的期望报酬率 10%。而组合后的标准差为 2.83%则大大低于资产 1 的标准差 14.14%和资产 2 的标准差 42.43%。说明该投资组合使风险大大地降低了。

思考与练习

一、思考题

1. 在财务管理中，为何要考虑资金的时间价值？
2. 如何度量资金的时间价值？
3. 年金包含哪几种？各自的时间价值如何计算？
4. 什么是名义利率与实际利率，它们之间有何换算关系？
5. 企业经营中面临哪些风险？如何度量单项资产和投资组合的风险？

二、判断题

1. 在终值与利率一定的情况下，计息期越多，复利现值就越小。（　　）
2. 永续年金可视作期限无限的普通年金，终值与现值的计算可在普通年金的基础上求得。（　　）
3. 预付年金的终值与现值，可在普通年金终值与现值的基础上乘 $(1+i)$ 得到。（　　）
4. 对于不同的投资方案，其标准差越大，风险越大；反之标准差越小，风险越小。（　　）
5. 风险和收益是对等的。风险越大，要求的报酬率就越高。（　　）
6. 递延年金现值的大小与递延期无关，因此计算方法与普通年金现值是一样的。（　　）

三、单项选择题

1. 资金时间价值是指没有风险和通货膨胀条件下的（　　）。

A. 企业的成本利润率　　B. 企业的销售利润率
C. 利润率　　D. 社会平均资金利润率

2. 某公司年初购买债券 12 万元，利率 6%，单利计息，则第四年底债券到期时的本利和是（　　）。

A. 2.88 万元　　B. 15.12 万元

C. 14.88 万元　　D. 3.12 万元

3. 某人现在存入银行 1 500 元，利率 10%，复利计息，5 年后的本利和为(　　)。

A. 2 601 元　　B. 2 434 元

C. 2 416 元　　D. 2 808 元

4. 某企业在第三年年底需要偿还 20 万元债务，银行存款利率为 8%，复利计息，该企业在第一年年初应存入(　　)。

A. 18 万元　　B. 16.13 万元

C. 15.88 万元　　D. 25.19 万元

5. 某公司在五年内每年年初存入银行 10 000 元，利率 8%，五年后该公司可获取的款项是(　　)。

A. 58 667 元　　B. 61 110 元

C. 63 359 元　　D. 72 031 元

6. 某企业拟存入银行一笔款项，以备在五年内每年以 2 000 元的等额款项支付车辆保险费，利率 6%，该企业应存入(　　)。

A. 11 274 元　　B. 8 425 元

C. 10 000 元　　D. 9 040 元

7. 某商店准备把售价 25 000 元的电脑以分期付款方式出售，期限为 3 年，利率为 6%，顾客每年应付的款项为(　　)。

A. 9 353 元　　B. 2 099 元

C. 7 852 元　　D. 8 153 元

8. 某学校为设立一项科研基金，拟在银行存入一笔款项，以后可以无限期地在每年年末支取利息 30 000 元，利率为 6%，则该学校应存入(　　)。

A. 750 000 元　　B. 500 000 元

C. 180 000 元　　D. 120 000 元

9. A 方案在 3 年中每年年初付款 1 000 元，B 方案在 3 年中每年年末付款 1 000 元，若利率为 10%，则两个方案第三年年末时的终值相差(　　)。

A. 321 元　　B. 165.5 元

C. 156.5 元　　D. 331 元

10. 存本取息可视为(　　)。

A. 即付年金　　B. 递延年金

C. 先付年金　　D. 永续年金

11. 普通年金终值系数的倒数称为(　　)。

A.复利终值系数　　B.偿债基金系数

C.普通年金现值系数　　D.回收系数

12.某企业于年初存入5万元，在年利率为12%，期限为5年，每半年复利一次的情况下，其实际利率为（　　）。

A.24%　　B.12.36%

C.6%　　D.12.25%

13.在期望值相同的条件下，标准离差越大的方案，则风险（　　）。

A.越大　　B.越小

C.二者无关　　D.无法判断

14.现有两个投资项目甲和乙，已知甲、乙方案的期望收益分别为10%、25%，标准离差分别为20%、49%，那么（　　）。

A.甲项目的风险程度大于乙项目的风险程度

B.甲项目的风险程度小于乙项目的风险程度

C.甲项目的风险程度等于乙项目的风险程度

D.不能确定

15.某企业拟进行一项存在一定风险的完整工业项目投资，有甲、乙两个方案可供选择。已知甲方案净现值的期望值为1 000万元，标准差为300万元；乙方案净现值的期望值为1 200万元，标准差为330万元。下列结论中正确的是（　　）。

A.甲方案优于乙方案　　B.甲方案的风险大于乙方案

C.甲方案的风险小于乙方案　　D.无法评价甲、乙方案的风险大小

16.已知甲方案投资收益率的期望值为15%，乙方案投资收益率的期望值为12%，两个方案都存在投资风险。比较甲、乙两方案风险大小应采用的指标是（　　）。

A.方差　　B.净现值

C.标准差　　D.标准离差率

17.甲、乙两个投资项目的期望报酬率不同，但甲项目的标准离差率大于乙项目，则（　　）。

A.甲项目的风险小于乙项目　　B.甲项目的风险不大于乙项目

C.甲项目的风险大于乙项目　　D.难以判断风险大小

四、多项选择题

1.按年金每次收付发生的时点不同，主要有（　　）。

A.普通年金　　B.预付年金

C. 递延年金　　D. 永续年金

2. 递延年金的特点有(　　)。

A. 第一期没有支付额　　B. 终值大小与递延期长短有关

C. 终值计算与普通年金相同　　D. 现值计算与普通年金相同

3. 属于在期末发生的年金形式有(　　)。

A. 即付年金　　B. 永续年金

C. 普通年金　　D. 递延年金

4. 市场风险产生的原因有(　　)。

A. 高利率　　B. 战争

C. 经济衰退　　D. 通货膨胀

5. 由影响所有企业的外部因素引起的风险,可以称为(　　)。

A. 可分散风险　　B. 不可分散风险

C. 系统风险　　D. 市场风险

6. 在财务管理中,经常用来衡量风险大小的指标有(　　)。

A. 标准差　　B. 边际成本

C. 期望值　　D. 标准离差率

五、计算与分析题

1. 王某拟于年初借款 50 000 元,每年年末还本付息均为 6 000 元,连续 10 年还清。假设预期最低借款利率为 7%,试问王某能否按其计划借到款项?

2. 某企业存入银行 100 万元,存款年利率为 8%,时间为 5 年,每季计算一次利息。根据以上资料计算该项存款的实际年利率以及该项存款 5 年后的本利和。

3. 企业借入一笔款项,年利率为 8%,前 10 年不用还本付息,从第 11 年至第 20 年每年年末还本息 4 000 元,则这笔款项的现值应为多少?

4. 有两个投资额相等的项目可供选择,投资获利的有效期均为 10 年。第一个项目 10 年内每年末可回收投资 20 000 元,第二个项目前 5 年每年末回收 25 000 元,后 5 年每年末回收 15 000 元,若银行利率为 10%,哪一个项目获利大?

5. 某公司需用一台计算机,购置价为 25 000 元,预计使用 10 年。如果向租赁公司租用,每年初需付租金 3 000 元,如果时间价值为 8%,该企业应如何决策?

6. 某公司有一笔 123 600 元的资金准备存入银行,希望在 7 年后利用这笔款项的本利和购买一套生产设备，当时的存款利率为复利10%，该设备的预计价格为240 000元，这笔钱7年后能否购买该设备？

7.某企业有一个投资项目，预计在2011年至2013年每年年初投入资金300万元，从2014年至2023年的十年中，每年年末流入资金100万元。如果企业的贴现率为8%，要求：

(1)计算在2013年末各年流出资金的终值之和；

(2)计算在2014年初各年流入资金的现值之和；

(3)判断该投资项目方案是否可行。

8.某企业有A、B两个投资项目，计划投资额均为1 000万元，其收益(净现值)的概率分布如下表：

市场状况	概率	A项目净现值	B项目净现值
好	0.2	200万元	300万元
一般	0.6	100万元	100万元
差	0.2	50万元	−50万元

要求：(1)分别计算A、B两个项目净现值的期望值。

(2)分别计算A、B两个项目净现值期望值的标准差。

(3)判断A、B两个投资项目的优劣。

9.某企业准备投资开发新产品，资料如下：

市场状况	概率	预计年报酬率(%)		
		A产品	B产品	C产品
繁荣	0.3	30	40	50
一般	0.5	15	15	15
较差	0.2	0	−15	−30

试计算投资开发各种新产品的风险大小，并进行比较。

第4章 筹资管理

第一节 筹资概述

一、企业筹资意义

资金筹集就是指企业通过各种渠道和采用不同方式及时、适量地筹集生产经营和投资必需的资金。筹资具体为资金筹集，它是企业财务管理的首要任务，也是企业财务管理的起点。从企业的资金来源看，包括三个部分：一是主权资本，即投资者投入企业的资本金和由投资者投入但不能构成实收资本或从其他来源取得的资本公积，反映的是所有者权益；二是内部积累，即从税后利润中分配而形成的盈余公积和未分配利润，反映的也是所有者权益；三是债务资本，即向银行和其他非银行金融机构等借入的长期资金以及发行的长期债券等，反映的是债权人的权益。前两部分均属于权益资本，第三部分则为债务资本。

筹资的意义在于：

1.有利于企业实现变革，促进建立现代企业制度

中国目前有相当一部分企业都是家族经营型的，企业发展到一定阶段，就面临着组织结构和企业制度变革的问题。通过筹资，尤其是通过上市吸引外部资本或引入风险资本，就会促使企业按现代企业制度要求，建立并健全公司治理结构，变革家族制的组织结构，进一步完善经营机制。

2.有利于提高企业财务管理水平，提高企业经济效益

很多企业在创业初期或经过创业阶段以后，由于受到企业自身先天不足的影响，表现出观念陈旧、技术落后、管理不善、制度不健全等，严重阻碍了企

业的发展。通过筹资，就会迫使其重视货币时间价值和资金的运用效果，更加注重自身素质的优劣和经济效益的高低。这就要求企业在筹资和投资的过程中，降低资本成本，提高偿债能力，减少筹资风险，促进企业财务管理水平的提高。

3. 有利于扩大企业规模，促使其持续发展

许多企业出于战略发展的需要，必须向外部进行有目的、有计划的大规模筹资，以适应企业做强、做大的要求。这是因为，仅仅利用企业内部的资金来源，难以满足企业迅速扩大生产经营规模和市场规模的需要。企业通过筹资，不仅对于采用新技术、购置先进设备、开发新产品、扩大再生产具有重要的作用，而且对实现发展战略目标，形成资产经营、资本运营与资金融通相互支持的良性互动关系有着重大意义。

二、企业筹资的基本要求

随着我国市场经济体制的逐步建立和金融市场的快速发展，筹资效益与筹资风险越来越关系到企业的生存和发展。如何确定筹资规模、选择筹资渠道与方式、把握筹资机会、研究筹资结构、降低筹资风险、获取筹资收益等，既是企业筹资决策的内容，又是筹资的要求。

(一)进行科学的筹资决策，确保筹资收益

企业进行筹资的首要前提，是筹资后的经营或投资总收益，必须大于筹资所发生的筹资费用、利息或股利成本和不确定的风险成本，否则就应放弃筹资。

(二)正确预测资金需要量，及时、适度地满足生产经营或投资的需要

企业组织生产经营和投资活动，必须拥有一定数量的资金，这里就有一个合理规模确定的问题。因为资金不足，会影响生产经营和投资活动的正常进行；资金过剩会影响资金的使用效果，增加筹资成本，还会增大财务风险。所以，只有根据企业生产经营和投资的需要，按照合理、必需的原则，确定筹集资金的总额，做到既保证生产经营和投资的顺利进行，又不造成资金的浪费。

(三)合理选择筹资渠道和方式，力求降低资本成本

公司筹集资金的渠道和方式是多种多样的，但不管从何种渠道，以何种方式去筹措，都要发生一定的资本成本。例如，向银行贷款，就要支付借款利息；发行股票和债券，除了股票和债券的发行费用外，还需支付股利和债券利息；使用合营各方投入的资本，就要向投资者支付股利。不同的资金来源，形成不同的资本成本，即使是同一资金来源，因筹资方式的不同，资本成本也会不同，

而资本成本又是影响企业筹资效益的重要因素。因此,企业在筹资前应认真地比较各种资金来源的资本成本,合理选择筹资的渠道和方式,力求以尽可能低的资本成本获得尽可能高的资金效益。

(四)树立现代化企业形象,创造良好的筹资信誉

从一定意义上讲,市场经济也是一种信用经济。因此,无论是吸引投资者向本企业投资,还是向金融机构借款或向社会进行融资,都必须以良好的企业形象和商业信誉为首要前提。首先,企业的发展和投资方向,必须符合国民经济发展的趋势和社会发展的需要,并具有较高的企业效益和社会效益。其次,企业的经营管理水平,必须符合科学化、现代化和国际化的要求,并以良好的经营业绩树立良好的企业形象,获得较高的社会信誉。最后,企业在经营活动中必须讲求信用,如果企业经常拖欠债务,就会丧失企业的信用,势必给筹措资金带来困难。

(五)注意资金构成的比例关系,减少筹资风险

企业的筹资风险,主要来源于企业资金的性质、用途、期限和效益。因此,在筹资过程中,必须研究企业资金需求情况,并根据企业生产经营的特点、市场供求状况的好坏、资金使用效率的高低、利息变动的程度等因素,合理确定自有资金与借入资金、流动资金与技改资金、长期资金与短期资金的比例,使企业趋利避害,提高资金的增值能力,减少筹资风险。

(六)寻求合适的筹资机会,确保筹资成功

企业要经常分析宏观经济形势、货币及财政政策等情况,及时了解国内外利率、汇率等金融市场的信息,预测影响企业筹资的各种因素,以便寻求合适的筹资机会,做出正确的筹资决策。

三、企业筹资的渠道和方式

(一)企业筹资的渠道

筹资渠道主要解决向谁筹资的问题,而筹资方式主要解决在筹资渠道既定的情况下,采用什么手段来筹措资金最合理的问题。筹资渠道是企业筹措资金的来源和方向。筹资方式是企业筹集资金所采用的具体方式。这两者之间存在一定的对应关系。在一定情况下,某种筹资渠道只能采用特定的筹资方式,但在大多数情况下,一种筹资渠道的资金可以采用不同的筹资方式,而同一筹资方式也可能适用多种筹资渠道。具体如下:

1.国家财政资金

为了支持科技型企业的发展,改善企业筹资环境,自1999年始,国务院批

准设立科技型企业技术创新基金，由财政部每年拨款10亿元投入该项基金。该项基金从本质上来说是一种政府专项基金，其来源是中央财政拨款和银行存款利息。它不以营利为目的，主要用于支持科技型企业技术创新项目。

2.银行信贷资金

目前，我国信贷资金的主要提供者是商业银行。我国的商业银行包括国有控股商业银行、其他商业银行以及区域性商业银行和外资银行等几种类型。其中，国有控股商业银行包括中国工商银行、中国农业银行、中国银行和中国建设银行；其他商业银行包括交通银行、中信实业银行、光大银行、华夏银行、中国招商银行、中国民生银行等；区域性或地方性商业银行包括深圳发展银行、广东发展银行、浦东发展银行、上海银行等。银行信贷资金是银行对企业的各种贷款，它是目前我国企业最主要的资金来源。

3.非银行金融机构的资金

非银行金融机构的资金是指信托投资公司、保险公司、融资租赁公司、证券公司、企业集团下属的财务公司、典当行等为企业提供的信贷资金投放。如信托投资公司主要从事信托、委托、代理等融资业务；保险公司开办的金融业务主要是短期贷款、中长期投资、证券投资等；财务公司主要办理企业集团内部成员之间的存款、贷款、内部转账结算、票据贴现等融资业务；典当行是专门为企业（一般非国有企业较多）和个人提供短期融资服务的一种特殊金融机构。

4.其他企业资金

企业间的相互投资和商业信用的发生，也是企业资金的一项重要来源。如吸收直接投资、赊购赊销等。

5.民间资金

居民手中的节余货币，是游离于银行和非银行金融机构之外的个人资金，从而形成民间资金的渠道，为企业所用。如吸收直接投资、发行股票、发行债券等。

6.公司自留资金

公司自留资金是企业内部形成的资金，如计提固定资产折旧、无形资产摊销、产生留存收益等。

7.外商资金

外商资金是国外投资者以及我国香港、澳门、台湾等地区投资者投入的资金。

(二)企业筹资的方式

企业筹资的方式是指企业筹措资金采用的具体形式,主要有以下几种:(1)吸收直接投资;(2)发行股票;(3)发行债券;(4)信贷融资;(5)商业信用。

第二节 权益资金的筹集

企业的全部资产由两部分组成,即投资人提供的所有者权益资本和债权人提供的负债资本。所有者权益是企业资金的最主要来源,是企业筹集债务资金的前提与基础。所有者权益是指投资人对企业净资产的所有权,包括投资者投入企业的资本金及持续经营中形成的经营积累,如资本公积金、盈余公积金和未分配利润等。资本金是企业在工商行政管理部门登记的注册资本,是企业设立时的启动资金,资本金的数额不能低于国家规定的开办此类企业的最低资本数额(法定资本金)。

企业通过吸收直接投资、发行股票、内部积累等方式筹集的资金都属于企业的所有者权益。所有者权益一般不用还本,因而也称为自有资金。企业采用吸收自有资金的方式筹集资金,财务风险小,但付出的资金成本相对较高。

一、吸收直接投资

吸收直接投资是指企业按照"共同投资、共同经营、共担风险、共享利润"的原则来吸收国家、法人、个人、外商投入的资金的一种筹资方式。吸收直接投资与发行股票、留存收益都属于企业筹集自有资金的重要方式。它是非股份有限公司筹措资本金的基本形式。

吸收直接投资中的出资者都是企业的所有者,他们对企业具有经营管理权。企业经营状况好,盈利多,各方按出资比例分享利润,但如果企业经营状况差,连年亏损,甚至破产清算,投资各方则按其出资比例在出资限额内承担损失。

(一)吸收直接投资的渠道

企业通过吸收直接投资方式筹集资金有以下四种渠道:

1. 吸收国家投资

国家投资是指有权代表国家投资的政府部门或者机构以国有资产投入企业，由此形成国家资本金。吸收国家投资是国有企业筹集自有资金的主要方式。根据《企业国有资本与财务管理暂行办法》的规定，国家对企业注册的国有资本实行保全原则。企业在持续经营期间，对注册的国有资本除依法转让外，不得抽回，并且以出资额为限承担责任。吸收国家投资一般具有以下特点：①产权归属国家；②资金的运用和处置受国家约束较大；③在国有企业中采用比较广泛。

2.吸收法人投资

法人投资是指法人单位以其依法可以支配的资产投入企业，由此形成法人资本金。吸收法人投资一般具有如下特点：①发生在法人单位之间；②以参与企业利润分配为目的；③出资方式灵活多样。

3.吸收个人投资

个人投资是指社会个人或本企业内部职工以其个人合法财产投入企业，形成个人资本金。吸收个人投资一般具有如下特点：①参与投资的人员较多；②每人投资的数额相对较少；③以参与企业利润分配为目的。

4.吸收外商投资

外商投资是指外国投资者或我国港澳台地区投资者将资金投入企业，形成外商资本金。

(二)吸收直接投资的出资方式

吸收直接投资，投资者的出资方式主要有：现金投资、实物投资、无形资产投资、土地使用权投资等。现分别说明如下：

1.现金投资

现金投资是吸收直接投资中最重要的出资形式。企业有了现金，就可获取所需物资，就可支付各种费用，具有最大的灵活性。因此，企业要争取投资者尽可能采用现金方式出资。吸收投资中所需投入现金的数额，取决于除投入的实物、工业产权之外尚需多少资金来满足建厂的开支和日常周转需要。

2.实物投资

实物投资是指以房屋、建筑物、设备等固定资产和原材料、商品等流动资产所进行的投资。实物投资应符合以下条件：①适合企业生产经营、科研开发等的需要；②技术性能良好；③作价公平合理；④实物不能涉及抵押、担保、诉讼冻结。投资实物的作价，除由出资方协商确定外，也可聘请各方都同意的专业资产评估机构评估确定。

3.无形资产投资

无形资产投资是指以商标权、专利权、非专利技术、知识产权、土地使用权等所进行的投资。企业在吸收无形资产投资时应持谨慎态度，避免吸收短期内会贬值的无形资产，避免吸收对本企业利益不大及不适宜的无形资产。

投入资本的出资方式除国家规定外，应在企业成立时经批准的企业合同、章程中有详细规定。对于出资方式，我国《公司法》有以下规定：股东以实物、工业产权、非专利技术或土地使用权作价出资的，必须进行作价评估，核实财产，不得高估或者低估作价，并依法办理其财产权的转移手续。以工业产权、非专利技术作价出资的金额一般不得超过公司注册资本的20%，但国家特殊规定的以高科技成果入资的可达到35%。

（三）吸收直接投资的程序

企业吸收直接投资，一般应遵循下列程序：

1.确定筹资数量

吸收直接投资通常是在企业开办时所采用的一种筹资方式。在吸收投资以前，必须根据企业的经营范围、生产性质、投资规模、最低注册资金要求、信贷筹资的可能性等情况，确定合理的筹资数量。

2.寻求投资单位

企业在吸收直接投资以前，必须做一些宣传推广工作，让投资者充分了解企业的发展方向和前景、经营性质和规模、获利能力和分配等，以找到合适的合作伙伴。

3.协商投资事项

投资单位找到后，双方应就有关的出资方式、出资比例、出资数量以及参与管理的形式等进行协商。在出资方式上，除了企业特定需要外，一般情况下尽量使投资者以现金方式投入资本。如果投资单位的确拥有较先进的适用于企业的固定资产、无形资产等，也可用实物、工业产权和土地使用权进行投资。

4.签署投资协议

企业与投资者确定好投资意向和具体条件后，应按公平合理的原则协商确定实物投资、工业产权投资、土地使用权投资的作价或聘请双方认可并具有职业资质的资产评估机构进行评定。当投资者的出资资产定价确定后，应签署投资协议或合同，从法律上明确双方的义务、权利和责任。

5.按期获取资金

企业根据投资协议中规定的出资期限、出资方式、出资比例、出资数额等，按规定获取资金。如果投资者未按规定缴纳所认缴的出资额，应当对已足额认缴的出资者承担违约责任。

6. 共享投资利润

投资者有权对企业进行经营管理,但如果投资者的投资占企业资金总额的比例较低,一般并不参与经营管理,他们最关心的还是其投资报酬问题。因此,企业在吸收投资之后,应按合同中的有关条款,从实现的利润中向投资者支付报酬。投资报酬是企业利润的一个分配去向,也是投资者利益的体现,企业要妥善处理,以便与投资者保持良好关系。

(四)吸收直接投资的优点

1. 筹资方式简便,筹资速度快

吸收直接投资的双方直接接触磋商,没有中间环节,只要双方协商一致,筹资即可成功。

2. 有利于增强企业信誉

吸收直接投资所筹集的资金属于自有资金,能增强企业的信誉和能力,对扩大企业经营规模、壮大企业实力具有重要作用。

3. 有利于尽快形成生产能力

吸收直接投资可以直接获取投资者的现金、先进设备和先进技术,有利于尽快形成生产能力,尽快开拓市场。

4. 有利于降低财务风险

吸收直接投资可以根据企业的经营状况向投资者支付报酬,没有固定的财务负担,企业经营状况好,可向投资者多支付一些报酬,企业经营状况不好,就可不向投资者支付报酬或少支付报酬,比较灵活,所以财务风险较小。

(五)吸收直接投资的缺点

1. 资本成本较高

企业向投资者支付的报酬是根据其出资的数额多少和企业实现利润的多少来计算的,不能减免企业所得税,所需负担的资本成本较高。特别是在企业盈利丰厚时,企业向投资者支付的报酬很多。

2. 容易分散控制权

采用吸收直接投资方式,投资者一般都要求获得与投资数量相适应的经营管理权,这是接受外来投资的代价之一。如果外部投资者的投资较多,则外部投资者会有相当大的管理权,如果达到一定的比例,就能拥有对企业的完全控制权,这是吸收直接投资的不利因素。

二、发行股票

股票是股份有限公司为筹集自有资金而发行的有价证券,是投资人投资入股并取得股利的凭证,它表示持股人在股份有限公司中拥有的权利和应承担的义务。本节只介绍股票与筹资有关的内容,有关股票的其他内容将在证券投资部分介绍。

股票是股份的证券形式。它与吸收直接投资相比,股份有限公司可以将其所需筹集的自有资金划分为较小的计价单位,如1元、5元、10元等面值的股票,这就为不同的投资者提供了投资、转让、抵押和继承等方便。归纳起来,股票投资具有以下四个主要特征:一是投资的永久性。投资者投资入股后,只要公司在经营存续期间,就不能直接向公司退股,只能通过证券市场进行转让。所以,股票筹资的资金是公司的永久性资本。二是收益的风险性。股票的收益包括红利和差价,前者是由公司产生利润后进行的股利分配收益,后者则是低价买入高价卖出的投机收益。这些收益大小均与公司的经营业绩、股利政策、持续获利能力等有关,故具有一定的风险性。三是决策的参与性。投资者凭其股票持有权参与企业的经营管理和利润分配,并对企业的经营状况承担有限责任。正因为如此,股东从自己的资本安全性、收益风险性和责任有限性出发,必然要参与公司的经营决策、筹资决策、投资决策和股利分配决策,以维护自己正当的权益。四是转让的市场性。股票持有者通过证券交易所将股票按一定的价格转让给愿意购买该股票的投资者,从中收回投资并取得收益。

股票按股东权利和义务的不同,有普通股和优先股之分。

(一)普通股筹资

普通股是股份有限公司依法发行的具有管理权、股利不固定的股票。股份有限公司初次发行的股票一般均为普通股,是股份制企业筹集权益资金的最主要方式。

1.普通股股东的权利

(1)普通股股东对公司有经营管理权。

(2)普通股股东对公司有盈利分享权。

(3)普通股股东有优先认股权。

(4)普通股股东有剩余财产要求权。

(5)普通股股东有股票转让权。

同时,普通股股东也基于其资格,对公司负有义务。我国公司法中规定了股东具有遵守公司章程、缴纳股款、对公司负有有限责任、不得退股等义务。

2.普通股的发行价格

普通股的发行价格可以按照不同情况采取两种办法:一是按票面金额等

价发行;二是按高于票面金额的价格发行,即溢价发行。

公司始发股的发行价格与票面金额通常是一致的,增发新股的发行价格则需根据公司盈利能力和资产增值水平加以确定,主要有以下三种计算方式:

(1)以未来股利计算

$$每股价格=\frac{预期股利}{利息率}=\frac{票面价值\times股利率}{利息率}$$

公式中的利息率最好使用金融市场平均利率,也可用投资者的期望报酬率。

(2)以市盈率计算

每股价格=每股税后利润×合适的市盈率

(3)以资产净值计算

$$每股价格=\frac{资产总额-负债总额}{普通股总股数}=\frac{所有者权益总额}{普通股总股数}$$

不论用以上三种方法中的哪一种,如果计算得到的结果低于股票面值,那么股票的发行价格就取股票面值。

3.普通股筹资的优点

与其他筹资方式相比,发行普通股筹措资本具有如下优点:

(1)发行普通股筹措的资本具有永久性,无到期日,不需归还。这对保证公司对资本的最低需要,维持公司长期稳定发展极为有益。

(2)发行普通股筹资没有固定的股利负担,股利的支付与否和支付多少,视公司有无盈利和经营需要而定,经营波动给公司带来的财务负担相对较少。由于普通股筹资没有固定的到期还本付息的压力,所以筹资风险较小。

(3)发行普通股筹集的资本是公司最基本的资金来源,它反映了公司的实力,可作为其他方式筹资的基础,尤其是可为债权人提供保障,增强公司的举债能力。

(4)由于普通股的预期收益较高并可在一定程度上抵消通货膨胀的影响(通常在通货膨胀期间,不动产会升值,普通股也随之升值),因此普通股筹资容易吸收资金。

4.普通股筹资的缺点

运用普通股筹措资本也有一些缺点:

(1)普通股的资金成本较高。首先,从投资者的角度讲,投资于普通股风险较高,相应地要求有较高的投资报酬率。其次,对于筹资公司来讲,普通股股利从税后利润中支付,不像债券利息那样作为费用从税前利润中支付,因而不具有抵税作用。此外，普通股的发行费用一般也高于其他证券。

(2)以普通股筹资会增加新股东，这可能会分散公司的控制权。此外，新股东分享公司未发行新股前积累的盈余，会降低普通股的每股净收益，从而可能引发股价的下跌。

(二)优先股筹资

优先股是股份有限公司发行的具有一定优先权的股票。它既具有普通股的某些特征，又与债券有相似之处。从法律上讲，企业对优先股不承担还本义务，因此它是企业自有资金的一部分。

1.优先股的特点

优先股的特点是较普通股有某些优先权利，同时也有一定限制，其"优先"表现在：

(1)优先分配股利权。优先股股利的分配在普通股之前，其股利率是固定的。

(2)优先分配剩余财产权。当企业清算时，优先股股东的剩余财产请求权位于债权人之后，普通股股东之前。

2.优先股筹资的优点

(1)没有固定的到期日，不用偿还本金。

(2)股利支付率虽然固定，但无约定性。当公司财务状况不佳时，也可暂不支付，不像债券到期无力偿还本息时有破产风险。

(3)优先股属于自有资金，能增强公司信誉及借款能力，又能保持原普通股股东的控制权。

3.优先股筹资的缺点

(1)资金成本高。优先股股利要从税后利润中支付，股利支付虽无约定性且可以延时，但终究是一种较重的财务负担。

(2)优先股较普通股限制条款多。

第三节　负债资金的筹集

负债是企业所承担的能以货币计量，需以资产或劳务偿付的债务。企业通过银行借款、发行债券、融资租赁、商业信用等方式筹集的资金属于企业的负债。由于负债要归还本金和利息，因而称为企业的借入资金或债务资金。

一、银行借款

银行借款是企业根据借款合同从有关银行和非银行金融机构，如信托投资公司、保险公司、租赁公司、证券公司、企业集团下属的财务公司等借入所需资金并需要还本付息的一种筹资方式。

(一)银行借款的种类

银行借款的种类很多，可按不同标准进行不同的分类。

1. 按借款的期限分类

按借款的期限，可分为短期借款、中期借款和长期借款。短期借款是指借款期限在1年以内的借款；中期借款是指借款期限在1年以上、5年以下的借款；长期借款是指借款期限在5年以上的借款。

筹措长期借款，可以解决企业长期资金不足的问题，如满足发展长期性固定资产的需要；同时由于长期借款的归还期长，企业可对债务的规划作长期安排，还债压力和风险相对较小。但长期借款筹资一般成本较高，即长期借款的利率一般会高于短期借款的利率；借款的限制较多，即债权人经常会向借款企业提出一些限制性的条件以保证其能够及时、足额偿还债务本金和支付利息，从而形成对债务人的种种约束。

筹措短期借款，由于期限短，债权人顾虑较少，限制性条款相应较少，故筹资速度快，容易取得，使用也较为灵活。另外筹资成本比长期借款低。但短期借款由于需在短期内偿还，因而要求筹资企业在短期内拿出足够的资金偿还债务，若企业届时资金安排不当，就会陷入财务危机，因此筹资风险大于长期借款。

2. 按借款的条件分类

按借款担保条件不同，可分为信用借款、担保借款和票据贴现。信用借款是指以借款人的信誉为依据而获得的借款，企业这种借款，无须以财产做抵押。担保借款是指以一定的财产做抵押或以一定的担保人做担保为条件所取得的借款。票据贴现是指企业以持有的未到期的商业票据向银行贴付一定的贴息而取得的借款。

3. 按提供贷款的机构分类

按提供贷款的机构分类，可将银行借款分为政策性银行贷款和商业银行贷款。政策性银行贷款一般是指执行国家政策性贷款业务的银行向企业发放的贷款。如国家开发银行为满足企业承建国家重点建设项目的资金需要而提供的贷款，进出口信贷银行为大型设备的进出口提供的买方或卖方信贷。商业银行贷款是指由各商业银行向工商企业提供的贷款。这类贷款主要为满足企业生产经营的资金需要。此外,企业还可从信托投资公司取得实物或货币形式的信托投资贷款,从财务公司取得各种贷款。

（二）银行借款的程序

企业向银行借款,通常要经过以下步骤：

1.企业提出借款申请

企业要向银行借入资金,必须向银行提出申请,填写包括借款金额、借款用途、偿还能力、还款方式等主要内容的“借款申请书”,并提供有关资料。

2.银行审查借款申请

银行对企业的借款申请要从企业的信用等级、基本财务情况、投资项目的经济效益、偿债能力等方面做必要的审查,以决定是否提供贷款。

3.银企签订借款合同

为了维护借贷双方的合法权益,保证资金的合理使用,企业向银行借入资金时,双方须签订借款合同。借款合同是规定借款单位和银行双方的权利、义务和经济责任的法律文件。借款合同主要包括基本条款、保证条款、违约条款及其他附属条款等内容。

4.企业取得借款

双方签订借款合同后,银行要按合同的规定按期发放贷款,企业便取得相应的资金。贷款人不按合同约定按期发放贷款的,应偿付违约金。借款人不按合同的约定用款的,也应偿付违约金。

5.企业归还借款

企业应按借款合同的规定按时足额归还借款本息。如因故不能按期归还,应在借款到期之前的3～5天内,提出延期申请,由贷款银行审定是否给予延期。

（三）银行借款的信用条件

按照国际通行做法,银行发放贷款时,往往带有一些信用条款,主要有：

1.信贷额度

信贷额度亦即贷款限额,是银行与借款企业在协议中规定的无担保贷款的最高限额,信贷额度的有效期通常为1年,但根据情况也可延期1年。一般来讲,企业在批准的信贷额度内,可随时使用银行借款。但是,如协议是非正式的,银行并不承担必须提供全部信贷限额的义务。如果企业信用恶化,即使银行曾同意按信贷限额提供贷款,企业也可能得不到借款,这时,银行不会承担法律责任。

2.周转信贷协议

周转信贷协议是银行具有法律义务地承诺提供不超过某一最高限额的贷款协议。在协议的有限期限内，只要企业借款总额未超过最高限额，银行就必须满足企业任何时候提出的贷款要求。企业享用周转信贷协议，要对贷款限额的未使用部分付给银行一笔承诺费。承诺费是银行向企业提供周转信贷的一种附加条件。

【例 4-1】某企业与银行商定的周转信贷额度为 3 000 万元，承诺费为 1%，该企业年度内实际借款额为 2 000 万元。要求：计算该企业应向银行支付的承诺费。

应付承诺费＝(3 000－2 000)×1%＝10(万元)

周转信贷协议的有效期通常超过 1 年，但实际上贷款每几个月发放一次，所以这种信贷具有短期借款和长期借款的双重特点。

3.补偿性余额

补偿性余额是银行要求借款人在银行中保持一定数额的存款余额，约为贷款限额或实际借用额的 10%～20%，其目的是降低银行贷款风险，补偿其可能遭受的风险；但对借款企业来说，补偿性余额提高了借款的实际利率，加重了企业的利息负担。

【例 4-2】某企业按年利率 9%向银行借款 1 000 万元，补偿性余额比例为 10%。要求：计算企业实际借款利率。

$$\text{补偿性余额贷款实际利率}=\frac{\text{名义利率}}{1-\text{补偿性余额比率}}\times 100\%$$

$$=\frac{9\%}{1-10\%}\times 100\%$$

$$=10\%$$

4.偿还条件

无论何种借款，一般都会规定还款的期限。根据我国金融制度的规定，贷款到期后仍无能力偿还的，视为逾期贷款，银行要照章加收逾期罚息。贷款的偿还有到期一次偿还和在贷款期内定期等额偿还两种方式。一般来说，企业不希望采用后种方式，因为这会提高贷款的实际利率；而银行则不希望采用前种方式，因为这会加重企业还款时的财务负担，增加企业的拒付风险，同时会降低实际贷款利率。

5.借款抵押

银行向财务风险较大、信誉不好的企业发放贷款，往往需要有抵押品担保,以减少自己蒙受损失的风险。借款的抵押品通常是借款企业的应收账款、存货、股票、债券以及不动产等。银行接受抵押品后,将根据抵押品的账面价值决定贷款金额,一般为抵押品账面价值的30%～50%。这一比率的高低取决于抵押品的变现能力和银行的风险偏好。抵押借款的资金成本通常高于非抵押借款,这是因为银行主要向信誉好的客户提供非抵押贷款,而将抵押贷款视为一种风险贷款,因而收取较高的利息;此外,银行管理抵押贷款比管理非抵押贷款更为困难,为此往往另外收取手续费。企业取得抵押借款还会限制其抵押财产的使用和将来的借款能力。

6.以实际交易为贷款条件

当企业发生经营性临时资金需求,向银行申请贷款以求解决时,银行则以企业将要进行的实际交易为贷款基础,单独立项,单独审批,最后做出决定并确定贷款的相应条件和信用保证。如某承包商因完成某项承包任务缺少资金而向银行借款,当它收到委托承包者付款时,立即归还此笔借款。对这种一次性借款,银行要对借款人的信用状况、经营情况进行个别评价,然后才能确定贷款的利息率、期限和数量。

除了上述所说的信用条件外,银行有时还要求企业为取得借款而作出其他承诺,如及时提供财务报表,保持适当资产流动性等。如企业违背作出的承诺,银行可要求企业立即偿还全部贷款。

(四)银行借款利率

1.优惠利率

优惠利率是银行向财力雄厚、经营状况好的企业贷款时收取的名义利率,为贷款利率的最低限。

2.浮动优惠利率

这是一种随其他利率的变动而浮动的优惠利率,即随市场条件的变化而随时调整变化的优惠利率。

3.非优惠利率

银行贷款给一般企业时收取的高于优惠利率的利率。这种利率经常在优惠利率的基础上加一定的百分比。比如,银行按高于优惠利率1.5个百分点的利率向某企业贷款,若当时的优惠利率为9%,向该企业贷款时收取的利率为10.5%。非优惠利率与优惠利率之间差距的大小,由借款企业的信誉、与银行的往来关系及当时的信贷状况所决定。

(五)借款利息的支付方法

一般来讲,借款企业可以用三种方法支付银行贷款利息。

1. 利随本清法

利随本清法，又称收款法，是指在借款到期时向银行支付利息的方法。采用这种方法，借款的名义利率(亦即约定利率)等于其实际利率。银行向工商企业发放的贷款大都采用这种方法收息。

2. 贴现法

贴现法是银行向企业发放贷款时，先从本金中扣除利息部分，而到期时借款企业再偿还全部本金的一种计息方式。采用这种方法，企业可利用的贷款额只有本金扣除利息后的差额部分，因此，其实际利率高于名义利率。

【例 4-3】某企业从银行取得借款 500 万元，期限 1 年，年利率 10%，按照贴现法付息，该项贷款的实际利率为多少？

企业实际可动用的贷款 $=500-500\times10\%=500-50=450$(万元)

贴现贷款实际利率 $=50\div(500-50)=11.11\%$

或：贴现贷款实际利率 $=10\%\div(1-10\%)=11.11\%$

3. 加息法

加息法是银行发放分期等额偿还贷款时采用的利息收取办法。在分期等额偿还贷款的情况下，银行要将根据名义利率计算的利息加到贷款本金上，计算出贷款的本利和，要求企业在贷款期内分期偿还本息之和的金额。由于贷款分期均衡偿还，借款企业实际上只平均使用了贷款本金的半数，却支付了全额利息。这样，企业所负担的实际利率远高于名义利率，高出约 1 倍。

【例 4-4】某企业借入年利率为 8% 的贷款 500 万元，分 12 个月等额偿还本息。要求：计算该项借款的实际利率。

$$实际利率=\frac{5\ 000\ 000\times8\%}{5\ 000\ 000\div2}\times100\%=16\%$$

(六)企业对银行的选择

随着金融信贷业的发展，可向企业提供贷款的银行和非银行金融机构增多，企业有可能在各贷款机构之间作出选择，以图对己最为有利。

选择银行时重要的是要选用适宜的借款种类、借款成本和借款条件，此外还应考虑下列有关因素：

1. 银行对贷款风险的政策

通常银行对其贷款风险有着不同的政策，有的倾向于保守，只愿承担较小的贷款风险；有的富于开拓，敢于承担较大的贷款风险。

2. 银行对企业的态度

不同银行对企业的态度各不一样。有的银行敢于积极地为企业提供建议，帮助分析企业潜在的财务问题，有着良好的服务，乐于为具有发展潜力的企业发放大量贷款，在企业遇到困难时帮助其渡过难关。也有的银行很少提供咨询服务，在企业遇到困难时一味地为清偿贷款而施加压力。

3.贷款的专业化程度

一些大银行设有不同的专业部门，分别处理不同类型、行业的贷款。企业与这些拥有丰富专业化贷款经验的银行合作，会受益更多。

4.银行的稳定性

稳定的银行可以保证企业的借款不致中途发生变故。银行的稳定性取决于它的资本规模、存款水平波动程度和存款结构。一般来讲，资本雄厚、存款水平波动小、定期存款比重大的银行稳定性好；反之，则稳定性差。

（七）银行借款的优点

1.筹资速度快

与发行证券相比，银行借款不需印刷证券、报请批准等，一般所需时间短，可以较快地满足企业的资金需要。

2.筹资成本低

与发行债券相比，银行借款利率较低，且不需要支付发行费用。

3.借款灵活性大

企业与银行可以直接接触，商谈借款金额、期限和利率等具体条款。借款后，如果企业情况发生了变化，也可与银行进行协商，修改借款的数量和条件。若到期还款有困难，如能取得银行谅解，也可延期归还。

（八）银行借款的缺点

1.筹资数额有限

银行一般不愿借出巨额的长期借款。因此，利用银行借款筹资都有一定的上限。

2.财务风险较大

企业举借长期借款，必须定期还本付息，在经营不善的情况下，可能会产生不能偿付的风险，甚至会导致破产。

3.限制条款较多

企业与银行签订的借款合同中，一般都有一些限制条款，如定期报送有关报表、不准改变借款用途等，这些条款可能会限制企业的经营活动。

二、发行债券

债券是企业依照法定程序发行的、承诺按一定利率定期支付利息、并到期偿还本金的有价证券,是持券人拥有公司债权的凭证。

(一)债券的种类

1.按是否记名分类

可分为记名债券和无记名债券。

2.按能否转换为公司股票分类

可分为可转换债券和不可转换债券,若公司债券能转换为本公司股票,为可转换债券;反之,为不可转换债券。一般来讲,前种债券的利率要低于后种债券。按照我国《公司法》的规定,发行可转换债券的主体只限于股份有限公司中的上市公司。

以上两种分类为我国《公司法》所确认。除此之外,按照国际通行做法,公司债券还有另外一些分类。

3.按有无抵押担保分类

可分为抵押债券和信用债券。发行公司以特定财产作为抵押品的债券为抵押债券;没有特定财产作为抵押,凭信用发行的债券为信用债券。抵押债券又分为:一般抵押债券,即以公司产业的全部作为抵押品而发行的债券;不动产抵押债券,即以公司的不动产为抵押品而发行的债券;设备抵押债券,即以公司的机器设备为抵押品而发行的债券;证券信托债券,即将公司持有的股票证券以及其他担保证书交付给信托公司作为抵押品而发行的债券;等等。

4.按是否参加公司盈余分配分类

可分为参加公司债券和不参加公司债券。债券持有人除享有到期向公司请求还本付息的权利外,还有权按照规定参加公司盈余分配的债券,为参加公司债券;否则,为不参加公司债券。

5.按是否标明利率分类

可分为固定利率债券和浮动利率债券。将利率明确记载于债券上,按这一固定利率向债权人支付利息的债券,为固定利率债券;债券上明确利率,发放利息时利率水平按某一标准(如政府债券利率、银行存款利率)的变化而同方向调整的债券,为浮动利率债券。

(二)债券的发行

股份有限公司、国有独资公司和国有有限责任公司只要具备发行债券的条件,都可以依法申请发行债券。

1.发行方式

债券的发行方式有委托发行和自行发行两种。委托发行是指企业委托银行或其他金融机构承销全部债券,并按总面额的一定比例支付手续费。自行发行是指债券发行企业不经过金融机构直接把债券配售给投资单位或个人。

2. 发行债券的要素

(1)债券的面值。债券面值包括两个基本内容,即币种和票面金额。币种可以是本国货币,也可以是外国货币,这取决于债券发行地区及对象。票面金额是债券到期时偿还本金的金额。票面金额印在债券上,固定不变,到期必须足额偿还。

(2)债券的期限。债券从发行之日起至到期之日止这段时间称为债券的期限。

(3)债券的利率。债券上一般都注明年利率,利率有固定的,也有浮动的。面值与利率相乘即为年利息。

(4)债券的偿还方式。债券的偿还方式有“分期付息,到期还本”和“到期一次还本付息”两种。

(5)债券价格。债券价格是指债券发行时的价格,债券的发行价格有三种:一是按债券面值等价发行,又叫面值发行;二是按低于债券面值折价发行;三是按高于债券面值溢价发行。

债券发行价格的确定受诸多因素的影响,其中最主要的影响因素是票面利率与市场利率的一致程度。如果票面利率高于市场利率,则由于未来利息多计,债券内在价值增加而应采用溢价发行。如果票面利率低于市场利率,则由于未来利息少计,债券内在价值减少而应采用折价发行,事先给予投资者一些利息补偿。

每年末支付利息、到期支付面值的债券发行价格计算公式为:

$$\text{债券发行价格} = \text{债券面值} \times \text{按市场利率和债券期限计算的现值系数} + \text{债券应付年利息} \times \text{按市场利率和债券期限计算的年金现值系数}$$

到期一次还本付息的债券发行价格计算公式为:

$$\text{债券发行价格} = \text{按票面利率和期限计算债券到期的本利和} \times \text{按市场利率和债券期限计算的现值系数}$$

【例 4-5】某企业发行债券筹资,面值 1 000 元,期限 5 年,发行时市场利率 10%,每年末付息,到期还本。要求:分别按票面利率为 8%、10%、12% 计算债券的发行价格。

若票面利率为 8%:

$$\begin{aligned}\text{发行价格} &= 1\,000 \times 8\% \times (P/A, 10\%, 5) + 1\,000 \times (P/F, 10\%, 5) \\ &= 80 \times 3.790\,8 + 1\,000 \times 0.620\,9\end{aligned}$$

=303.264+620.9

=924.16(元)

若票面利率为10%：

发行价格=1 000×10%×(P/A,10%,5)+1 000×(P/F,10%,5)

=100×3.790 8+1 000×0.620 9

=379.08+620.9

=1 000(元)

若票面利率为12%：

发行价格=1 000×12%×(P/A,10%,5)+1 000×(P/F,10%,5)

=120×3.790 8+1 000×0.620 9

=454.896+620.9

=1 075.80(元)

从以上计算结果可见，上述三种情况分别以折价、等价、溢价发行。上面的计算中使用的市场利率是复利年利率，当债券以单利计息、到期一次还本付息时，即使票面利率与市场利率相等，也不应是按面值发行。

【例4-6】根据例4-5资料，改成单利计息，到期一次还本付息，其余不变。

若票面利率为8%：

发行价格=1 000×(1+5×8%)×(P/F,10%,5)

=1 400×0.620 9

=869.26(元)

若票面利率为10%：

发行价格=1 000×(1+5×10%)×(P/F,10%,5)

=1 500×0.620 9

=931.35(元)

若票面利率为12%：

发行价格=1 000×(1+5×12%)×(P/F,10%,5)

=1 600×0.620 9

=993.44(元)

(三)债券筹资的优点

1.资金成本低

一般情况下，债券利息要低于股票的股利或股息。而且，债券利息作为财务费用在税前列支，而股票的股利需用税后利润发放，利用债券筹资的成本较低。

2.能确保经营控制权

债券持有人无权干涉企业的经营管理，因而不会削弱原有股东对企业的控制权。

3.能发挥财务杠杆作用

债券利率在发行时就已确定，如遇通货膨胀，则实际减轻了企业负担；如果企业盈利情况好，通过财务杠杆作用机制将导致原有投资者获取更大的收益。

(四)债券筹资的缺点

1.筹资风险高

因为债券利息固定，不管公司经营好坏都必须按期付息，而且债券的还本期限固定，不管公司有无困难，到期必须还本。当企业经营不善时，会减少原有投资者的股利收入，甚至会因不能偿还债务而导致企业破产。

2.限制条件多而且严格

债券持有人为保障债权的安全，往往要在债券合同中签订保护条款，这给企业造成较多约束，影响企业财务灵活性。

3.筹资金额有限

债券筹资的数量一般比银行借款多，但它筹集的毕竟是债务资金，不可能太多，否则会影响企业信誉，也会因资金结构变动而导致总体资金成本的提高。我国法律规定，债券发行累计总额不得超过企业净资产的40%。

三、商业信用

商业信用是指商品交易中的延期付款、预收货款或延期交货而形成的借贷关系，是企业之间的一种直接信用关系。商业信用产生于商品交易之中，是商品交易中钱与货在时间上的分离，它的表现形式主要是“先取货、后付款”和“先付款，后取货”两种，是“自然性融资”。商业信用，是一种形式多样、适用范围很广的短期资金筹措方式，主要包括应付账款、商业汇票、预收货款等。

(一)应付账款

应付账款即赊购商品形成的欠款，是一种最典型、最常见的商业信用形式。应付账款是当买卖双方发生商品交易时，卖方向买方提供信用，允许买方收到商品后不立即付款，可延期到一定时间以后付款。卖方利用这种方式促销，而对买方来说，延期付款则等于向卖方借用资金购进商品，可以满足短期的资金需要。应付账款不等于商业汇票，它采用“欠账”方式，买方不提供正式借据，完全依靠企业之间的信用来维系。一旦买方资金紧张，就会造成短期或长期拖欠，甚至形成连环拖欠。所以采用这种方式，卖方要掌握买方的财务信誉情况。

在采用应付账款商业信用形式销售产品时，为鼓励买方尽早付款，销货企业往往都规定一些信用条件。信用条件主要包括现金折扣和信用期间两部分。

现金折扣是销售企业提供给购货企业的一种优惠，销售企业在销售中推出信用期间的同时，往往会推出现金折扣条款。信用条件的一般形式是："2/10，1/20，*n*/30"，含义为：信用期间为30天，允许购货企业在30天内免费占用销货资金；如购货企业在10天内付款，可享有2%的现金折扣；若在20天内付款，可享有1%的现金折扣；超过20天且在30天内付款则需全额付款。

如果销售企业提供现金折扣，购货企业应尽量争取获得此项折扣。因为丧失现金折扣的成本很高。一般而言，企业放弃现金折扣的成本可由下面公式求得：

$$\text{放弃现金折扣成本}=\frac{\text{折扣百分比}}{1-\text{折扣百分比}}\times\frac{360}{\text{信用期}-\text{折扣期}}$$

【例4-7】某企业拟以"2/10，*n*/30"的信用条件购进一批材料。这一信用条件意味着企业如在10天内付款，可享受2%的现金折扣；若不享受现金折扣，货款应在30天内付清。则放弃折扣的成本为：

$$\text{放弃现金折扣成本}=\frac{2\%}{1-2\%}\times\frac{360}{30-10}=36.73\%$$

这表明，只要企业筹资成本不超过36.73%，就应当在第10天付款。

在附有信用条件的情况下，因为获得不同信用要付出不同的代价，购货企业要在利用何种信用之间作出选择。放弃现金折扣的成本是一种机会成本，它是购货企业该不该放弃现金折扣的决策依据。一般而言：

如果能以低于放弃现金折扣的成本的利率借入资金，便应在现金折扣期内用借入的资金支付货款，享受现金折扣。比如，与上例同期的银行短期借款年利率为10%，则购货企业应利用更便宜的银行借款在折扣期内偿还应付账款；反之，企业应放弃折扣。

如果在折扣期内将应付账款用于短期投资，所得的投资收益率高于放弃现金折扣的成本，则应放弃折扣而去追求更高的收益。当然，假使企业放弃折扣优惠，也应将付款日推迟至信用期内的最后一天，以降低放弃折扣的成本。

如果面对两家以上提供不同信用条件的销售企业，应通过衡量放弃折扣成本的大小，选择信用成本最小的一家，例如上例中另有一家供应商提出"1/20，*n*/30"的信用条件，其放弃折扣的成本为：

$$\frac{1\%}{1-1\%}\times\frac{360}{30-20}=36.36\%$$

与上例中“2/10,n/30”的信用条件相比,后者的成本较低,如果购货企业估计资金紧张,那么宁肯选择第二家供应商。

(二)商业汇票

商业汇票是指单位之间根据购销合同进行延期付款的商品交易时,开具的反映债权债务关系的票据。根据承兑人的不同,商业汇票可分为商业承兑汇票和银行承兑汇票。商业承兑汇票是由收款人开出,经付款人承兑,或由付款人开出并承兑的汇票。银行承兑汇票是由收款人或承兑申请人开出,由银行审查同意承兑的汇票。商业承兑汇票由付款人承兑,若到期时付款人银行存款账户余额不足以支付票款,银行不承担付款责任,只负责将汇票退还收款人,由收款人与付款人自行协商处理。银行承兑汇票由承兑银行承兑,若到期时承兑申请人存款余额不足以支付票款,承兑银行应向收款人或贴现银行无条件支付票款,同时对承兑申请人执行扣款,并对未扣回的承兑金额按每天万分之五计收罚息。商业汇票是一种期票,最长期限为9个月,是反映债权债务的书面证明。对于买方来说,它是一种短期融资方式。对于卖方来说,也可能产生一种融资行为,就是票据贴现。

票据贴现是指持票人把未到期的商业票据转让给银行,贴付一定的利息以取得银行资金的一种借贷行为。它是一种以票据为担保的贷款,是一种银行信用。银行在贴现商业票据时,所付金额要低于票面金额,其差额为贴现利息。贴现利息与票面金额的比率,为贴现率。银行通过贴现把款项贷给销售企业,到期向购货企业收款,所以要收利息。贴现率由银行参照流动资金贷款利率规定。有关计算公式为:

贴现所得=票据到期值-贴现利息

贴现利息=票据到期值×贴现率×贴现期

贴现期=票据期限-企业已持有票据期限

其中,贴现期是指自贴现日起至票据到期前一日止的实际天数。对于附息票据来说,到期值是其面值加上按票据载明的利率计算的票据全部期间的利息;零息票据的到期值就是票面值。

【例4-8】某企业2013年7月10日将一张出票日为4月10日、期限为6个月、票面价值1 000万元、票面利率6%的商业汇票向银行贴现,贴现率为7.2%。计算贴现利息和贴现所得。

该汇票到期日为10月10日,贴现期为91天。

票据到期值＝1 000×(1＋6%×6÷12)＝1 030(万元)

贴现利息＝1 030×7.2%÷360×91＝18.746(万元)

贴现所得＝1 030—18.746＝1 011.254(万元)

如果办理贴现的是商业承兑汇票，而该票据到期时债务人未能付款，那么贴现银行因收不到款项而向贴现企业行使追索权。贴现企业办理贴现后对于这种或有负债应当在资产负债表附注中予以披露。

(三)预收货款

预收货款是指卖方按照合同或协议的规定，在发出商品前向买方预收部分或全部货款的信用行为。它等于卖方向买方先借一笔资金而后用商品抵偿，是另一种典型的商业信用形式。通常，购货企业对于紧俏商品乐意采用这种形式，以便顺利获得所需商品。另外，生产周期长、售价高的商品，如轮船、飞机等，生产企业也经常向订货者分次预收货款，以缓解资金占用过多的矛盾。

(四)商业信用筹资的优点

1.筹资便利

利用商业信用筹措资金非常方便。因为商业信用与商品买卖同时进行，属于一种自然性融资。

2.筹资成本低

如果没有现金折扣，或企业不放弃现金折扣，则利用商业信用筹资没有实际成本。

3.限制条件少

如果企业利用银行借款筹资，银行往往对贷款的使用规定一些限制条件，而商业信用则限制较少。

(五)商业信用筹资的缺点

商业信用的期限一般较短，如果企业取得现金折扣，则时间会更短，如果放弃现金折扣，则要付出较高的资金成本。

第四节　企业筹资应考虑的几个问题

一、资金成本

(一)资金成本的含义

企业筹集的资金不能无偿使用，必须向资金提供者支付一定数量的费用，这就是资金成本。资金成本包括两部分：用资费用和筹资费用。

用资费用是指企业在生产经营、投资过程中因使用资金而付出的代价，如向股东支付的股利、向债权人支付的利息等，构成资金成本的主要内容。

筹资费用是指企业在筹措资金过程中为获取资金而支付的费用，如向银行支付的借款手续费，因发行股票、债券而支付的发行费等。与用资费用不同，筹资费用一般是在筹措资金时一次发生的，在用资过程中不再发生。

资金成本可用绝对数表示，但大多用资金成本率这个相对指标来表示。资金成本率是用资费用与实际筹资额的比率，计算公式为：

资金成本率＝用资费用÷(筹资总额－筹资费用)

在企业财务管理中，资金成本是一个非常重要的概念，它贯穿于企业筹集资金的方式选择、筹集资金的投放和企业业绩成果的评价过程中。企业采用不同的筹资渠道和不同的筹资方式获取资金，其资金成本是不同的。因此，企业就有必要计算各种筹资方案的资金成本，进行经济有效的筹资决策。企业筹集资金的目的是进行各种投资和经营，并最终获取收益，这就要求投资或经营项目的预期收益率必须大于资金成本率，否则该项目就要放弃。

(二)个别资金成本

个别资金成本是指按各种长期资金的具体筹资方式确定的成本。企业长期资金来源有债务资金和权益资金，相应的个别资金成本可分为债务成本和权益成本，债务成本包括长期借款成本和债券成本，权益成本包括优先股成本、普通股成本和留存利润成本。它们的计算方法如下：

1.长期借款成本

长期借款是从银行和其他金融机构筹集的资金，由于筹资时的手续费等很低，其资金成本主要是按年利率计算的利息。而利息在税前列支，其计算公式为：

$$长期借款成本=年利息\times\frac{1-所得税率}{借款总额-筹资费用}$$

【例 4-9】某企业取得 3 年期长期借款 100 万元，年利率 10%，每年付息到期一次还本，借款费用率 0.2%，企业所得税率 20%，该借款的资金成本为：

$$长期借款成本=100\times10\%\times\frac{1-20\%}{100-100\times0.2\%}=8.016\%$$

2.债券成本

债券成本包括筹资费用和利息。企业发行债券的筹资费用较高，包括发行手续费、印刷费、注册费和上市费等。债券利息可在税前支付，具有抵税效应。其计算公式为：

$$\text{债券成本}=\text{债券面值}\times\text{债券年利率}\times(1-\text{所得税率})\div(\text{筹资总额}-\text{筹资费用})$$

【例 4-10】某企业发行面值为 50 000 元的债券 10 000 张，债券发行价格等于面值，债券票面利率为 10%，发行费率为 4%，所得税率为 40%，则该债券成本为：

$$\text{债券成本}=50\ 000\times10\%\times\frac{1-40\%}{50\ 000-50\ 000\times4\%}$$

$$=6.25\%$$

3.优先股成本

优先股成本包括股利和筹资费用，优先股股利是固定的，但要在税后列支。其计算公式为：

优先股成本＝优先股年股利÷(优先股发行总额－筹资费用)

4.普通股成本

普通股成本中的股利是不固定的，一般会按照一个增长率增加。其计算公式为：

$$\text{普通股成本}=\text{第一年股利}\div\left(\text{普通股发行总额}-\text{筹资费用}\right)+\text{股利年增长率}$$

【例 4-11】某企业发行面值为 1 元的股票 1 000 万股，每股发行价格为 2 元，筹资费率为 5%，预计第一年股利为每股 0.2 元，以后每年按 6%的比例增长，则该普通股成本为：

$$\text{普通股成本}=0.2\times\frac{1\ 000}{2\ 000-2\ 000\times5\%}+6\%=16.5\%$$

5.留存利润成本

留存利润是企业税后的净利润，是企业资金的一个重要来源，相当于股东对企业的追加投资。因此，这部分投资与其他资金一样也要求有一定的报酬，使用这部分资金也要计算资金成本。留存利润成本的计算与普通股成本的计算基本相同，只是没有筹资费用。其计算公式为：

留存利润成本＝第一年股利÷普通股发行总额＋股利年增长率

(三)个别资金成本——折现模式

个别资金成本采用一般模式，没有考虑货币资金时间价值，对长期资金成本的计算只能得到粗略的结果，大多适用于短期资金成本的计算。对时间超过一年的、金额比较大的长期资金成本计算，需要采用折现模式，即将现在的筹资净额与未来偿还的利息(或股息)与本金的现值之和相等的折现率作为资金成本率。其原理为：

筹资净额现值＝未来偿付的现金流现值之和

资金成本率＝采用的折现率

(四)加权平均资金成本

企业所筹集的资金可以有多种来源和方式，每种方式的资金成本也是不一样的。为了了解所有筹集的长期资金的总成本，就要计算加权平均资金成本。其计算公式为：

$$\text{加权平均资金成本} = \sum \left(\text{个别资金成本} \times \text{个别资金成本占全部资金的比重} \right)$$

【例 4-12】某企业有长期资金 1 350 万元，其中长期借款 300 万元，长期债券 240 万元，优先股 200 万元，普通股 450 万元，留存利润 160 万元。个别资金成本和加权平均资金成本的计算如表 4-1 所示。

表 4-1　加权平均资金成本计算表

单位：%

资金种类 ①	资金数额(万元) ②	所占比重(%) ③＝②÷1 350	个别资金成本 ④	加权平均资金成本 ⑤＝④×③
长期借款	300	22	5.04	1.12
长期债券	240	18	6.25	1.11
优先股	200	15	12.00	1.78
普通股	450	33	16.50	5.50
留存利润	160	12	7.80	0.92
合　计	1 350	—	—	10.43

二、杠杆效应

杠杆效应是指通过杠杆可以用较小的物体或力量撬起较重物体的现象，表现在企业中就是由于某一财务指标的较小变动而导致另一相关财务指标的大幅度变动。财务管理实务中将企业中的杠杆效应分为经营杠杆、财务杠杆和复合杠杆三种。

(一)经营杠杆

经营杠杆是指企业利用固定成本的作用，通过扩大销售额来增加企业经营利润。这里的经营利润是在支付利息和所得税之前的利润，也叫息税前利润(简称 EBIT)，等于净利润加上利息和所得税，或者等于销售总额减去经营成本总额后的差额。

企业的经营成本分为变动成本和固定成本。产品销售额减去变动成本总额剩下的称为边际贡献，产品单价减去单位变动成本就是单位边际贡献。变动成本会随着产品销售量的变动而成比例变动，但相应发生的固定成本在一定的经营规模内是不动的。因此，随着销量增加，单位产品的边际贡献所负担的单位固定成本会下降，从而增加企业的息税前利润；反之，若销量下降，单位产品的边际贡献所负担的单位固定成本会增加，从而减少企业的息税前利润。销售变化幅度与息税前利润变化幅度的关系可用经营杠杆系数（DOL）来表示。

$$经营杠杆系数(DOL)=\frac{息税前利润(EBIT)变动率}{销售额变动率}$$

【例 4-13】某服装公司固定成本 50 万元，变动成本率 70%。当年销售额为 500 万元时，息税前利润为 100 万元；当年销售额为 700 万元时，息税前利润为 160 万元。

销售额增长率＝(700－500)/500＝40%

息税前利润增长率＝(160－100)/100＝60%

经营杠杆系数＝60%/40%＝1.5

注意计算公式中的销售额与变动成本总额为基期数据。经过推导，可变形为常用的计算公式：

$$经营杠杆系数=\frac{销售额-变动成本总额}{销售额-变动成本总额-固定成本总额}$$

或者：

$$经营杠杆系数=\frac{息税前利润+固定成本总额}{息税前利润}$$

或者：

$$经营杠杆系数=\frac{1+固定成本总额}{息税前利润}$$

则：

$$经营杠杆系数=\frac{500-500\times70\%}{500-500\times70\%-50}=1.5$$

公式表明，影响经营杠杆的因素有两个：固定成本和息税前利润。其中息税前利润又受到销售额、变动成本、固定成本等的影响。可以看出，若息税前利润越小，那么经营杠杆系数就越大，这时只要销售额小幅度增加，经营利润就会大幅度上升。反之，若销售额减少哪怕很少，经营利润也会大幅度下降，直到亏损，这就是经营风险。

【例 4-14】某服装公司固定成本 60 万元，变动成本率 70%。当年销售额分别为 800 万元、400 万元、200 万元时，经营杠杆分别为：

$$DOL_{800}=\frac{800-800\times70\%}{800-800\times70\%-60}=1.33$$

$$DOL_{400}=\frac{400-400\times70\%}{400-400\times70\%-60}=2$$

$$DOL_{200}=\frac{200-200\times70\%}{200-200\times70\%-60}\rightarrow\infty$$

因此，销售额越小，经营杠杆系数越大，经营风险就越大。要避免经营风险，企业就要努力扩大销售，降低单位产品成本和固定成本。

（二）财务杠杆

对企业来说，债务利息是固定不变的(若有优先股，则包括优先股的股利，但本小节省略)。当息税前利润增大时，每 1 元盈余所负担的固定利息就会相对减少，这能给股东带来更多的收益；反之，当息税前利润减少时，每 1 元盈余所负担的固定利息就会相对增加，这就会大幅度地降低股东的收益。这种利用债务资金给企业股东带来的净收益的变动幅度大于息税前利润的变动幅度的现象，称为财务杠杆效应。

【例 4-15】假设有 A、B 和 C 三个公司，它们的资金总额相等，息税前利润相等，但资金结构不同。其中 A 公司资金全部是普通股，而 B 公司资金中普通股和债务各占 50%，C 公司债务占 75%。在三个公司息税前利润增长率分别为 30%和－10%的情况下，普通股每股利润变动幅度如表 4-2 所示。

表 4-2　A、B 和 C 公司普通股每股利润变动表

单位：元

	项　目	A公司	B公司	C公司	备　注
变动前	(1)普通股股数	400 000	200 000	100 000	(1)已知
	(2)股本总额	4 000 000	2 000 000	1 000 000	(2)已知
	(3)债务(利息率 8%)	0	2 000 000	3 000 000	(3)已知
	(4)资金总额	4 000 000	4 000 000	4 000 000	(4)=(2)+(3)
	(5)息税前利润	400 000	400 000	400 000	(5)已知
	(6)债务利息	0	160 000	240 000	(6)=(3)×8%
	(7)税前利润	400 000	240 000	160 000	(7)=(5)－(6)
	(8)所得税(税率 40%)	160 000	96 000	64 000	(8)=(7)×40%
	(9)净利润	240 000	144 000	96 000	(9)=(7)－(8)
	(10)每股利润	0.6	0.72	0.96	(10)=(9)÷(1)

续表

	项 目	A公司	B公司	C公司	备 注
息税前利润变动率为30%	(11)息税前利润变动率(%)	30	30	30	(11)已知
	(12)增长后的息税前利润	520 000	520 000	520 000	(12)=(5)×〔1+(11)〕
	(13)债务利息	0	160 000	240 000	(13)=(6)
	(14)税前利润	520 000	360 000	280 000	(14)=(12)-(13)
	(15)所得税(税率40%)	208 000	144 000	112 000	(15)=(14)×40%
	(16)净利润	312 000	216 000	168 000	(16)=(14)-(15)
	(17)每股利润	0.78	1.08	1.68	(17)=(16)÷(1)
	(18)每股利润增加额	0.18	0.36	0.72	(18)=(17)-(10)
	(19)每股利润变动率(%)	30	50	75	(19)=(18)÷(10)
息税前利润变动率为-10%	(20)息税前利润变动率(%)	-10	-10	-10	(20)已知
	(21)增长后的息税前利润	360 000	360 000	360 000	(21)=(5)×〔1+(20)〕
	(22)债务利息	0	160 000	240 000	(22)=(6)
	(23)税前利润	360 000	200 000	120 000	(23)=(21)-(22)
	(24)所得税(税率40%)	144 000	80 000	48 000	(24)=(23)×40%
	(25)净利润	216 000	120 000	72 000	(25)=(23)-(24)
	(26)每股利润	0.54	0.6	0.72	(26)=(25)÷(1)
	(27)每股利润增加额	-0.06	-0.12	-0.24	(27)=(26)-(10)
	(28)每股利润变动率(%)	-10	-16.7	-25.0	(28)=(27)÷(10)

在三个公司息税前利润增长率为30%时,A公司每股利润增长了30%,而B公司和C公司却分别增长了50%和75%;在息税前利润减少10%时,A公司每股利润降低了10%,而B公司和C公司却分别降低了16.7%和25%。由于B公司和C公司资金结构中含有不同比例的债务,而导致B公司和C公司每股利润变动幅度比A公司要大的现象,就是财务杠杆效应。但要注意的是,B公司和C公司的资金结构不同,导致每股利润变动幅度也不一样,存在不同的财务杠杆效应。为此,需要对财务杠杆效应进行计量,这就要用到财务杠杆系数。其计算公式为:

财务杠杆系数(DFL)=普通股每股利润变动率÷息税前利润变动率

注意:该公式中的息税前利润变动率和每股利润变动率都是公司利润变动后的数据。

$$\text{B公司财务杠杆系数}=\frac{50\%}{30\%}=\frac{-16.7\%}{-10\%}=1.67$$

$$\text{C公司财务杠杆系数}=\frac{75\%}{30\%}=\frac{-25\%}{-10\%}=2.5$$

经过推导,可变形为常用的计算公式:

$$财务杠杆系数=\frac{息税前利润}{息税前利润-利息}$$

注意:该公式中的息税前利润和利息都是公司利润变动前的数据。

$$B公司财务杠杆系数=\frac{400\ 000}{400\ 000-160\ 000}=1.67$$

$$C公司财务杠杆系数=\frac{400\ 000}{400\ 000-240\ 000}=2.5$$

很显然,由于C公司资金结构中负债比例大,负担的债务利息多,财务杠杆系数比B公司的要大。当B公司和C公司利润增加时,C公司的每股利润增加得更多;反之,在利润减少时,C公司的每股利润也减少得更多。因此,与财务杠杆相伴随的是财务风险。财务风险是企业为获得财务杠杆效应而利用负债资金时,增加的企业股东收益大幅度变动的风险。如一旦企业的息税前利润下降,财务杠杆系数越高,企业股东收益就下降得越快,直至亏损。不过在企业息税前利润较多时,或预计息税前利润会有较大幅度增长时,可以适当地利用负债资金,发挥财务杠杆的作用,增加每股利润,从而增加企业价值。

(三)复合杠杆

由于固定生产成本产生的经营杠杆效应会使息税前利润的变动率大于销售额的变动率;而由于固定财务费用产生的财务杠杆效应会使企业每股利润变动率大于息税前利润的变动率。当经营杠杆和财务杠杆共同起作用时,在销售额有微小的变化时就会引起每股利润很大的变动。这种因为固定生产成本和固定财务费用共同作用导致每股利润变动率大于销售额变动率的杠杆效应,称为复合杠杆效应。复合杠杆系数的计算公式为:

复合杠杆系数(DTL)=经营杠杆系数×财务杠杆系数

三、资金结构

企业在发展过程中,必然会从不同渠道和采用不同方式去筹集所需的资金,由此形成的各种资金的构成及其比例关系就是企业的资金结构。确定合理的资金结构是企业筹资决策的核心问题,并且一直贯穿于企业整个的生产经营期间。如果企业资金结构不合理,就应通过筹资活动进行不断调整,使企业资金结构趋于合理。

根据来源的不同,企业资金可分为负债资金和权益资金两类。因此,企业资金结构管理实际上就是确定负债资金在企业资金中的比例。合理的负债比例有利于企业降低资金成本,发挥财务杠杆作用和抵抗财务风险。确定合理资金结构的方法如下：

(一)比较加权平均资金成本法

比较加权平均资金成本法是通过比较不同资金结构的加权平均资金成本，从中选择加权平均资金成本最低的资金结构。

【例 4-16】某企业要扩大生产规模，需 600 万资金，可以利用银行借款、发行债券和发行股票三种筹资渠道。现有 A、B、C 三种筹资方案，已知个别资金成本率如表 4-3 所示，试确定最佳资金结构。

表 4-3 不同筹资方案资金成本计算表

单位：万元

资金种类	A 筹资方案			B 筹资方案			C 筹资方案		
	筹资额	个别资金成本	加权资金成本	筹资额	个别资金成本	加权资金成本	筹资额	个别资金成本	加权资金成本
长期借款	120	7.00%	1.40%	96	6.50%	1.04%	144	7.50%	1.80%
长期债券	144	8.00%	1.92%	216	8.50%	3.06%	276	9.00%	4.14%
普通股	336	12.00%	6.72%	288	12.00%	5.76%	180	12.00%	3.60%
合　计	600		10.04%	600		9.86%	600		9.54%

经过计算可知，三个方案的加权平均资金成本分别为：A 方案 10.04%，B 方案 9.86%，C 方案 9.54%。其中 C 方案的资金成本最低，为最佳资金结构。比较加权平均资金成本法的特点是简单易懂，但不足在于只考虑了资金成本，没有考虑财务风险。如 C 方案的加权平均资金成本是最低的，但负债率为 70%，明显偏高，存在较大的债务风险。

(二)EBIT—EPS 分析法

EBIT 表示息税前利润，表明企业的盈利能力和偿债能力。EPS 表示每股利润，表明股东财富的增加。负债筹资是通过它的杠杆作用来增加股东财富。因此，要将 EBIT 和 EPS 结合起来分析资金结构与股东财富之间的关系，进而确定最佳资金结构。这种方法叫做 EBIT—EPS 分析法。因这种方法要确定每股利润的无差异点，所以又称为每股利润无差异点法。

【例 4-17】某企业原有资金 1 200 万元，现因扩大经营规模，需要再筹集资金 400 万元。筹资方式有发行股票和发行债券两种。表 4-4 列示了原资金结构和筹资后的资金结构。

表 4-4 不同筹资方案资金结构变化表

单位:万元

筹资方式	原资金结构	增发后的资金结构	
		增发普通股	增发公司债
公司债(利率 8%)	160	160	560
普通股(面值 1 元)	1 040	1 440	1 040
资金总额	1 200	1 600	1 600
普通股股数(万股)	1 040	1 440	1 040

现采用 EBIT—EPS 分析法分析资金结构的变化对普通股每股利润的影响,具体分析如表 4-5。

表 4-5 不同资金结构下的每股利润

单位:万元

项　　目	增发普通股	增发公司债
预计息税前利润(EBIT)	320	320
减:利息	12.8	44.8
税前利润	307.2	275.2
减:所得税(33%)	101.4	90.8
净利润	205.8	184.4
普通股股数(万股)	1 440	1 040
每股利润(EPS)(元)	0.14	0.18

从表 4-5 的计算可以发现,在息税前利润同为 320 万元的情况下,筹资方式不同,企业的每股利润是不同的。利用增发公司债的方式筹集资金可以使每股利润上升较多,即更能增加普通股股东的收益。那么在息税前利润为多少时增发公司债有利?这就需要计算一个无差异点,使得在这个无差异点上,采用增发公司债和增发普通股筹资后的每股利润相等。以下是计算过程,假设公司所得税率为 33%:

EPS=(EBIT−利息)×(1−33%)÷普通股股数

增发普通股后的 EPS=(EBIT−12.8)×(1−33%)÷1 440　　①

增发公司债后的 EPS=(EBIT−44.8)×(1−33%)÷1 040　　②

使①=②,得出 EBIT=128(万元),EPS=0.054(元)

其意义是,当息税前利润为 128 万元时,采用增发公司债和增发普通股进行筹资对企业的每股利润变动的影响没有区别；当息税前利润＞128 万元时，采用增发公司债有利；当息税前利润＜128 万元时，采用增发普通股有利。本例预计息税前利润为 320 万元＞128 万元，故宜采用增发公司债筹资方式。

EBIT—EPS 分析法计算出企业在不同资金结构下，存在着一个使得每股利润都相同的息税前利润无差异点。当息税前利润等于无差异点时，企业采用不同的资金结构对每股利润是没有影响的。当息税前利润 EBIT 不等于无差异点时，企业采用不同的资金结构对每股利润的影响是不一样的，其中有的资金结构对企业有利，有的则不利。

思考与练习

一、思考题

1. 企业筹集资金应达到哪些基本要求？

2. 我国的筹资渠道和筹资方式有哪些？如何匹配？

3. 权益资金的筹集方式有哪些？各有何优缺点？各适用于何种条件？在运用中应注意哪些问题？

4. 负债资金的筹集方式有哪些？各有何优缺点？各适用于何种条件？在运用中应注意哪些问题？

5. 什么是资金成本？如何计算资金成本？

6. 什么是杠杆效应？如何计算经营杠杆系数、财务杠杆系数和复合杠杆系数？

7. 什么是资金结构？怎样确定最佳资金结构？

二、判断题

1. 吸收直接投资中的出资者都是企业的所有者，但他们对企业并不一定具有经营管理权。（ ）

2. 所有者权益是企业可以使用的资本，因此所有者权益就是资本金。（ ）

3. 补偿性余额的约束，有助于降低银行贷款风险，企业借款的实际利率与名义利率相同。（ ）

4. 根据我国公司法规定，发行普通股股票可以按票面金额等价发行，也可以偏离票面金额按溢价或折价发行。（ ）

5. 票据贴现是一种担保贷款，因此企业把应收票据贴现后是没有任何风

险的。(　　)

6. 企业资金的来源只有两种:投资人提供的权益资金、债权人提供的负债资金。(　　)

7. 吸收直接投资按投资主体的不同,可将资本金分为国家资本金、法人资本金、个人资本金、外商资本金。(　　)

8. 债券面值应包括两个基本内容:币种和票面金额。(　　)

9. 债券利息和优先股股利都作为财务费用在所得税前支付。(　　)

10. 资金成本与资金时间价值既有联系,又有区别。(　　)

11. 留存收益是企业经营中的内部积累,这种资金不是向外界筹措的,因而它不存在资本成本。(　　)

12. 当预计的息税前利润大于每股利润无差别的息税前利润时,负债筹资的普通股每股利润大。(　　)

13. 在其他因素不变的情况下,固定成本越大,经营杠杆系数也就越大,经营风险则越大。(　　)

14. 如果企业的债务资金为零,则财务杠杆系数必等于1。　　)

15. 一个企业的经营杠杆系数和财务杠杆系数都有可能等于1。(　　)

16. 企业负债比例越高,财务风险越大,因此负债对企业总是不利的。(　　)

17. 在个别资本成本一定的情况下,企业综合资本成本的高低取决于资金总额。(　　)

18. 在优化资本结构的过程中,综合资本成本最小的方案一定是普通股每股利润最大的方案。(　　)

三、单项选择题

1. 以下对普通股筹资优点的叙述中,不正确的是(　　)。

A. 具有永久性,无须偿还　　B. 无固定的利息负担

C. 资金成本较低　　D. 能增强公司的举债能力

2. 相对于负债融资方式而言,采用吸收直接投资方式筹措资金的优点是(　　)。

A. 有利于降低资金成本　　B. 有利于集中企业控制权

C. 有利于降低财务风险　　D. 有利于发挥财务杠杆作用

3. 银行借款筹资与发行债券筹资相比,其特点是(　　)。

A. 利息能抵税　　B. 筹资灵活性大

C. 筹资费用大　　D. 债务利息高

4. 某公司拟发行5年期债券进行筹资,债券票面金额为100元,票面利率

为 12%，而当时市场利率为 10%，那么，该公司债券发行价格应为（　　）元。

A. 93.22　　B. 100

C. 105.35　　D. 107.58

5. 在下列各项中，不属于商业信用融资内容的是（　　）。

A. 赊购商品　　B. 预收货款

C. 办理应收票据贴现　　D. 用商业汇票购货

6. 某企业需借入资金 300 万元，由于银行要求将贷款数额的 20%作为补偿性余额，故企业需向银行申请的贷款数额为（　　）万元。

A. 600　　B. 375

C. 750　　D. 672

7. 某企业按年利率 10%向银行借款 20 万元，银行要求保留 20%的补偿性余额。那么，企业该项借款的实际利率为（　　）。

A. 10%　　B. 12.5%

C. 20%　　D. 15%

8. 某周转信贷协议额度为 300 万元，承诺费率为 0.5%，借款企业年度内使用了 250 万元，尚未使用的余额为 50 万元，则企业应向银行支付的承诺费用为（　　）。

A. 3 000 元　　B. 3 500 元

C. 2 500 元　　D. 15 000 元

9. 某企业按“2/10，*n*/60”的信用条件购进商品 20 000 元，若放弃现金折扣，则其资金的机会成本率为（　　）。

A. 12.3%　　B. 12.6%

C. 11.4%　　D. 14.7%

10. 下列关于普通股股东主要权利，不正确的是（　　）。

A. 优先认购新股的权利

B. 分配公司剩余财产的权利

C. 优先分配股利的权利

D. 对公司账目和股东大会决议的审查权和对公司事务的质询权

11. 银行要求企业借款时在银行中保留一定数额的存款余额，这种信用条件被称为（　　）。

A. 补偿性余额　　B. 信用额度

C. 周转信贷协议　　D. 借款额度

12. 某公司财务杠杆系数等于 1，这表明该公司当期可能（　　）。

A. 利息为零，息税前利润大于零

B. 利息大于零，息税前利润为零

C. 利息与息税前利润为零

D. 利息与固定成本为零

13. 当企业净利润大于零，只要存在固定成本，则经营杠杆系数必(　　)。

A. 与销售量成正比　　B. 与固定成本成反比

C. 恒大于1　　D. 与风险成反比

14. 某企业取得3年期长期借款300万元，年利率为10%，每年付息一次，到期一次还本，筹资费用率为0.5%，企业所得税率为33%。则该项长期借款的资金成本为(　　)。

A. 10%　　B. 7.4%

C. 6%　　D. 6.7%

15. 财务杠杆系数影响企业的(　　)。

A. 税前利润　　B. 息税前利润

C. 税后利润　　D. 财务费用

16. 某公司全部资本为150万元，负债比率为40%，负债利率为10%，当销售额为130万元时，息税前利润为25万元，则该公司的财务杠杆系数为(　　)。

A. 1.32　　B. 1.26

C. 1.5　　D. 1.56

17. 不存在财务杠杆作用的筹资方式是(　　)。

A. 发行普通股　　B. 发行优先股

C. 发行债券　　D. 举借银行借款

18. 某企业在不发行优先股的情况下，本期财务杠杆系数为2，本期息税前利润为400万元，则本期实际利息费用为(　　)。

A. 200万元　　B. 300万元

C. 400万元　　D. 250万元

19. 某企业经批准发行优先股股票，筹资费用率和股息年利率分别为6%和9%，则优先股成本为(　　)。

A. 10%　　B. 6%

C. 9.57%　　D. 9%

20. 某企业本年的息税前利润为5 000万元，本年利息为500万元，优先股股利为400万元，所得税税率为20%，则该企业下年度财务杠杆系数为(　　)。

A. 1　　B. 1.11

C. 1.22　　D. 1.25

四、多项选择题

1. 普通股的资金成本较高的原因是(　　)。
A. 投资者要求有较高的投资报酬率
B. 发行费较高
C. 普通股价值较高
D. 普通股股利不具有抵税作用

2. 银行借款的特点包括(　　)。
A. 限制性条款多,因此融资速度较慢
B. 借款灵活性大
C. 借款成本低
D. 借款成本高

3. 商业信用筹资的优点包括(　　)。
A. 筹资简单方便
B. 放弃现金折扣要付出较高机会成本
C. 筹资限制少
D. 没有实际成本发生

4. 影响债券发行价格的因素包括(　　)。
A. 债券面额　　B. 票面利率
C. 市场利率　　D. 债券期限

5. 普通股股东所拥有的权利包括(　　)。
A. 分享盈利权　　B. 优先认股权
C. 转让股份权　　D. 优先分配剩余资产权

6. 能够被视为“自然性融资”的项目有(　　)。
A. 短期借款　　B. 应付账款
C. 应付水电费　　D. 应付债券

7. 补偿性余额的约束使借款企业所受的影响有(　　)。
A. 减少了可用资金　　B. 增加了筹资费用
C. 减少了应付利息　　D. 增加了应付利息

8. 相对于发行债券筹资而言,对于企业而言,发行股票筹集资金的优点有(　　)。
A. 增强公司筹资能力　　B. 降低公司财务风险
C. 降低公司资金成本　　D. 筹资限制较少

9. 公司增发新股时，其发行价格的确定方法通常有（　　）。

A. 以市盈率计算　　B. 以资产净值计算

C. 以每股利润计算　　D. 以未来股利计算

10. 下列项目中，属于资金成本中筹资费用内容的是（　　）。

A. 借款手续费　　B. 债券发行费

C. 债券利息　　D. 股利

11. 复合杠杆系数的作用在于（　　）。

A. 用来估计销售额变动对息税前利润的影响

B. 用来估计销售额变动对每股利润造成的影响

C. 揭示企业面临的风险对企业投资的影响

D. 揭示经营杠杆与财务杠杆之间的相互关系

12. 利用每股利润无差异点进行企业资金结构分析时，（　　）。

A. 当预计息税前利润等于每股利润无差异点时，采用权益筹资方式和采用负债筹资方式的报酬率相同

B. 当预计息税前利润高于每股利润无差异点时，采用负债筹资方式比采用权益筹资方式有利

C. 当预计息税前利润低于每股利润无差异点时，采用权益筹资方式比采用负债筹资方式有利

D. 当预计息税前利润低于每股利润无差异点时，采用负债筹资方式比采用权益筹资方式有利

13. 下列哪项属于权益性资金成本？（　　）。

A. 优先股成本　　B. 银行借款成本

C. 普通股成本　　D. 留存收益成本

14. 负债资金在资金结构中产生的影响是（　　）。

A. 降低企业资金成本　　B. 加大企业财务风险

C. 具有财务杠杆作用　　D. 分散股东控制权

15. 下列各项中影响复合杠杆系数变动的因素有（　　）。

A. 固定成本　　B. 单位边际贡献

C. 销售额　　D. 固定利息

16. 下列各项中，影响财务杠杆系数的因素有（　　）。

A. 产品边际贡献总额　　B. 所得税税率

C. 固定成本　　D. 财务费用

17. 下列项目中，同复合杠杆系数成正比例变动的是(　　)。

A. 每股利润变动率　　B. 销售额变动率

C. 经营杠杆系数　　D. 财务杠杆系数

五、计算与分析题

1. 某企业发行三年期企业债券，面值为 1 000 元，票面利率为 8%，每年年末付息一次。分别计算市场利率为 5%、8%、15%时债券的发行价格。

2. 某企业按“2/20，n/30”的条件购买一批商品，价值 100 万元。

(1)计算如果该企业在 20 天内付款，可获得的免费信用额；

(2)计算如果该企业在 30 天内付款，则该企业承担的放弃折扣成本；

(3)计算如果该企业延迟至 60 天付款，放弃折扣成本是多少？对企业有何影响？

3. 某企业按(2/10，n/50)条件购入 A 公司一批货物。

要求：(1)计算企业放弃该项现金折扣的机会成本。

(2)若企业准备放弃折扣，将付款日期推迟到 50 天，计算放弃现金折扣的机会成本。

(3)若另一家供应商 B 公司提出“1/20，n/30”的信用条件，计算放弃折扣的机会成本。若企业准备要享受现金折扣，选择哪一家供应商有利。

4. 某公司于 2006 年 9 月 1 日按面值发行公司债券，每张面值 1 000 元，票面利率为 10%，发行期限为三年期，每年 9 月 1 日付息，到期一次还本。某投资者能接受的最终投资报酬率为 8%，2006 年 9 月 1 日该债券按 1 040 元发行，该投资者是否会购买？

5. 某公司 2012 年销售产品 10 万件，单价 50 元，单位变动成本 30 元，固定成本总额 100 万元。公司负债 60 万元，年利息率为 12%。

要求：(1)计算 2012 年边际贡献；

(2)计算 2012 年 DOL；

(3)计算该公司 2012 年复合杠杆系数。

6. 某企业有资产 2 000 万元，其中负债 800 万元，利率 7%；普通股 120 万股，每股发行价格为 10 元。企业本年度的息税前利润为 400 万元，企业的所得税税率为 30%。

要求：(1)计算企业的财务杠杆系数和企业的每股利润。

(2)若息税前利润增长 20%，计算每股利润为多少。

(3)若每股利润增长 30%，计算息税前利润应为多少。

7.某企业发行债券、优先股、普通股筹集资金。发行债券 500 万元,票面利率 8%,筹资费用率 2%;优先股 200 万元,年股利率 12%,筹资费用率 5%;普通股 300 万元,筹资费用率 7%,预计下年度股利率 14%,并以每年 4%的速度递增。假设企业适用所得税税率为 30%。试计算个别资金成本和加权平均资金成本。

8.某企业只生产和销售 A 产品,该产品单位变动成本为 3 元/件,固定成本总额为 10 000 元。假定该企业 2006 年度 A 产品销售量为 10 000 件,每件售价为 5 元;按市场预测 2007 年 A 产品的销售数量将增长 10%。

要求:(1)计算 2006 年该企业的边际贡献总额。

(2)计算 2006 年该企业的息税前利润。

(3)计算销售量为 10 000 件时的经营杠杆系数。

(4)计算 2007 年息税前利润增长率。

(5)假定企业 2006 年发生负债利息 5 000 元,且无优先股股息,计算 2007 年综合杠杆系数。

9.某公司拟筹资 1 000 万元,现有甲、乙两个备选方案。有关资料如下:

单位:万元

筹资方式	甲方案	乙方案
长期借款	200,资金成本 9%	180,资金成本 9%
债券	300,资金成本 10%	200,资金成本 10.5%
普通股	500,资金成本 12%	620,资金成本 12%
合　计	1 000	1 000

试确定该公司筹资应选择哪种方案?

10.某企业计划筹集资金 100 万元,所得税税率 33%。有关资料如下:

(1)向银行借款 10 万元,借款年利率 7%,手续费 2%。

(2)按溢价发行债券,债券面值 14 万元,溢价发行价格为 15 万元,票面利率 9%,期限为 5 年,每年支付一次利息,其筹资费率为 3%。

(3)发行优先股 25 万元,预计年股利率为 12%,筹资费率为 4%。

(4)发行普通股 40 万元,每股发行价格 10 元,筹资费率为 6%。预计第一年每股股利 1.2 元,以后每年按 8%递增。

(5)其余所需资金通过留存收益取得。

要求:(1)计算个别资金成本;

(2)计算该企业加权平均资金成本。

11. 已知某公司当前资金结构如下：

筹资方式	金额(万元)
长期债券(年利率 8%)	1 000
普通股(4 500 万股)	4 500
留存收益	2 000
合 计	7 500

因生产发展需要，公司年初准备增加资金 2 500 万元，现有两个筹资方案可供选择：甲方案为增加发行 1 000 万股普通股，每股市价 2.5 元；乙方案为按面值发行每年年末付息、票面利率为 10%的公司债券 2 500 万元。假定股票与债券的发行费用均可忽略不计，适用的企业所得税税率为 33%。

要求：(1)计算两种筹资方案下每股利润无差异点的息税前利润。

(2)计算处于每股利润无差异点时乙方案的财务杠杆系数。

(3)如果公司预计息税前利润为 1 200 万元，指出该公司应采用的筹资方案。

(4)如果公司预计息税前利润为 1 600 万元，指出该公司应采用的筹资方案。

(5)若公司预计息税前利润在每股利润无差异点增长 10%，计算采用乙方案时该公司每股利润的增长幅度。

第5章 投资管理

投资,广义地说,是指企业为了在未来取得收益而发生的投入财力的行为。投资是企业融资的目的所在,企业生存和发展的前景如何,在很大程度上取决于经营者的投资管理水平。因此,企业在决定企业的投资方向、规模、期限以及投资组合时,必须对投资项目的经济效益作认真分析、研究和评价。本章将投资按照其内容分为项目投资和证券投资进行介绍。

第一节 项目投资管理

一、项目投资的基本概念

(一)项目投资的含义与类型

项目投资是指用于机器、设备、厂房的购建与更新改造等生产性资产的投资。项目投资主要分为新建项目投资和更新改造项目投资。

1.新建项目

新建项目是指以新建生产能力为目的的外延式扩大再生产。新建项目按其涉及内容又可分为单纯固定资产投资项目和完整工业投资项目。

单纯固定资产投资项目,简称固定资产投资,其特点在于:在投资中只包括为取得固定资产而发生的垫支资金投入而不涉及周转资金的投入。

完整工业投资项目,其特点在于:不仅包括固定资产投资,而且涉及流动资金投资,甚至包括无形资产等其他长期资产投资。

2.更新改造项目

更新改造项目是指以恢复或改善生产能力为目的的内涵式扩大再生产。

因此,不能将项目投资简单地等同于固定资产投资。项目投资对企业的生存和发展具有重要意义，是企业开展正常生产经营活动的必要前提，是推动企业生产和发展的重要基础，是提高产品质量、降低产品成本不可缺少的条件，是增强企业市场竞争能力的重要手段。

(二)项目投资的特点

项目投资一般是企业建造或购置固定资产的投资，包括新建、扩建工程的投资和对现有固定资产进行更新改造的投资。项目投资一般具有以下几个方面的特点：

1.投资金额较大

企业取得固定资产，包括建造厂房、购置机器设备等，需要投入大量资金。

2.投资回收时间较长

固定资产周转一次时间较长，固定资产投资一般需要几年甚至几十年才能收回。

3.投资风险与要求的报酬较高

由于固定资产投资资金需要量大，投资回收期长，而且变现能力差，一旦企业作出固定资产投资决策，并付诸实施，便很难进行重新调整。即使企业有能力进行调整，也可能要付出很大的代价，并会在较长时期内对企业的经济效益乃至对企业命运产生影响。因此，项目投资一般要承担较大的风险，这就要求企业在进行项目投资决策时，必须小心谨慎，认真进行可行性研究，谋求投资最大效益。

(三)项目投资的决策程序

由于项目投资具有金额大、回收期长、风险高等特点，因此，在进行项目投资决策时要坚持科学的态度，按章行事，以降低投资风险、提高投资效率。一般项目投资决策的程序包括以下几个步骤：

1.项目投资的提出

为了提高生产能力或提高产品质量，企业领导或者有关部门根据本企业所具备的条件，提出投资项目。投资项目可以由企业最高领导者直接提出，也可以由其他层次的领导者提议。

2.项目投资的评价

企业在提出投资项目后，应组织有关方面专家进行认真的评价。项目评价主要分为技术可行性评价、财务评价和国民经济政策性评价等。投资项目的评价是项目投资过程中的一项重要工作，必须在充分调查研究的基础上，如实反映投资项目的真实情况。

3.项目投资的决策

(1)估算出投资方案的预期现金流量。

(2)估计未来现金流量的风险,并确定预期现金流量的概率分布和期望值。

(3)确定资金成本的一般水平(即贴现率)。

(4)计算投资方案现金流入量和流出量的总现值。

(5)通过项目投资决策评价指标的计算,作出投资方案是否可行的决策。

4.项目投资的执行

投资项目确定后,便进入筹措资金、实施投资过程。在投资项目执行过程中,要严格控制投资方案的实施和资金的使用,包括对工程进度、质量、投资成本等进行有效的控制。

(四)项目投资的现金流量

在进行项目投资决策时,首要环节就是估计投资项目的预期现金流量。所谓现金流量,在投资决策中是指一个项目引起的企业现金支出和现金收入增加的数量。这时的"现金"是广义的现金,它不仅包括各种货币资金,而且还包括项目需要投入的企业现有的非货币资产的变现价值。例如,一个项目需要使用原有的厂房、设备和材料等,则相关的现金流量是指它们的变现价值,而不是其账面价值。

现金流量包括现金流出量、现金流入量和现金净流量三个具体概念。

1.现金流出量

现金流出量是指投资项目实施后在项目计算期内所引起的企业现金流出的增加额,简称现金流出。

(1)建设投资。包括固定资产投资、无形资产投资。其中固定资产投资包括固定资产的购置成本或建造成本、运输成本和安装成本等。建设投资是建设期发生的主要现金流出量。

(2)垫支流动资金。是指项目投产后为开展正常生产经营活动而投放在流动资产(存货、应收账款等)上的营运资金。建设投资与垫支的流动资金合称为项目的原始总投资。

(3)付现成本(或经营成本)。付现成本是指在经营期内为满足正常生产经营而需用现金支付的成本。它是生产经营期内最主要的现金流出量,其计算公式为:

付现成本=变动成本+付现的固定成本

=总成本-折旧

(4)所得税额。所得税额是指投资项目建成投产后,因应纳税所得额增加而增加的所得税。

2.现金流入量

现金流入量是指投资项目实施后在项目计算期内所引起的企业现金收入的增加额，简称现金流入。一般包括：

(1)营业收入。营业收入是指项目投产后每年实现的全部营业收入，营业收入是生产经营期主要的现金流入量。

(2)固定资产的余值。是指投资项目的固定资产在终结报废清理时的残值收入，或中途转让时的变价收入。

(3)回收的流动资金。是指投资项目在项目计算期结束时，收回原来投资在各种流动资产上的营运资金。

固定资产的余值和回收的流动资金统称为回收额。

3.现金净流量

现金净流量是指投资项目在项目计算期内或一定期间现金流入量和现金流出量的差额。流入量大于流出量时，净流量为正值；反之，净流量为负值。

4.项目计算期

项目计算期是指投资项目从投资建设开始到最终清理结束的全部时间，用 n 表示。

项目计算期通常以年为单位，第 0 年为建设起点，若建设期不足半年，可假定建设期为 0；项目计算期最后一年或第 n 年称为终结点，可假定项目最终报废或清理均发生在终结点，但更新改造除外。

项目计算期包括建设期和生产经营期，从项目投产日到终结点的时间间隔称为生产经营期，也叫寿命期，由此可得：

项目计算期(n)＝建设期＋生产经营期

所以，现金净流量可分为建设期的现金净流量和生产经营期的现金净流量。

(1)建设期现金净流量的计算

建设期现金净流量＝－该年投资额

由于在建设期没有现金流入量，所以建设期的现金净流量总为负值。另外，建设期现金净流量还取决于投资额的投入方式是一次投入还是分次投入，若投资额是在建设期一次全部投入的，上述公式中的该年投资额即为原始总成本。

(2)生产经营期现金净流量的计算

生产经营期现金净流量＝营业收入－付现成本－所得税

＝营业收入－(总成本－折旧)－所得税

＝净利润＋折旧

如有无形资产摊销额，则：

付现成本＝总成本－折旧额及摊销额

(3)生产经营期终结现金净流量的计算

生产经营期终结现金净流量的计算是指投资项目在项目计算期结束时所发生的现金净流量。

现金净流量=营业现金净流量+回收额

(五)项目投资现金流量的计算

1.全额计算法

这种方法是根据某一投资项目的预计全部现金支出、项目投产后的预计全部现金收入来计算投资项目的未来现金流量。

【例 5-1】某企业准备建造一条生产线,在建设起点一次投入全部资金。预计购建成本共需 33 万元。预计生产线使用寿命为 5 年。企业采用直线法计提折旧,预计固定资产清理净收入为 3 万元。此外还需追加配套流动资金投资 10 万元。投产后预计每年可获得营业收入 40 万元(假定全部收入为现金),第一年的付现成本为 10 万元,以后随生产线设备的磨损逐年增加维修保养等费用 2 万元。假设企业所得税率为 30%。其项目计算期内各年现金流量的计算如下:

年折旧额=(33-3)÷5=6(万元)

$NCF_0=-(33+10)=-43$(万元)

$NCF_1=(40-10-6)\times(1-30\%)+6=22.8$(万元)

$NCF_2=(40-12-6)\times(1-30\%)+6=21.4$(万元)

$NCF_3=(40-14-6)\times(1-30\%)+6=20$(万元)

$NCF_4=(40-16-6)\times(1-30\%)+6=18.6$(万元)

$NCF_5=(40-18-6)\times(1-30\%)+6+3+10=30.2$(万元)

其中 NCF_t 表示第 t 期净现金流量。

根据以上计算,编制该项目投资现金流量表如表 5-1 所示。

表 5-1 项目投资现金流量表

单位:元

项目内容 \ 项目计算期	0	1	2	3	4	5	合计
固定资产投资	-33	—	—	—	—	—	-33
流动资金投资	-10	—	—	—	—	—	-10
营业现金流量	—	22.8	21.4	20	18.6	17.2	100
固定资产清理净收入	—	—	—	—	—	3	3
流动资金回收	—	—	—	—	—	10	10
现金流量合计	-43	22.8	21.4	20	18.6	30.2	70

2. 差额计算法

这种方法是分别计算两个备选方案的现金流入量和现金流出量，然后将两个方案现金流入量差额与现金流出量差额进行比较，从中选择较优方案。

【例 5-2】某企业计划用一台新设备替代旧设备。新设备的买价为 61 000 元，可使用 5 年；年折旧额为 11 000 元，预计残值收入为 6 000 元。使用新设备可使年付现成本由原来的 60 800 元降至 50 000 元。旧设备原值 45 000 元，已提折旧 15 000 元，还可使用 5 年；年折旧额为 5 000 元，5 年后残值收入为 5 000 元。如果现在出售旧设备，可得价款 20 000 元。该企业所得税税率为 30%。

该企业有两种方案可供选择：一是继续使用旧设备；二是卖掉旧设备，购置新设备。要进行两种方案的选择，必须先计算两种方案的增减现金流量。以“Δ”符号表示现金流量的增减额。

首先，计算增加的原始投资额，即 Δ 初始投资。如果购买新设备需支付买价为 61 000 元，但可得到出售旧设备价款 20 000 元。出售旧设备的净损失为 30 000－20 000＝10 000(元)，但这 10 000 元的损失可抵减当年所得税 10 000×30%＝3 000(元)，因此：

Δ 初始投资＝－61 000＋20 000＋3 000＝－38 000(元)

其次，计算生产经营期各年增加的营业现金净流量，即 Δ 经营现金流量。计算过程如表 5-2 所示。

表 5-2 营业现金流量计算表

单位:元

项　目	现金流量
Δ 付现成本(1)	－10 800
Δ 年折旧额(2)	6 000
Δ 税前净利(3)＝－(1)－(2)	4 800
Δ 所得税(4)＝(3)×30%	1 440
Δ 税后净利(5)＝(3)－(4)	3 360
Δ 经营现金流量(6)＝(2)＋(5)	9 360

在表 5-2 中：

Δ 付现成本＝50 000－60 800＝－10 800(元)

Δ 年折旧额＝11 000－5 000＝6 000(元)

Δ经营现金流量=3 360+6 000=9 360(元)

再次,计算项目增加的终结现金流量,即Δ终结现金流量。Δ终结现金流量由新旧设备的净残值差额构成:

Δ终结现金流量=6 000-5 000=1 000(元)

最后,依据以上计算结果,计算全部的Δ现金流量。计算结果归纳见表5-3。

表5-3 售旧购新项目Δ现金流量计算表

单位:元

项目内容 \ 项目计算期(年)	0	1~4	5
Δ初始投资	-38 000	—	—
Δ经营现金流量	—	9 360	9 360
Δ终结现金流量	—	—	1 000
Δ现金流量	-38 000	9 360	10 360

经计算,该投资项目的Δ净现金流量为9 800元(-38 000+9 360×4+10 360)。

在确定项目投资的现金流量时,应遵循的基本原则是:只有增量现金流量才是与投资项目相关的现金流量。所谓增量现金流量,是指由于接受或放弃某个投资项目所引起的现金流量变动部分。由于采纳某个投资方案引起的现金流入增加额,才是该方案的现金流入。同理,某个投资方案引起的现金流出增加额,才是该方案的现金流出。为了正确计算投资项目的增量现金流量,要注意以下几个问题:

1.沉没成本

沉没成本是过去发生的支出,而不是新增成本。这一成本是由过去的决策所引起的,对企业当前的投资决策不产生任何影响。例如,某企业在两年前购置的某设备原价10万元,估计可使用五年,无残值,按直线法计提折旧,目前账面净值为6万元。由于科学技术的进步,该设备已被淘汰,在这种情况下,账面净值6万元就属于沉没成本。所以,企业在进行投资决策时要考虑的是当前的投资是否有利可图,而不是过去已花掉了多少钱。

2.机会成本

在投资决策中,如果选择了某一投资项目,就会放弃其他投资项目,其他投资机会可能取得的最高收益就是本项目的机会成本。机会成本不是我们通常意义上的成本：它不是实际发生的支出或费用，而是一种潜在的放弃的收益。例如：一笔现金用来购买股票就不能存入银行，那么存入银行的利息收入就是股票投资的机会成本。如果某企业有一闲置的仓库，准备用来改建职工活动中心，但将仓库出租每年可获得租金收入 2 万元，则该租金收入就是改建活动中心的机会成本。机会成本作为丧失的收益，离开被放弃的投资机会就无从计量。在投资决策过程中考虑机会成本，有利于全面分析评价所面临的各个投资机会，以便选择经济上最为有利的投资项目。

3.对净营运资金的影响

一个新项目投产后，存货和应收账款等流动资产随之增加，同时应付账款等流动负债也会增加。这些与项目相关的新增流动资产与流动负债的差额即净营运资金应计入项目现金流量。

以上介绍的现金流量观念，是建立在非贴现基础上的。但在实际应用中，还应考虑货币的时间价值、风险价值和通货膨胀等因素。

二、项目投资评价

为了客观、科学地分析评价各种投资方案是否可行，一般应使用不同的指标，从不同的侧面或角度反映投资方案的内涵。项目投资决策评价指标是衡量和比较投资项目可行性并据以进行方案决策的定量化标准与尺度，它由一系列综合反映投资效益、投入产出关系的量化指标构成。

项目投资评价的基本方法一般可分为非贴现法与贴现法两类。其主要区别在于，前者没有考虑货币的时间价值，计算较为简便；后者则考虑到了货币的时间价值，计算稍微复杂，但更为科学、合理。

（一）非贴现法的分析评价方法

非贴现法不考虑货币的时间价值，把不同时间的收支看成是等额的。这些方法在选择方案时起辅助作用。非贴现法主要包括回收期法和投资利润率法两种。

1.回收期法

回收期法是指根据回收原始投资额所需时间的长短来进行投资决策的方法。一般而言，投资者总希望尽快地收回投资，回收期越短越好。

运用此方法进行投资决策时，首先要将投资方案的回收期同投资者主观上既定的期望回收期相比，若投资回收期＜期望回收期，则接受投资方案；否则，拒绝。

投资回收期的计算因每年现金净流量是否相等而有所不同。

若每年现金净流量相等，则投资回收期可按下列公式计算：

$$投资回收期=\frac{原始投资额}{每年现金净流量}$$

【例 5-3】新华公司计划投资 200 000 元进行焊接设备更新改造，预计使用年限 6 年，预计每年现金净流量为 62 500 元，该投资方案的投资回收期计算如下：

$$投资回收期=\frac{200\ 000}{62\ 500}=3.2（年）$$

若每年现金净流量不等，则采用内插法计算。

【例 5-4】仍沿上例，若预计每年现金净流量如表 5-4 所示，该投资方案的投资回收期计算如下：

表 5-4 焊接设备更新改造

单位：元

期间	现金净流量	累计现金净流量
第一年	62 000	62 000
第二年	65 000	127 000
第三年	68 000	195 000
第四年	63 000	258 000
第五年	62 000	320 000
第六年	61 000	381 000

从表中资料可以看出，该投资方案第四年末累计现金净流量为 258 000 元，这说明该方案的投资回收期超过 3 年不到 4 年，可采用内插法计算如下：

$$投资回收期=3+\frac{200\ 000-195\ 000}{258\ 000-195\ 000}=3+\frac{5\ 000}{63\ 000}=3.08（年）$$

回收期法的主要优点是能够直观地反映原始总投资的返本期限，计算简便，易于理解，并有利于促使企业缩短投资周期，尽快投产受益，尽早收回投资。但此法有两个缺点：一是没有考虑货币的时间价值；二是没有考虑回收期以后的收益。事实上，有战略意义的长期投资往往早期收益较低，而中后期收益较高。因此，在企业进行实际投资决策时，还应结合其他方法使用。

2. 投资利润率法

投资利润率，又称投资报酬率，是指项目投资方案的年平均利润额占平均投资总额的百分比。投资利润率的决策标准是：投资项目的投资利润率越高越好，低于无风险投资利润率的方案为不可行方案。

投资利润率的计算公式为：

$$投资利润率=\frac{年平均利润额}{平均投资总额}\times 100\%$$

式中分子是平均利润，不是现金净流量，不包括折旧等；分母可以用投资总额的50%来简单计算平均投资总额，一般不考虑固定资产的残值。

【例 5-5】某企业有甲、乙两个投资方案，投资总额均为10万元，全部用于购置新的设备，折旧采用直线法，使用期均为5年，无残值，其他有关资料如表5-5所示。

表 5-5 甲、乙投资方案

单位：元

项目计算期	甲方案		乙方案	
	利润	现金净流量(NCF)	利润	现金净流量(NCF)
0		−100 000		−100 000
1	15 000	35 000	10 000	30 000
2	15 000	35 000	14 000	34 000
3	15 000	35 000	18 000	38 000
4	15 000	35 000	22 000	42 000
5	15 000	35 000	26 000	46 000
合　计	75 000	75 000	90 000	90 000

要求：计算甲、乙两方案的投资利润率。

解：$甲方案的投资利润率=\frac{15\ 000}{100\ 000\div 2}\times 100\%=30\%$

$乙方案的投资利润率=\frac{90\ 000\div 5}{100\ 000\div 2}\times 100\%=36\%$

从计算结果来看，乙方案的投资利润率比甲方案的投资利润率高6个百分点，应选择乙方案。

投资利润率法的优点是简单明了，容易掌握，可以较好地反映出投资的盈利程度，其不足之处是没有考虑货币的时间价值。

(二)贴现法的分析评价方法

贴现法的分析评价方法，是指考虑到货币时间价值的分析评价方法，主要有净现值法、净现值率法、现值指数法、内含报酬率法等方法。

1.净现值(NPV)法

净现值是指在项目计算期内，按一定贴现率计算的各年现金净流量现值的代数和。所用的贴现率可以是企业的资金成本，也可以是企业所要求的最低报酬率水平。净现值的计算公式为：

净现值＝未来报酬总现值－原投资额的现值

(1)年现金净流量相等

未来报酬总现值＝年现金净流量×年金现值系数

【例5-6】新华公司计划投资200 000元进行焊接设备更新改造，预计使用年限6年，预计每年现金净流量为62 500元，假定贴现率为10%，则该项投资的净现值计算为：

$$
\begin{aligned}
NPV &= 62\ 500\times(P/A,10\%,6)-200\ 000\\
&= 62\ 500\times4.355\ 3-200\ 000\\
&= 72\ 206(\text{元})
\end{aligned}
$$

因为NPV>0，所以该方案可行。

(2)年现金净流量不等

未来报酬总现值＝∑(年现金净流量×复利现值系数)

【例5-7】以例5-4资料为例，假定贴现率为10%，则该项投资的净现值计算为：

$$
\begin{aligned}
NPV &= 62\ 000\times(P/F,10\%,1)+65\ 000\times(P/F,10\%,2)+68\ 000\times\\
&\quad (P/F,10\%,3)+63\ 000\times(P/F,10\%,4)+62\ 000\times(P/F,\\
&\quad 10\%,5)+61\ 000\times(P/F,10\%,6)-200\ 000\\
&= 62\ 000\times0.909\ 1+65\ 000\times0.826\ 4+68\ 000\times0.751\ 3+63\ 000\times\\
&\quad 0.683\ 0+62\ 000\times0.620\ 9+61\ 000\times0.564\ 5-200\ 000\\
&= 77\ 128(\text{元})
\end{aligned}
$$

由于NPV>0，该方案可行。

净现值是一个贴现的绝对值指标，其优点在于：一是综合考虑了资金时间价值，能较合理地反映投资项目的真正经济价值；二是考虑了项目计算期的全部净现金流量，体现了流动性与收益性的统一；三是考虑了投资风险性，因为贴现率的大小与风险大小有关，风险越大，贴现率就越高。但是该指标的缺点也是明显的，即无法直接反映投资项目的实际投资收益率水平；当各项目投资额不同时，难以确定最优的投资项目。

2. 净现值率(NPVR)法

上述的净现值是一个绝对数指标，与其相对应的相对数指标是净现值率与现值指数。净现值率是指投资项目的净现值与投资现值合计的比值，其计算公式如下：

$$净现值率=\frac{净现值}{投资现值}\times 100\%$$

【例 5-8】某企业需要购置一种设备，市场上有甲、乙、丙三种同类设备可供选择，其买价分别为 90 000 元、70 000 元和 50 000 元，款项于购入时一次支付。年平均净利润分别为 4 200 元、5 000 元和 3 800 元；年折旧额分别为 18 000元、14 000 元和 10 000 元。预计使用 5 年，设备报废时无残值可收回。假定该企业要求的必要报酬率为 8%。

则按 5 年期用净现值法评价甲、乙、丙三种设备的投资经济效果如下：

$$\begin{aligned}甲设备净现值&=未来报酬总现值-原投资额的现值\\&=年现金净流量\times 年金现值系数-原投资额的现值\\&=(4\ 200+18\ 000)\times 3.993-90\ 000\\&=-1\ 355.40(元)\end{aligned}$$

$$乙设备净现值=(5\ 000+14\ 000)\times 3.993-70\ 000=5\ 867(元)$$

$$丙设备净现值=(3\ 800+10\ 000)\times 3.993-50\ 000=5\ 103.40(元)$$

以上结果表明，甲设备的净现值小于 0，为负数，不可取；乙、丙设备的净现值均大于 0，其中乙设备的净现值大于丙设备的净现值，是否乙设备优于丙设备呢？由于二者投资额不同，在此不能简单比较二者的 NPV，而要用到 NPVR 进行判断。

用净现值率法评价甲、乙、丙三种设备的投资经济效果如下：

$$甲设备净现值率=\frac{净现值}{投资现值}\times 100\%=\frac{-1\ 355.4}{90\ 000}\times 100\%=-1.51\%$$

$$乙设备净现值率=\frac{5\ 867}{70\ 000}\times 100\%=8.38\%$$

$$丙设备净现值率=\frac{5\ 103.4}{50\ 000}\times 100\%=10.21\%$$

以上结果表明，丙设备的净现值率大于乙设备的净现值率，应选择购置丙设备为优。

净现值率大于 0，表明项目的报酬率高于贴现率，存在额外收益；净现值率等于 0，表明项目的报酬率等于贴现率，收益只能抵补资金成本；净现值率小于 0，表明项目的报酬率小于贴现率，收益不能抵补资金成本。当有多个投资项目可供选择时，由于净现值率越大，企业的投资报酬水平就越高，所以应采用净现值率大于0中的最大者。

3. 现值指数(PI)法

现值指数是指项目投产后按一定贴现率计算的在经营期内各年现金净流量的现值合计与投资现值合计的比值，其计算公式为：

$$现值指数=\frac{\sum 经营期各年现金净流量现值}{投资现值}$$

现值指数的计算可能出现以下三种情况：

(1)如现值指数大于1，表示经营期各年现金净流量现值大于投资现值，这项投资方案可以采纳。

(2)如现值指数小于1，表示经营期各年现金净流量现值小于投资现值，这项投资方案是不可取的。

(3)如现值指数等于1，表示经营期各年现金净流量现值等于投资现值，应对该项目进行综合考虑。

如果几个投资方案的现值指数均大于1，在互斥方案的选择时，其现值指数越高方案越好。

现仍以上例为例，分别计算甲、乙、丙三种设备的现值指数如下：

$$甲设备现值指数=\frac{88\ 645}{90\ 000}=0.985$$

$$乙设备现值指数=\frac{75\ 867}{70\ 000}=1.084$$

$$丙设备现值指数=\frac{55\ 103}{50\ 000}=1.102$$

以上计算表明，丙设备的现值指数最大，应选择购置丙设备为优。

净现值率与现值指数有如下关系：

现值指数=净现值率+1

净现值率、现值指数是以相对数表示的，便于在不同投资额的方案之间进行对比；而净现值是以绝对数表示的，在不同投资额的方案之间进行比较有其局限性。以上三项评价指标都无法直接反映出投资项目的实际收益率。

4. 内含报酬率(IRR)法

内含报酬率，又称内部收益率，是指投资项目在项目计算期内各年现金净流量现值合计等于0时的贴现率，亦即使投资项目的净现值等于0时的贴现率。显然，内含报酬率IRR满足下列等式：

$$\sum_{t=1}^{n} NCF_t \times (P/F, IRR, t) = 0$$

式中：n——项目计算期(包括建设期与经营期)；

NCF_t——第 t 年的现金净流量；

$(P/F, IRR, t)$——第 t 年，贴现率为 IRR 的复利现值系数。

从上式中可知，净现值的计算是根据给定的贴现率求净现值；而内含报酬率计算是先令净现值等于 0，然后求能使净现值等于 0 的贴现率。所以，净现值不能揭示各个方案本身可以达到的实际报酬率是多少，而内含报酬率实际上反映了项目本身的真实报酬率。用内含报酬率评价项目可行的必要条件是：内含报酬率大于或等于贴现率。

内含报酬率的计算方法，因每年现金净流量是否相等而有所不同。

(1)经营期内各年现金净流量相等，且全部投资均于建设起点一次投入，建设期为零。

内含报酬率具体计算的程序如下：

①计算年金现值系数$(P/A, IRR, t)$。

$$年金现值系数=\frac{投资总额}{经营期每年相等的现金净流量}$$

②根据计算出来的年金现值系数与已知的年限 n，查年金现值系数表，找出与上述年金现值系数相邻的两个贴现率，确定内含报酬率的范围。

③采用内插法求出内含报酬率。

$$IRR = i_1 + \frac{C_1 - C}{C_1 - C_2} \times (i_2 - i_1)$$

式中：i_1——利率下限；

i_2——利率上限；

C——计算出来的年金现值系数；

C_1——利率为 i_1 的年金现值系数；

C_2——利率为 i_2 的年金现值系数。

【例 5-9】新华公司计划投资 200 000 元进行焊接设备更新改造，预计使用年限 6 年，预计每年现金净流量为 62 500 元，则该项投资的内含报酬率计算为：

①计算年金现值系数：

$$(P/A, IRR, 6) = \frac{200\ 000}{62\ 500} = 3.2$$

②查年金现值系数表：

从表中可知，在第六期内与 3.2 相邻的两个贴现率是 20%和 24%，说明内含报酬率介于 20%和 24%之间。

③采用内插法求出内含报酬率：

$$IRR = 20\% + \frac{3.3255 - 3.2}{3.3255 - 3.0205} \times (24\% - 20\%)$$
$$= 20\% + 1.65\%$$
$$= 21.65\%$$

(2)经营期内各年现金净流量不相等。

若投资项目在经营期内各年现金净流量不相等，或建设期不为零，投资额是在建设期内分次投入的情况下，无法应用上面的方法，必须按定义采用逐次测试的方法，计算能使净现值等于零的贴现率，即内含报酬率。其计算步骤如下：

①找出与内含报酬率相邻近的两个贴现率。具体方法是：先估计一个贴现率，并按此贴现率计算出投资方案净现值。如果净现值为正数，则表明投资方案的实际投资报酬率比估计的贴现率高，应稍稍提高所估计的贴现率，再进行测试；如果净现值为负数，则表明投资方案的实际投资报酬率比估计的贴现率低，应稍稍降低所估计的贴现率，进行再次测试。如此反复测试，最后可以找出使净现值由正到负或由负到正且接近零的两个相邻的贴现率。

②运用"内插法"计算出内含报酬率，计算公式为：

$$IRR = i_1 + \frac{NPV_1}{NPV_1 - NPV_2} \times (i_2 - i_1)$$

式中：i_1——使净现值为正数的较低的贴现率；

i_2——使净现值为负数的较高的贴现率；

NPV_1——按 i_1 计算的净现值；

NPV_2——按 i_2 计算的净现值。

【例 5-10】某企业购入设备一台，价值为 30 000 元，按直线法计提折旧，使用寿命 6 年，期末无残值，投产后每年可获得利润分别为 3 000 元、3 000 元、4 000元、4 000 元、5 000 元、6 000 元，计算该项投资的内含报酬率。

①先按 16%估计的贴现率进行测试，结果净现值为 2 855.8 元，是正数。说明估计的 16%的贴现率低于该方案的实际投资报酬率，应提高贴现率再进行测试，假定为 18%，净现值为 1 090.6 元，仍为正数，再将贴现率提高到 20%重新测试，净现值为－526.5 元，是负数，说明该项目的内含报酬率在 18%～20%之间。测试计算过程如表 5-6 所示。

表 5-6 内插法计算内含报酬率测试

年份	现金净流量(NCF)	贴现率=16%		贴现率=18%		贴现率=20%	
		现值系数	现值	现值系数	现值	现值系数	现值
0	−30 000	1	−30 000	1	−30 000	1	−30 000
1	8 000	0.862 1	6 896.8	0.847 5	6 780	0.833 3	6 666.4
2	8 000	0.743 2	5 945.6	0.718 2	5 745.6	0.694 4	5 555.2
3	9 000	0.640 7	5 766.3	0.608 6	5 477.4	0.578 7	5 208.3
4	9 000	0.552 3	4 970.7	0.515 8	4 642.2	0.482 3	4 340.7
5	10 000	0.476 2	4 762.0	0.437 1	4 371.0	0.401 9	4 019.0
6	11 000	0.410 4	4 514.4	0.370 4	4 074.4	0.334 9	3 683.9
净现值			2 855.8		1 090.6		−526.5

②该项目的内含报酬率在18%～20%之间，据此，可以运用“内插法”计算出内含报酬率。

$$IRR=18\%+\frac{1\ 090.6}{1\ 090.6-(-526.5)}\times(20\%-18\%)=19.35\%$$

内含报酬率的计算比较复杂，但它既考虑了资金时间价值，其结果又能够正确反映投资方案所能达到的实际报酬率水平，且不受贴现率高低的影响，比较客观，因而在长期决策中应用比较广泛。

第二节 证券投资管理

企业除了进行项目投资，通过购买固定资产等实物资产直接将资金投入生产经营活动进行直接投资外，常常还将资金投放于有价证券，进行证券投资。证券投资相对于项目投资而言，变现能力强，少量资金也能参与投资，便于随时调用和转移资金，这为企业有效利用资金、充分挖掘资金的潜力提供了十分理想的途径，所以证券投资已经成为企业投资的重要组成部分。

一、证券投资的概念和目的

证券投资是指企业为获取投资收益或特定经营目的而买卖有价证券的一种投资行为。不同企业进行证券投资的目的不同，但总的说来有以下几个方面：

(一)充分利用闲置资金,获取投资收益

企业正常经营过程中有时会有一些暂时多余的资金闲置,为了充分有效地利用这些资金,可购入一些有价证券,在价位较高时抛售,以获取投资收益。

(二)为了控制相关企业,增强企业竞争能力

企业有时从经营战略上考虑需要控制某些相关企业,可通过购买该企业大量股票,从而取得对被投资企业的控制权,以增强企业的竞争能力。

(三)为了积累发展基金或偿债基金,满足未来的财务需求

企业如欲在将来扩建厂房或归还到期债务,可按期拨出一定数额的资金购买一些风险较小的证券,以便到时售出,满足所需的整笔资金的需求。

(四)满足季节性经营对现金的需求

季节性经营的公司在某些月份资金有余,而有些月份则会出现短缺,可在资金剩余时购入有价证券,在短缺时售出。

二、证券投资的种类

(一)债券投资

债券投资是指企业以购买债券的形式进行证券投资。债券是发行债券单位向债券持有人出具的承诺定期支付既定利息并按期偿还本金的一种书面债务凭证。企业购入某发行单位的债券后就成为该发行单位的债权人,具有定期取得规定的利息和按期收回本金的权益,但它既不享受参与企业净收益分配的权利,也不承担弥补企业亏损的义务。因此,其投资风险小,获利也有一定的限度。

(二)股票投资

股票投资是指企业以购买股票的形式进行证券投资。股票是股份有限公司签发的、用以证明股东按其所持股份享有权利和承担义务的一种书面权益凭证。企业购入某公司的股票后应成为该公司的股东,并按照所持股票的份额,参与该公司净收益的分配。为此,企业必须对发行股票公司的财务状况、经营成果、现金流量予以高度重视,在股票投资决策时必须进行充分的调查研究,从证券市场上各种不同的股票中,筛选可望持续取得较高收益的公司股票进行投资,以确保获取预期的投资收益。如果一旦股票投资决策失误,将导致投资收益的降低,甚至有可能出现无法收回本金的局面。股票投资是一种风险性较大、可能会获利较多的投资。

(三)组合投资

组合投资是指企业将资金同时投资于股票、债券等多种证券。例如,既投资于国库券,又投资于企业债券,还投资于企业股票。组合投资可以有效地分散证券投资风险,是企业进行证券投资时常用的投资方式。

(四)基金投资

基金投资作为一种集合投资制度开始受到人们的关注。基金是由基金发起人以发行收益证券形式汇集一定数量的具有共同投资目的的投资者的资金,委托由投资专家组成的专门投资机构进行各种分散的组合投资,投资者按出资的比例分享投资收益,并共同承担投资风险。基金按其收益凭证可否赎回分为封闭式基金与开放式基金。封闭式基金在信托契约期限未满时,不得向发行人要求赎回;而开放式基金就是投资者可以随时要求基金公司收购所买基金(即赎回),同时在赎回的时候,要承担一定的手续费的基金。投资者的收益主要来自于基金分红,与封闭式基金普遍采取的年终分红不同,根据行情和基金收益状况的"不定期分红"是开放式基金的主流分红方式。基金投资由于由专家经营管理,风险相对较小,正越来越受到广大企业投资者的青睐。

三、债券投资管理

(一)债券分类

目前,我国证券市场上常见的债券主要有以下几种:

1. 政府债券

是由中央或地方政府发行的、并由其负责偿还本息的债券。它与其他债券相比,具有安全性好、变现容易等优点。政府债券的利率水平一般低于其他种类的债券。

2. 金融债券

是由银行和非银行金融机构发行并负责偿还本息的债券。金融债券是一种介于政府债券与企业债券之间的债券,它的发行目的主要是筹集信贷资金。金融债券具有信用度高、风险小的特点,其利率水平一般比政府债券高、比企业债券低。

3. 企业债券

由企业发行并负责偿还本息的债券。企业债券也叫公司债券,它相对于政府债券和金融债券来说风险较大,因而利率也较高。发行企业债券的公司,必须是依法登记注册、具有法人资格的经济实体。

债券按利息支付方式分类,可分为付息债券和贴现债券。

付息债券有两种形式:一种是一次性付息,即所谓"利随本清";另一种是分次付息,即在偿还本金以前按照规定的日期(半年或一年)分次付息。

贴现债券不规定利率,发行时按债券面值打一定折扣后出售。待债券到期时按照债券面额还本付息。贴现债券一般只限于政府债券和金融债券。

(二)债券的术语

1.债券面值

是指设定的票面金额。它代表发行人贷入并且承诺于未来某一特定日期偿付给债券持有人的金额。

2.债券票面利率

债券的票面利率是指债券发行者预计1年内向投资者支付的利息占票面金额的比率。票面利率不同于实际利率,实际利率通常是指按复利和计息次数计算的一年期的利率。债券的计息和付息方式有多种,可能使用单利或复利计息,利息支付可能半年一次、一年一次或到期日一次总付。这就使得票面利率不等于实际利率。

3.债券的到期日

指偿还本金的日期,债券一般都规定到期日,以便到期时归还本金。

(三)债券投资的收益评价

一般说来,不考虑时间价值的各种计算收益的方法,不能作为投资决策的依据。例如票面利率相同的两种债券,一个每年付息,另一个到期时一次还本付息,其实际的经济利益有很大差别,但从票面利率上无法区分,因此票面利率不能作为评价债券收益的标准。

评价债券收益水平的指标是债券价值和到期收益率。

1.债券的价值

债券的价值,又称债券的内在价值。根据资产的收入资本化定价理论,任何资产的价值都是在投资者预期的资产可获得的现金收入的基础上进行贴现得来的。因此,债券的价值是指进行债券投资时投资者预期可获得的现金流入的现值。债券的现金流入主要包括利息和到期收回的本金或出售时获得的现金两部分。只有当债券的购买价格低于债券价值时,才值得购买。

(1)债券价值计算的基本模型。债券价值计算的基本模型主要是按复利计算的每年定期付息、到期一次还本情况下的债券估价模型。计算公式如下:

债券价值=每年利息×年金现值系数+到期本金×复利现值系数

$$V=\frac{i\times M}{(1+k)^1}+\frac{i\times M}{(1+k)^2}+\cdots+\frac{i\times M}{(1+k)^n}+\frac{M}{(1+k)^n}$$

$$=\sum_{i=1}^{n}\frac{i\times M}{(1+k)^{n}}+\frac{M}{(1+k)^{n}}$$
$$=i\times M\times(P/A,k,n)+M\times(P/F,k,n)$$
$$=I\times(P/A,k,n)+M\times(P/F,K,n)$$

式中:V——债券价值;

i——债券票面利率;

I——债券利息;

M——债券面值;

k——市场利率或投资人要求的必要收益率;

n——付息总期数。

【例 5-11】光大公司债券面值为 5 000 元,票面利率为 8%,每年付息一次,到期还本,期限为 5 年,某企业拟购买这种债券,当前的市场利率为 10%,债券目前的市价是 4 500 元,企业是否可以购买该债券?

V =5 000×8%×(P/A,10%,5)+5 000×(P/F,10%,5)
=400×3.791+5 000×0.621
=1 516.4+3 105
=4 621.4(元)

由于债券的价值大于市价,如不考虑风险问题,购买此债券是合算的,它可获得大于 10%的收益。

(2)一次还本付息的单利债券价值模型。我国很多债券属于一次还本付息、单利计算的存单式债券,其价值模型为:

债券价值=债券本利和×复利现值系数

$$V=M\times(1+i\times n)\div(1+k)^{n}$$
$$=M\times(1+i\times n)\times(P/F,k,n)$$

公式中符号含义同前式。

【例 5-12】光大公司拟购买另一家公司的企业债券作为投资,该债券面值 1 000 元,期限 3 年,票面利率 5%,单利计息,当前市场利率为 6%。要求:计算该债券发行价格为多少元时才能购买。

V =1 000×(1+5%×3)×(P/F,6%,3)
=1 000×1.15×0.839 6
=965.54(元)

以上计算表明,该债券的价格必须低于 965.54 元时才适宜购买。

2.债券的收益率

债券收益率的计算需要考虑货币时间价值。其投资收益率一般是指购进债券后一直持有至到期日止可获得的收益率，它是使债券利息的年金现值和债券到期收回本金的复利现值之和等于债券购买价格时的贴现率。

一般债券收益率的计算模型为：

$V=I\times(P/A,k,n)+M\times(P/F,k,n)$

式中：V——债券的购买价格；

I——每年获得的固定利息；

M——债券到期收回的本金或中途出售收回的资金；

k——债券的投资收益率；

n——投资期限。

由于无法直接计算收益率，必须采用逐步测试法及内插法来计算，即：先设定一个贴现率代入上式，如计算出的V正好等于债券买价，该贴现率即为收益率；如计算出的V与债券买价不等，则继续测试，再用内插法求出收益率。

【例5-13】某公司2008年1月1日用平价购买一张面值为1 000元的债券，其票面利率为8%，每年1月1日计算并支付一次利息，该债券于2013年1月1日到期，按面值收回本金。要求：计算其到期收益率。

$I=1\,000\times8\%=80$(元)，M=1 000(元)

设收益率 $k=8\%$，则

$V=80\times(P/A,8\%,5)+1\,000\times(P/F,8\%,5)=1\,000$(元)

以上计算表明，用8%计算出来的债券价值正好等于债券买价，所以该债券的收益率为8%。可见，平价发行的每年复利计息一次的债券，其到期收益率等于票面利率。

【例5-14】承上例，如果该公司购买该债券的价格为1 100元，即高于面值，则该债券收益率应为多少？

要求出收益率，必须使下式成立：$1\,100=80\times(P/A,k,5)+1\,000\times(P/F,k,5)$

通过前面计算已知，$k=8\%$时，上式等式右边为1 000元。由于利率与现值呈反向变化，即现值越大，利率越小。而债券买价为1 100元，收益率一定低于8%，降低贴现率进一步试算。

首先，用 $k_1=6\%$试算：

$$V_1=80\times(P/A,6\%,5)+1\,000\times(P/F,6\%,5)$$
$$=80\times4.212\,4+1\,000\times0.747\,3$$
$$=1\,084.29(元)$$

由于贴现结果仍小于1 100元，还应进一步降低贴现率试算。

其次，用 $k_2=5\%$ 试算：

$$V_2=80\times(P/A,5\%,5)+1\ 000\times(P/F,5\%,5)$$
$$=80\times4.329\ 5+1\ 000\times0.7835$$
$$=1\ 129.86(元)$$

最后，用内插法计算：

$$k=5\%+\frac{1\ 129.86-1\ 100}{1\ 129.86-1\ 084.29}\times(6\%-5\%)=5.66\%$$

所以，如果债券的购买价格为1 100元时，债券的收益率为5.66%。

债券收益率是进行债券投资时选购债券的重要标准，它可以反映债券投资按复利计算的真实收益率。如果债券收益率高于投资人要求的必要报酬率，则应买进债券，否则就放弃。其结论和计算债券价值的结论相同。

(四)债券投资的优缺点

债券投资的优点首先是本金安全性高，特别是政府发行的债券有国家财力作后盾，其本金的安全性非常高，通常视为无风险证券。而企业债券的持有者拥有优先求偿权，即当企业破产时，优先于股东分得企业资产，因此，其本金损失的可能性较小。其次债券的投资收益稳定，并且一般都可以在金融市场上迅速出售，变现力较强。

债券投资的缺点是没有经营管理权，投资者无权对债券发行单位施以影响和控制。而且购买力风险较大，因为债券的面值和利率在发行时就已确定，如果投资期间的通货膨胀率比较高，则本金和利息的购买力将不同程度地受到侵蚀。在通货膨胀率非常高时，投资者虽然名义上有收益，但实际上却蒙受损失。

四、股票投资管理

(一)股票投资的概念

1. 什么是股票

股票是股份公司发给股东的所有权凭证，是股东借以取得股利的一种有价证券。股票持有者即为该公司的股东，对该公司财产享有要求权。

股票按股东所享有的权利不同，可分为普通股和优先股。我国目前各公司发行的都是不可赎回的、不记名的、有面值的普通股，只有少量公司过去按当时的规定发行过优先股票。

企业投资于股票，尤其是投资于普通股股票，要承担较大风险，在通常情况下，也会取得较高收益。

2. 股票的价格

股票本身是没有价值的，仅是一种凭证，它之所以有价格，可以买卖，是因为它能给持有人定期带来收益。一般说来，公司第一次发行股票，要规定发行总额和每股金额，一旦股票发行后上市买卖，股票价格就与原来的面值分离。这时的价格主要由预期股利和当时的市场利率决定，即股利的资本化价值决定的股票价格。此外，股票价格还受整个经济环境变化、公司的经营状况和投资者心理等复杂因素的影响。

股市上的股票价格分为开盘价、收盘价、最高价和最低价等。投资人在进行股票评价时主要使用收盘价。

3. 股利

股利是股息和红利的总称。股利是公司从其税后利润中分配给股东的，是公司对股东投资的回报。

(二)股票的价值

股票的价值，又称股票的内在价值，是进行股票投资所获得的现金流入的现值。股票带给投资者的现金流入包括两部分，即股利收入和股票出售时的资本利得。因此，股票的内在价值由一系列的股利和将来出售股票时售价的现值所构成。通常当股票的市场价格低于股票内在价值时才适宜投资。

1. 股票价值计算的基本模型

$$V=\sum_{t=1}^{n}\frac{d_t}{(1+k)^t}+\frac{V_n}{(1+k)^n}$$

$$=D\times(P/A,k,n)+V_n\times(P/F,k,n)$$

式中：V——股票内在价值；

d_t——第 t 期的预期股利；

D——预期股利；

V_n——未来出售时预计的股票价格；

k——投资人要求的必要资金收益率；

n——预期持有股票的期数。

股票价值的计算要求无限期地预计历年的股利，如果持有期是个未知数，上述模型实际上很难计算。因此，应用的模型都是假设股利零增长或默认比例增长时的估值模型。

【例 5-15】某企业准备购入 A 公司股票，目前市场价格每股为 25 元，预计每年可获得股利 3 元/股，准备 2 年后出售，预计出售价格为 30 元/股，预期报酬率为 15%，是否值得投资。

$$V=3\times(P/A,15\%,2)+30\times(P/F,15\%,2)$$
$$=3\times1.6257+30\times0.7561$$
$$=27.56(元)$$

该股票的内在价值大于目前市场价格，因此值得购买。但是股票的价格在很大程度上受市场经济环境和利率变化的影响，投资者还必须对此作风险分析。

2. 长期持有股票，股利稳定不变的股票估值模型

在每年股票股利稳定不变，投资人持有期间很长的情况下，其股利的支付过程实际上构成了一个永续年金。其股票的估值模型如下：

$$V=\frac{D}{k}$$

式中：V——股票内在价值；

D——每年固定股利；

k——投资者要求的必要资金收益率。

【例 5-16】某优先股每年分配每股股利 1 元，投资者要求的最低报酬率为 10%，则：

$$V=1\div10\%=10(元)$$

这就是说，该股票每股每年给投资者带来 1 元的收益，在市场利率为 10%的条件下，它相当于 10 元资本的收益，所以其价值是 10 元。

当然，市场上的股价不一定就是 10 元，还要看投资者对风险的态度，可能高于或低于 10 元。

如果当时的市价不等于股票价值，例如市价为 8 元，每年固定股利是 1 元，则其预期报酬率为：

$$k=\frac{1}{8}=12.5\%$$

可见，当市价低于股票价值时，报酬率高于最低报酬率。

3. 股利固定增长，长期持有的股票估值模型

如果一个公司的股利不断增长，投资人的投资期限又非常长，则股票的价值估算就更困难了，只能计算近似数。设上年股利为 D_0，股利年增长率为 g，则股票估值模型为：

$$V=\frac{D_0\times(1+g)}{k-g}=\frac{D_1}{k-g}$$

式中：D_1——第 1 年普通股股利。

【例 5-17】凯虹公司拟投资某公司股票，该股票上年每股股利为 2 元，预计年增长率为 2%，必要投资报酬率为 7%。要求：计算该股票价格为多少元时可以投资。

$$V=\frac{2\times(1+2\%)}{7\%-2\%}=40.8(\text{元})$$

当该股票价格在 40.8 元以下时，购买才是合算的。

股票的价值是指股票期望提供所有未来收益的现值。如果有的股票每股的股利不固定，或者一段时间内高速增长，一段时间内又正常固定增长或固定不变，这就要分段计算，只需要将其每年的股利贴现到投资日的现值加总就可以了。

(三)股票投资的收益率

企业进行股票投资是为了获得尽可能多的收益。收益的高低是影响股票投资的重要因素。股票投资收益有绝对数和相对数两种表示方法，在企业财务管理中通常用相对数，即收益率表示。

1.短期股票收益率的计算

如果企业购买的股票在一年内出售，其投资收益主要包括股票投资价差及股利两部分，不需要考虑货币时间价值，其收益率计算公式如下：

$$k=\frac{S_1-S_0+D}{S_0}\times100\%$$

$$=\left(\frac{S_1-S_0}{S_0}+\frac{D}{S_0}\right)\times100\%$$

$$=\text{预期资本利得收益率}+\text{股利收益率}$$

式中：k——短期股票收益率；

S_1——股票出售价格；

S_0——股票购买价格；

D——股利。

【例 5-18】2012 年 4 月 10 日，四达公司购买宝利公司每股市价为 24 元的股票。2013 年 1 月，四达公司每股获现金股利 2.80 元；2013 年 2 月 10 日，四达公司将该股票以每股 26 元的价格出售。要求：计算投资收益率。

$$k=\frac{26-24+2.8}{24}\times100\%=20\%$$

以上计算表明，该股票的投资收益率为 20%。

2.股利固定增长、长期持有的股票收益率的计算

根据固定增长股利估值模型，可知：

$$V=\frac{D_1}{k-g}$$

将公式移项整理，求 k，可得到股利固定增长收益率的计算模型：

$$k=\frac{D_1}{V}+g$$

这个公式告诉我们，股票的总收益率可分为两个部分：第一部分是 $\frac{D_1}{V}$，叫做股利收益率，它是根据预期现金股利除以当前股价计算出来的；第二部分是股利增长率。由于股利的增长速度也就是股价的增长速度，因此可以解释为股价增长率或资本利得增长率。g 的数值可以根据公司的可持续增长率估计。V 是股票市场形成的价格，只要能预计出下一期的股利，我们就可以估计出股东预期收益率，在有效市场中它就是与该股票风险相适应的必要报酬率。

【例 5-19】某股票的价格为 30 元，预计下一期的股利是 3 元，该股利将以大约 6%的速度持续增长。该股票的预期收益率为：

$$k=\frac{3}{30}+6\%=16\%$$

如果用 16%作为必要报酬率，则一年后的股价为：

$$V=\frac{3\times(1+6\%)}{16\%-6\%}=31.8(\text{元})$$

这就是说，如果你现在用 30 元购买该股票，年末你将收到 3 元股利，并且得到 1.8 元(31.8－30)的资本利得。

总收益率＝预资本利得收益率＋股利收益率
＝1.8÷30＋3÷30
＝6%＋10%
＝16%

如果某企业要求的投资报酬率大于 16%，则该企业不会去投资此股票；反之，则会去投资。

(四)股票投资的优缺点

股票投资是一种最具有挑战性的投资，其报酬和风险都比较高。股票投资的优点主要有：(1)投资收益高。普通股股票的价格虽然变动频繁，但从长期看，优质股票的价格总是上涨的居多，只要选择得当，大都能取得优厚的投资报酬。(2)拥有一定的经营控制权。普通股股东属股份公司的所有者，有权监督和控制企业的生产经营情况。

股票投资的缺点主要是风险较大，求偿权居后。特别是在企业破产时，股东原来的投资可能得不到全数补偿，甚至一无所有。

思考与练习

一、思考题

1. 企业的项目投资有何特点？对项目投资管理的基本要求是什么？

2. 什么是现金流量？如何计算现金流量？在项目投资决策中为什么要使用现金流量而不用利润指标？

3. 对项目投资方案进行经济评价的方法有哪些？它们各有何优缺点？在运用中应注意哪些问题？

4. 与项目投资相比，证券投资及其管理有何异同？

5. 如何对证券投资方案进行经济评价？

二、判断题

1. 投资项目评价所运用的内含报酬率指标的计算结果与项目预定的贴现率高低有直接关系。（　　）

2. 现金净流量是指一定期间现金流入量和现金流出量的差额。（　　）

3. 投资利润率和静态的投资回收期这两个静态指标其优点是计算简单，容易掌握，且均考虑了货币时间价值。（　　）

4. 某一投资方案按10%的贴现率计算的净现值大于0，那么，该方案的内含报酬率大于10%。（　　）

5. 多个互斥方案比较，一般应选择净现值大的方案。（　　）

6. 在计算现金净流量时，无形资产摊销额的处理与折旧额相同。（　　）

7. 内含报酬率就是现值指数减去1。（　　）

8. 在不考虑所得税因素情况下，同一投资方案分别采用快速折旧法、直线法计提折旧不会影响各年的现金净流量。（　　）

9. 在整个项目计算期内，任何一年的现金净流量，都可以通过“利润＋折旧”的简化公式来确定。（　　）

10. 证券投资的流动性与风险性成正比。（　　）

三、单项选择题

1. 在长期投资决策中，一般来说，属于经营期现金流出项目的有（　　）。

A. 固定资产投资　　　　B. 开办费

C. 经营成本　　　　　　　　　　D. 无形资产投资

2. 项目投资决策中，完整的项目计算期是指(　　)。

A. 建设期　　　　　　　　　　　B. 生产经营期

C. 建设期＋达产期　　　　　　　D. 建设期＋生产经营期

3. 某投资项目原始投资额为 100 万元，使用寿命 10 年，已知该项目第 10 年的经营净现金流量为 25 万元，期满处置固定资产残值收入及回收流动资金共 8 万元，则该投资项目第 10 年的净现金流量为(　　)万元。

A. 8　　　　　　　　　　　　　B. 25

C. 33　　　　　　　　　　　　D. 43

4. 下列指标的计算中，没有直接利用净现金流量的是(　　)。

A. 内含报酬率　　　　　　　　　B. 投资利润率

C. 净现值率　　　　　　　　　　D. 现值指数

5. 下列关于投资项目营业现金流量预计的各种说法中，不正确的是(　　)。

A. 营业现金流量等于税后净利加上折旧

B. 营业现金流量等于营业收入减去付现成本再减去所得税

C. 营业现金流量等于税后收入减去税后成本再加上折旧引起的税负减少额

D. 营业现金流量等于营业收入减去营业成本再减去所得税

6. 如果其他因素不变，一旦贴现率提高，则下列指标中其数值将会变小的是(　　)。

A. 净现值　　　　　　　　　　　B. 投资报酬率

C. 内部报酬率　　　　　　　　　D. 静态投资回收期

7. 某投资项目原始投资为 12 000 元，当年完工投产，有效期限 3 年，每年可获得现金净流量 4 600 元，则该项目内含报酬率为(　　)。

A. 7.33%　　　　　　　　　　　B. 7.68%

C. 8.32%　　　　　　　　　　　D. 6.68%

8. 某投资方案贴现率为 16%时，净现值为 612 万，贴现率为 18%时，净现值为－317 万，则该方案的内含报酬率为(　　)。

A. 14.68%　　　　　　　　　　B. 17.32%

C. 18.32%　　　　　　　　　　D. 16.68%

9. 某投资方案的年营业收入为 100 000 元，年营业成本为 60 000 元，年折旧额为 10 000 元，所得税率为 33%，该方案的每年营业现金流量为(　　)。

A. 26 800 元　　　　　　　　　B. 36 800 元

C. 16 800元　　　　D. 43 200元

10. 在评价单一方案的财务可行性时，如果不同评价指标之间的评价结论发生了矛盾，就应当以主要评价指标的结论为准，如下列项目中的(　　)。

A. 净现值　　　　B. 静态投资回收期

C. 投资报酬率　　　　D. 年平均报酬率

11. 下列表述不正确的是(　　)。

A. 净现值大于0时，说明该投资方案可行

B. 净现值为0时的贴现率即为内含报酬率

C. 净现值是特定方案未来现金流入现值与未来现金流出现值之间的差额

D. 净现值大于0时，现值指数小于1

12. 计算一个投资项目的回收期，应该考虑下列哪个因素？(　　)。

A. 贴现率　　　　B. 使用寿命

C. 年现金净流入量　　　　D. 资金成本

13. 一个投资方案年销售收入300万元，年销售成本210万元，其中折旧85万元，所得税税率40%，则该方案年营业现金流量为(　　)。

A. 90万元　　　　B. 139万元

C. 175万元　　　　D. 54万元

14. 下列投资决策评价指标中，其数值越小越好的指标是(　　)。

A. 净现值　　　　B. 静态投资回收期

C. 内含报酬率　　　　D. 投资报酬率

15. 如果某一投资方案的净现值为正数，则必然可知(　　)。

A. 投资回收期在一年以内

B. 现值指数大于1

C. 投资报酬率高于100%

D. 年均现金净流量大于原始投资额

16. 某债券面值为500元，期限为5年，以贴现方式发行，期内不计利息，到期按面值偿还，当时市场利率为8%，其价格为(　　)元时，企业才能购买。

A. 高于340　　　　B. 低于340

C. 高于510　　　　D. 低于500

17. 下列哪些因素不会影响债券的价值？(　　)。

A. 票面价值与票面利率　　　　B. 市场利率

C. 到期日与付息方式　　　　D. 购买价格

四、多项选择题

1. 净现值法与现值指数法的共同之处在于(　　)。

A. 都是相对数指标,反映投资的效率

B. 都必须按预定的贴现率折算现金流量的现值

C. 都不能反映投资方案的实际投资收益率

D. 都没有考虑货币时间价值因素

2. 下列哪些指标属于贴现的相对量评价指标?(　　)

A. 净现值率　　B. 现值指数

C. 投资利润率　　D. 内部收益率

3. 若 $NPV<0$,则下列关系式中正确的有(　　)。

A. $NPVR>0$　　B. $NPVR<0$

C. $PI<1$　　D. $IRR<i$

4. 下列指标不能直接反映投资项目的实际收益水平的是(　　)。

A. 净现值　　B. 现值指数

C. 内含报酬率　　D. 净现值率

5. 在一般投资项目中,当一项投资方案的净现值等于 0 时,即表明(　　)。

A. 该方案的现值指数等于 1

B. 该方案不具备财务可行性

C. 该方案的净现值率大于 0

D. 该方案的内部收益率等于设定贴现率或行业基准收益率

6. 净现值法的优点有(　　)。

A. 考虑了资金时间价值

B. 考虑了项目计算期的全部净现金流量

C. 考虑了投资风险

D. 可从动态上反映项目的实际投资收益率

7. 内含报酬率是指(　　)。

A. 投资报酬与总投资的比率

B. 项目投资实际可望达到的报酬率

C. 投资报酬现值与总投资现值的比率

D. 使投资方案净现值为 0 的贴现率

8. 在单一方案决策过程中,与净现值评价结论可能发生矛盾的评价指标是(　　)。

A. 净现值率　　B. 投资利润率

C. 投资回收期　　D. 内含报酬率

9. 当一项长期投资方案的净现值大于0时,则可以说明(　　)。

A. 该方案贴现后现金流入大于贴现后现金流出

B. 该方案的内含报酬率大于预定的贴现率

C. 该方案的现值指数一定大于1

D. 该方案可以接受,应该投资

10. 当内含报酬率大于企业的资金成本时,下列关系式中正确的有(　　)。

A. 现值指数大于1　　B. 现值指数小于1

C. 净现值大于0　　D. 净现值小于0

11. 下列哪些情况会引起证券价格下跌?(　　)

A. 银行利率上升　　B. 通货膨胀率持续降低

C. 银行利率下降　　D. 通货膨胀率持续增长

12. 证券投资的收益包括(　　)。

A. 资本利得　　B. 股利

C. 买卖价差　　D. 债券利息

13. 债券投资与股票投资相比(　　)。

A. 收益较高　　B. 投资风险较小

C. 购买力风险低　　D. 没有经营控制权

14. 企业进行股票投资的主要目的包括(　　)。

A. 获取稳定收益

B. 为了获得股利收入及股票买卖价差

C. 取得对被投资企业的控股权

D. 为配合长期资金的使用,调节现金余额

15. 下列哪些因素会影响债券的投资收益率?(　　)

A. 票面价值与票面利率　　B. 市场利率

C. 持有期限　　D. 购买价格

16. 企业进行证券投资的主要目的有(　　)。

A. 利用暂时闲置的资金　　B. 与筹集的长期资金相配合

C. 满足未来的财务需求　　D. 获得对相关企业的控制权

五、计算与分析题

1. 大华公司拟购置一台设备,价款为240 000元,使用6年,期满净残值为12 000元,按直线法计提折旧。使用该设备每年为公司增加税后净利为26 000元。假设公司的资金成本率为14%。

要求:(1)计算各年的现金净流量;

(2)计算该项目的净现值;

(3)计算该项目的现值指数;

(4)评价该投资项目的财务可行性。

2.某企业拟建一项固定资产,需投资65万元,按直线法计提折旧,使用寿命10年,期末有5万元净残值。该项工程建设期为1年,投资额分别于年初投入35万元,年末投入30万元。预计项目投产后每年可增加营业收入20万元,总成本15万元,假定贴现率为10%。

要求:计算该投资项目的净现值。

3.某企业拟投资一个新项目,第二年投产,经预测,营业现金净流量的有关资料如下:

单位:万元

项目 \ 年份	2	3	4	5
销售收入	350	800	850	(6)
付现成本	(2)	350	500	550
折旧	(1)	200	150	100
税前利润	−50	250	200	(4)
所得税	0	80	70	(5)
税后净利润	−50	170	130	(3)
营业现金净流量	200	370	280	280

已知第五年所得税率为40%,所得税均在当年交纳。

要求:按序号计算表中未填数字,并列出计算过程。

4.已知宏达公司拟于2013年年初用自有资金购置设备一台,需一次性投资200万元。经测算,该设备使用寿命为5年。税法亦允许按5年计提折旧,设备投入运营后每年可新增利润40万元。假定该设备按直线法折旧,无残值,不考虑建设安装费和公司所得税。

要求:(1)计算使用期内各年净现金流量;

(2)计算该设备的静态投资回收期;

(3)计算该投资项目的投资利润率。

5.某企业引进一套设备,投资150万元,使用期限5年,无残值。每年可使企业增加营业收入 90 万元，同时也增加付现成本 40 万元，折旧采用直线法计提，企业要求最低报酬率为 10%。

要求：计算该项投资的净现值并判断其可行性。

6. 为生产某种新产品，拟投资总额 500 000 元，预计当年投产每年可获得利润 45 000 元，投资项目寿命期为 10 年，该企业资金成本为 10%。

要求：(1)计算每年的现金净流入量；

(2)计算该投资项目的净现值；

(3)计算该投资项目的现值指数；

(4)根据计算结果判断该投资项目是否可行。

7. 某公司准备购入一设备，现有甲、乙两个方案可供选择。甲方案：需投资 30 000 元，使用寿命 5 年，采用直线法计提折旧，5 年后设备无残值，5 年中每年销售收入为 15 000 元，每年的付现成本为 5 000 元。乙方案：需投资 36 000 元，采用直线法计提折旧，使用寿命也是 5 年，5 年后有残值收入 6 000 元。5 年中每年收入为 17 000 元，付现成本第一年为 6 000 元，以后随着设备陈旧，逐年将增加修理费 300 元，另需垫支营运资金 3 000 元，到期可全部收回。假设所得税率为 40%，资金成本为 10%。

要求：(1)计算两个方案的现金净流量；

(2)计算两个方案的差额净现值；

(3)计算两个方案的内含报酬率；

(4)试判断应选用哪个方案。

8. 2012 年 2 月，利华公司购买某上市公司的股票，其购买价格为 60 元/股，2013 年 1 月利华公司持有该股票获得现金股利为 2 元/股，2013 年 2 月利华公司以 70 元/股的价格出售该股票。计算该股票的投资收益率。

9. 永安股份有限公司打算投资于 B 公司的普通股，预计第 1 年股利为 4 元，以后每年以 4%的增长率增长。永安公司的必要报酬率为 6%，则只有该股票价格不高于多少时，投资才比较合算？

10. 某企业购买面值 10 万元、票面利率 8%、期限 5 年的债券。每年 1 月 1 日与 7 月 1 日付息，当时市场利率为 12%，计算该债券价值。该债券市价是 92 000 元，是否值得购买该债券？如果按债券价值购入了该债券，此时购买债券的内含报酬率是多少？

11. 某股东持有 K 公司股票 100 股，每股面值 100 元，投资最低报酬率为 20%。预期该公司未来三年股利为零增长，每期股利 20 元。预计从第四年起转为正常增长，年增长率为 10%。要求计算该公司股票的价值。

第6章 营运资金管理

第一节 营运资金概述

一、营运资金的概念

企业中的营运资金是生产经营活动中流动资产占用的资金，有广义和狭义之分。广义的营运资金是指整个企业流动资产的总额，狭义的营运资金则是指流动资产减去流动负债后的差额。

流动资产，是指可以在一年或超过一年的一个营业周期内变现或耗用的资产，主要包括现金、银行存款、短期投资、应收及预付款项、待摊费用、存货等。流动资产具有周转快、变现性强等特点，企业拥有较多的流动资产可以在一定程度上降低财务风险。

流动负债，是指将在一年或超过一年的一个营业周期内偿还的债务，包括短期借款、应付票据、应付账款、预收账款、应付工资、应付福利费、应付股利、应交税金、其他暂收应付款项、预提费用和一年内到期的长期借款等。

二、营运资金的特点

1.流动资产的特点

(1)流动资产周转期短

企业占用在流动资产上的资金一般在一年或一个营业周期内就可以收回，周转时间短，因此流动资产投资上所需要的资金通常可以通过商业信用、短期银行借款等方式加以解决。

(2)流动资产流动性强、变现性好

现金、短期投资、应收账款、存货等流动资产都具有较强的变现能力，当企业遇到意外情况，出现资金周转不灵，现金短缺时，可以迅速变卖这些资产，获得所需的资金。

(3)流动资产的实物形态具有变动性

企业营运资金的实物形态经常变动，随着生产经营活动的进行，经过购进、生产和销售过程，不断在现金、材料、在产品、产成品、应收账款等具体形式之间循环转化。各种资金形式在时间上继起、空间上并存，因此企业必须在流动资产管理中合理配置各种资金数额，促使资金周转顺利进行。

(4)流动资产的数量具有波动性

流动资产的数量容易随企业内外部环境的变化而发生较大变化，资金占用量时高时低，季节性企业如此，非季节性企业也如此。随着流动资产数量的变动，流动负债的数量也会发生相应变动。

2.流动负债的特点

(1)流动负债的来源灵活多样

企业筹集长期负债资金的方式一般比较单一，主要是长期借款和发行企业债券，但筹集流动负债的方式就很灵活多样，企业可以通过银行短期借款、短期融资券、商业信用、应交税金、应付利润、应付工资、预收账款等多种方式筹集到短期资金。企业应合理利用流动负债筹集资金。

(2)流动负债融资成本低

通常情况下，短期负债筹资所发生的融资成本较低，银行短期借款的利息一般低于长期借款的利息，而利用商业信用和一些自然性负债如应交税金、应付工资等方式筹资更是几乎没有什么融资成本。

(3)流动负债融资弹性高

企业利用流动负债融资的弹性较高，带给债务人更大的灵活性。企业如果筹集的是长期负债资金，如借入银行长期借款或发行债券，债权人为了保护自己的利益，一般来说会在债务契约中加入某些限制性条款对债务人的行为加以约束，例如不能改变借款用途、对借款企业流动资金保持量的规定等，而短期借款合同中限制条款则较少，企业运用资金有着更大的自由。

(4)流动负债融资速度快

通常情况下，短期借款一般数量较少，因此往往申请短期借款较长期借款容易，可以在较短时间内获得。

(5)流动负债融资的风险大

短期负债的风险高于长期负债。一方面短期负债的借款利率随市场利率变化而不断变化,时高时低,企业难以估计;另一方面短期负债借款期限短,企业如果过多利用短期负债,则需要在短期内筹集大量资金用于还款,这很容易给企业造成较大的财务压力,甚至导致无法及时还款而破产。

三、营运资金管理的原则

企业的营运资金在全部资金中占有很大比例,因此是企业财务管理中的重要内容,从企业的实际情况来看,财务经理的大部分时间也是用于营运资金的管理。企业进行营运资金的管理,应遵行以下原则:

1.根据企业的生产经营状况,合理确定营运资金需要量

企业营运资金的需要数量与企业生产经营状况有着密切的关系,企业生产经营状态良好时,流动资金不断增加,流动负债也会相应增加;而生产经营状况不好时,流动资产和流动负债也会相应减少。企业财务人员应分析市场环境,结合自身经营状况,合理预测营运资金的需要量,保证企业生产经营的顺利进行。

2.合理安排流动资产与流动负债的比例关系,保障企业的短期偿债能力

企业流动资产与流动负债之间的比例关系,称为流动比率,这是衡量企业短期偿债能力的重要指标。流动负债是企业短期内需要偿还的债务,而流动资产则是在短期内可以转化为现金的资产。企业的流动资产越多,流动负债越少,流动比率越高,企业短期偿债能力越强,反之则短期偿债能力越弱。当然流动比率也不是越高越好,因为这可能是由于流动资产闲置而流动负债利用不足所致。根据惯例和实际经验,流动比率为2,即流动资产是流动负债的2倍是比较合理的。企业在营运资金管理中,要合理安排流动资产和流动负债的比例关系,既节约资金,又保证企业有足够的偿债能力。

3.加速营运资金的周转,提高资金的利用效果

营运资金的周转是指企业的营运资金从现金投入生产经营开始,以不同的实物形态相继转换,最后再次转化为现金的过程。其他因素不变,营运资金周转的速度越快,资金的利用效果就越好,因此,企业应努力提高现金、应收账款等流动资产的周转速度,使有限的资金发挥最佳的使用效果。

营运资金是流动资产与流动负债的差额,有关流动负债的内容在本书第五章已有述及,本章重点介绍流动资产的管理。

第二节　现金管理

一、现金的概念和特点

财务管理中所称的现金，是指在生产经营过程中暂时停留在货币形态上的资金，是广义的现金概念，基本上相当于资产负债表中的“货币资金”项目，包括企业的库存现金、各种形式的银行存款、银行本票和银行汇票。

现金具有以下特点：

(1)现金是可以立即投入流通过程的交换媒介，是企业流动性最强的资产，可以即刻用来购买商品、货物、劳务或偿还债务和缴纳税款。因此，企业拥有足够的现金对于降低企业的风险，增加资产的流动性和保证偿债能力有着重要的意义。

(2)现金又是非盈利资产，企业持有的现金不会产生任何收益，银行存款的利率也很低，因此，现金持有量过多，又会造成企业资金的浪费，降低企业的收益水平。

企业现金管理的意义就在于合理确定企业现金的持有量，在保证企业生产经营活动所需现金的同时，尽量减少闲置的现金，提高企业的资金收益率。

二、企业持有现金的动机

企业持有一定量现金的目的是满足交易性需要、预防性需要和投机性需要。

1.交易性需要

交易性需要是指企业持有现金满足日常支付的需要。企业购买材料、支付工资、缴纳税款等都需要现金，通过销售活动，又收回现金，但企业每天的现金收入和现金支出并不同步同量，为了避免出现现金支出大于现金收入，致使交易中断的情况，企业必须持有一定数量的现金。一般来说，企业正常经营活动所产生的现金收入和现金支出以及为满足交易动机所持有的现金余额主要取决于企业销售水平，它们会随着销售量的增加而增加。

2.预防性需要

预防性需要是指企业持有现金以应付意外事件对现金的需求。由于市场行情瞬息万变,各种意外情况随时都会发生,例如主要顾客未能及时付款、突发的自然灾害等等,企业往往难以准确估计未来现金流入量和流出量,因此企业必须在正常生产经营所需现金之外,持有更多的现金以应付这些突发事件。企业为预防性动机所持有的现金多少主要取决于以下三个方面:一是企业对未来现金收支情况预测的可靠程度;二是企业临时借款的能力;三是企业愿意承担风险的程度。如果企业对未来现金收支预测的可靠性高,临时借款的能力较强,企业愿意承担较高的风险,则企业可以较少地持有预防性需要的现金;反之,可以多持有一些预防性需要的现金。

3.投机性需要

投机性需要是指企业持有现金是为了从事投机活动,当不寻常的投资机会出现时进行投资而获取收益。例如当证券价格剧烈波动时,购入有价证券从中获利;或者遇有廉价存货或设备时,利用持有现金大量买进继而很快卖出,从中获得短期投资收益。当然对于不是专门从事金融和投资业务的企业而言,投机性需要只是确定现金持有量所考虑的次要因素,一般专为投机性需要而持有的现金不会很多,即使有了不寻常购买机会,也可设法临时筹资,但拥有一定数量的现金,有助于企业抓住短暂的投机机会。

企业在确定现金余额时,一般应综合考虑各方面的持有动机,实际上,各种动机所需持有的现金可以调节使用,所需现金总额并不是各种动机所需现金量的简单相加,前者往往小于后者。

三、现金管理的目标和内容

1.现金管理的目标

企业现金管理的目的是在保证企业生产经营所需现金的同时,节约使用资金,并从暂时闲置的现金中获得更多的利息收入。出于上述现金持有的动机,企业必须保有一定的现金量,但库存现金没有收益,银行存款利率也很低,持有太多现金,就会降低资金的使用效率,但现金不足又会影响正常生产经营。因此,企业财务人员在现金管理中应做到既保证企业生产经营所需现金,降低风险;同时又要控制好现金持有量,避免持有过多现金,以增加收益。

2.现金管理的内容

现金管理的内容主要包括三方面:第一,编制现金收支计划,以便合理的估计未来的现金需要量;第二,对日常现金收支进行控制,力求加速收款,延缓付款;第三,确定最佳现金持有量,当企业实际现金余额大于最佳现金持有量时,可以采用归还借款和投资于有价证券等方式来调节实际现金余额;反之,当企业实际现金余额小于最佳现金持有量时，可以采用短期融资方式来调节实际现金余额，使现金余额停留在理想的水平上。

以上三项现金管理的内容，将在第九章的“编制现金收支计划”（即编制现金预算）中讲解，本章主要说明最佳现金持有量的确定和现金的日常管理。

四、最佳现金持有量

企业持有现金过多会影响收益，而现金过少又有可能出现现金短缺，影响生产经营，企业风险加大，因此企业必须在风险和收益间作出权衡，确定出现金的最佳持有量，这是现金管理的重要内容。在财务管理实务中，确定最佳现金余额的方法有很多，这里介绍几种常见的方法。

1. 成本分析模式

成本分析模式是根据持有现金的有关成本，分析计算使持有总成本最低的现金持有模式。企业持有的现金会有三种相关成本：

(1)机会成本

现金作为企业的一项资金占用，是有代价的，这种代价就是它的机会成本。也可以这样理解：企业如果不持有现金，而将这部分资金用作其他投资，就能取得一定的投资收益，这种企业因持有现金而丧失其他投资机会所带来的报酬就是持有现金的机会成本。用公式可以表示为：

机会成本＝现金持有量×有价证券利率（或报酬率）

假定某企业的资金成本为8%，年均持有现金10万元，则该企业每年现金的成本为8 000元（10万元×8%）。现金持有额越大，机会成本越高。

(2)管理成本

企业持有现金就会发生相应的管理费用，如管理人员工资、安全措施费等。这些费用就是现金的管理成本。管理成本是一种固定成本，与现金持有量之间无明显的比例关系。

(3)短缺成本

现金的短缺成本，是因缺乏必要的现金，不能满足业务开支所需，而使企业蒙受的损失。现金的短缺成本随现金持有量的增加而下降，随现金持有量的减少而上升。

上述三项成本之和最小的现金持有量，就是最佳现金持有量。最佳现金持有量的具体计算，可以先分别计算出各种方案的机会成本、管理成本、短缺成本，然后求出各方案三种成本之和，再从中选出总成本最低的方案，该方案的现金持有量即为最佳现金持有量。

【例 6-1】某企业有甲、乙、丙、丁四种现金持有方案，有关成本资料如表6-1所示：

表 6-1 现金持有量备选方案表

单位：元

方案	甲	乙	丙	丁
现金持有量	20 000	40 000	60 000	80 000
机会成本率(%)	12	12	12	12
管理成本	10 000	10 000	10 000	10 000
短缺成本	10 000	6 000	2 000	0

根据上述资料编制最佳现金持有量测算表，见表 6-2：

表 6-2 最佳现金持有量测算表

单位：元

方案	甲	乙	丙	丁
现金持有量	20 000	40 000	60 000	80 000
机会成本	2 400	4 800	7 200	9 600
管理成本	10 000	10 000	10 000	10 000
短缺成本	10 000	6 000	2 000	0
总成本	22 400	20 800	19 200	19 600

通过分析比较上表中各方案的总成本可知，丙方案的相关总成本最低，因此企业持有 60 000 元现金时总成本最低，60 000 元为现金最佳持有量。

当然由于管理成本基本和现金持有量无关，因此，在运用这种模式时，也可只考虑机会成本和短缺成本，而不考虑管理成本。

运用这种方法，企业持有现金的机会成本、管理成本、短缺成本都需要进行准确的预测，否则计算结果将不够准确。

2. 存货模式

存货模式是指根据存货的经济批量模型原理，将现金的持有成本和转换成本进行权衡，确定最佳现金持有量的方法。这一模式最早是由美国学者 William J. Baumol于 1952 年提出的，又称 Baumol 模型。他认为公司现金持有量在很多方面与企业保持存货相似，因此可以将存货经济订货批量模型用于现金持有量的估计上，据此建立了这一模型。

在存货模式中，有下列假设：收入是每隔一段时间发生的，而支出则是在一定时期内均匀发生的，在这一期间，企业可以通过销售有价证券获得现金，且证券变现的不确定性很小；企业预算期内现金需要总量可以预测；有价证券的报酬率以及每次固定性交易费用可以获悉。

存货模式的目的也是求出使相关总成本最小的现金持有量，这里考虑的成本主要是持有现金的机会成本和转换成本，使机会成本和转换成本总和最小的现金持有量就是最佳现金持有量。持有现金的机会成本和前述成本分析模式中的含义一样。现金的转换成本是指现金和有价证券之间相互转换的成本，即企业用现金购入有价证券以及转让有价证券换取现金时付出的交易费用，如委托买卖的佣金、委托手续费、证券过户费、实物交割手续费等。这些费用中与交易额成正比例变动的费用与交易次数无关，属决策无关成本。这里要考虑的转换成本是只与交易次数有关的那部分固定成本。企业持有现金越多，则需要有价证券变现的次数越少，与交易次数有关的固定转换成本就越少；反之，企业持有现金越少，则需要有价证券变现的次数越多，与交易次数有关的固定转换成本就越多，因此固定性的转换成本与现金持有量成反比关系。

可见，企业持有较多的现金，机会成本也随之增大，但转换成本减少；持有较少的现金，则机会成本减少，而转换成本增大。存货模式下最佳现金持有量就是使两种成本总和最小时的现金余额。

假设 TC 为现金持有总成本，T 为某一时期内的现金需求总额，F 为每次转换有价证券的转换成本，K 为有价证券的利息率(机会成本)，Q 为现金持有量(每次证券变现的数量)，则：

$$TC=\frac{Q}{2}K+\frac{T}{Q}F$$

利用这一方程，求出使总成本 TC 最小的 Q 就是最佳现金持有量。对 TC 关于 Q 求导，得：

$$TC'=\frac{K}{2}-\frac{TF}{Q^2}$$

令 $TC'=0$，得：

最佳现金持有量 $Q^*=\sqrt{\frac{2TF}{K}}$

此时最低现金持有总成本为 $TC^*=\sqrt{2TFK}$

应该注意的是：公式中的 T 和 K 的时期应保持一致，即 T 如果是一年内的现金需求总额，则 K 应是年利率；如果 T 是一个月内的现金需求总额，则 K 应是月利率。

【例 6-2】某企业预计全年需要现金 90 000 元，现金与有价证券的转换成本为每次 500 元，有价证券的利息率为 10%，则最佳现金持有量为：

$$Q^* = \sqrt{\frac{2\times 90\ 000\times 500}{10\%}} = 30\ 000(\text{元})$$

此时，现金持有总成本最低，为 $TC^* = \sqrt{2\times 90\ 000\times 500\times 10\%} = 3\ 000$（元）

一年内有价证券的变现次数为 90 000÷30 000=3(次)

存货模式可以精确地测算出最佳现金余额和变现次数，因此对加强现金管理有一定作用，但它是以货币支出均匀发生，现金需要总量、现金机会成本和转换成本能够预测为基础的，因此，只有在上述条件满足的情况下才能使用，否则企业应根据以往经验进行调整。

3. 现金周转模式

现金周转模式是根据现金周转周期与日现金需求量来确定最佳现金持有量的一种方法。现金周转期是指从现金投入生产经营开始，经过各种实物形态的依次转化，到最终转化为现金的过程。它主要包括以下三个方面：

(1)存货周转期

存货周转期是指将原材料转化成产成品并出售所需要的时间。

(2)应收账款周转期

应收账款周转期是指将应收账款转化为现金所需要的时间，也就是从产品销售到收回现金的时间。

(3)应付账款周转期

应付账款周转期是指从收到尚未付款的材料开始到现金支出之间所用的时间。

现金周转期的计算可以用公式表示为：

现金周转期=存货周转期+应收账款周转期-应付账款周转期

现金周转期确定后，可以计算最佳现金持有量：

$$\text{最佳现金持有量} = \frac{\text{企业年现金需求总量}}{360\div\text{现金周转期}}$$

【例 6-3】某企业预计存货周转期为 100 天，应收账款周转期为 60 天，应付账款周转期为 40 天，预计全年现金需要量为 600 万元，求最佳现金持有量。

现金周转期=100+60-40=120(天)

最佳现金持有量=600÷360×120=200(万元)

现金周转模式易于计算，但这种方法是以假设材料采购与产品销售所产生的现金流量相等，企业的生产经营过程在一年中持续稳定发展为前提条件的。如果这一条件不满足，计算的最佳现金持有量就会有偏差，企业应根据以往经验进行调整。

五、现金的日常控制

在现金管理中，企业除了应编制现金收支计划和确定最佳现金持有量外，还应加强对现金的日常管理。现金的日常管理主要包括以下几个方面：

(一)现金收入管理

为了提高现金的使用效果，加速现金周转，企业应尽快加速收款。企业加速收款的任务就是要使顾客尽量早付款，并且尽快将这些付款转化为现金。企业应设法减少顾客付款的邮寄时间，减少企业收到顾客支票与支票兑现的时间，减少资金存入自己往来银行的时间。具体可以采取以下措施：

1. 设立集中银行

设立集中银行是指通过建立多个收款中心来代替通常设立在公司总部的单一收款中心，以加速现金流转的方法。这种方法可以缩短从顾客邮寄账款到现金收入企业账户所需的时间。

在这种方法下，企业指定一个主要开户行(通常是总部所在地)为集中银行，并在收款额较为集中的若干地区设立若干个收款中心；顾客在收到账单后将款项直接送到当地收款中心，由收款中心收款后立即存入当地银行；再由当地银行将资金汇入企业总部所在地的集中银行。

设立集中银行可以大大缩短企业将账单邮寄给顾客和顾客邮寄货款的时间。账单由收款中心寄给该地区的顾客，与由总部寄发比总是要快一些；同时顾客付款时，将货款送到当地收款中心也比将货款邮寄到总部快。同时，收款中心收到支票存入当地银行，而支票的付款银行通常也在同一地区，因此支票兑现时间也会缩短，从而加速企业收款。

这种方法主要的缺点是每个收款中心的地方银行可能都要求有一定的补偿性余额。开设的收款中心越多，补偿性余额越多，闲置的资金也就越多，企业实际的资金成本会增加。另外，开设收款中心需要人力和物力，也会增加企业的费用支出。企业应综合考虑设立集中银行所能带来的收益和增加的成本，决定是否采用这一方法。

2. 锁箱系统

锁箱系统又称为邮政信箱法，是通过租用多个邮政信箱以缩短从收到顾客付款到存入当地银行所需时间的一种加速收款的办法。企业可以在业务比较集中的地区租用当地加锁的专用邮政信箱，并在当地银行开立分行存款户；顾客把付款票据邮寄到所在地的信箱，企业授权当地银行每日开启信箱，取得顾客票据后立即予以结算，将扣除补偿性余额后的款项汇往企业所在地银行。

采用这种方法不但缩短了顾客邮寄票据的时间，而且由银行直接开启邮箱，取得票据即时办理，免除了公司办理收账、款项存入银行等手续，大大缩短了从顾客付款到款项完全收入企业账户的时间。但这种方法下，银行由于提供了多种服务，要求有更高的报酬，除了要求扣除相应的补偿性余额外，还要收取额外的手续费，这种费用一般来说与存入的票据张数有关，在每日收款数量较少的情况下，这种方法并不一定有利。企业应比较加速收款所带来的收益和额外支出的大小，决定是否采用这一方法。

3. 其他方法

除以上两种方法外，还可以采用一些其他方法加速收款，如对于大额的货款可以直接派人前往收取并送存银行，企业内部往来多边结算，减少不必要的银行账户等方法加速现金回收。

(二)现金支出管理

1. 合理运用现金"浮游量"

所谓现金"浮游量"，是指企业账户上存款余额与银行账户上所示的存款余额之间的差额。企业开出支票付款，收票人收到支票并存入银行，银行将款项划出企业账户，这中间需要一段时间。也就是说企业开出支票后，在持票人没到银行兑现之前，企业银行账户上的实际存款余额将大于企业账户上的余额，企业可以合理预计这部分"浮游量"，加以利用。例如，企业当前银行存款余额为 10 万元，企业开出了一张 4 万元的支票，企业账面余额还剩下 6 万元，但持票人未到银行兑现支票前，企业的银行存款实际上还是 10 万元，这里 4 万元的现金"浮游量"仍然是企业可以利用的，企业还可以再开出 10 万元的支票。利用现金"浮游量"，公司可以适当减少现金数量，节约现金。不过在实际运用时，一定要控制好使用时间，否则会造成银行存款的透支。

2. 控制支出时间，推迟支付应付款

为了最大限度地利用资金，企业应在不影响信誉的情况下，尽可能推迟应付款的支付期，充分利用供货方提供的商业信用。例如，供货方提出的付款条件是"1/10，n/30"，则企业最好在第 10 天付款，这样企业可以最大限度地利用资金但又不丧失现金折扣。值得注意的是，一般来说，由于放弃现金折扣的机会成本很高(这一内容在本书第五章已有讲述)，企业不要轻易选择放弃现金折扣，只要短期资金的利率低于放弃现金折扣的机会成本，企业宁愿借款也要选择在折扣期内付款享受现金折扣。

3. 采用汇票付款

使用支票付款，由于支票是见票即付的票据，因此，只要持票人将支票存入银行，银行就要立即将款项从企业账户中划出。但汇票尤其是商业承兑汇票不是见票即付的票据，在持票人将汇票送到银行后，银行要通知付款人承兑，承兑期一般是三天，付款人承兑之后，银行才会将相应款项从付款人账户中划出，这样作为付款人的企业就可以合法地延期付款。

（三）现金综合控制

1.力争使现金流入和流出同步

如果企业能尽量使它的现金流入与现金流出发生的时间趋于一致，就可以使其所持有的交易性现金余额降到最低水平，这就是所谓的现金流量同步。举例来说，假如企业预计某天现金流出为5 000元，如果现金流入也完全同步，正好在当天也能够收到现金5 000元，那就意味着企业不必再另外准备交易性现金。现金流入与流出的时间越同步，企业需要准备的现金就越少。一般来说，企业更容易自主决定现金流出而不是现金流入的时间，因此，企业可以根据预计现金流入的时间，合理安排现金流出的时间，尽量使两者趋于同步，节约资金，提高资金使用效果。

2.实行内部牵制制度

现金是企业流动性最强的资产，企业必须加强对货币资金的管理，建立良好的货币资金业务岗位责任制，明确相关部门和岗位的职责权限，确保办理货币资金业务的不相容岗位相互分离、制约和监督。管钱的不管账，管账的不管钱，即出纳人员不得兼任稽核、会计档案保管和收入、支出、费用、债权债务账目的登记工作。单位不得由一人办理货币资金业务的全过程。

3.库存现金的盘点

在现金管理中，要及时进行现金的清查。库存现金的收支应做到日清日结，确保现金日记账与现金总账之间账账相符；库存现金的账面余额与实际库存额之间账实相符；银行存款日记账与银行存款总账之间账账相符；银行存款账面余额与银行对账单余额之间要对未达账项进行调整，做到账实相符。发现不符，应及时查明原因，作出处理。

4.遵守库存现金和银行存款管理的有关规定

按照国家现行制度的规定，有关企业库存现金和银行存款管理应遵循以下原则：

第一，开户单位之间的经济往来，必须通过银行进行转账结算。根据国家有关规定，开户单位只可在下列范围内使用现金：职工工资、津贴；个人劳务报酬；根据国家规定颁发给个人的科学技术、文化艺术、体育等各种奖金；各种劳保、福利费用以及国家规定的对个人的其他支出；向个人收购农副产品和其他物资的价款；出差人员必须随身携带的差旅费；结算起点(1 000 元)以下的零星支出；中国人民银行规定的需要支付现金的其他支出。

第二，有关制度还规定了库存现金限额：企业库存现钞，由其开户银行根据企业的实际需要核定限额，一般以 3～5 天的零星开支额为限。企业超过库存现金限额的现金，应存入银行，由银行统一管理。

第三，不得坐支现金。即企业不得从本单位的人民币现钞收入中直接支付交易款。现钞收入应于当日终了时送存开户银行。

第四，不得出租、出借银行账户。

第五，不得签发空头支票和远期支票。

第六，不得套用银行信用。

第七，不得保存账外公款。包括不得将公款以个人名义存入银行和保存账外现钞等各种形式的账外公款。

5. 适当进行证券投资

企业库存现金没有收益，银行存款的利息率也较低，因此当企业有较多闲置资金时，可以投资于短期有价证券以获取更多的收益；而当现金短缺时，可以快速将这些有价证券变现满足支付需要。当然企业现金管理的首要目的是保证企业正常生产经营业务的现金需求，其次才是使闲置现金获得尽可能大的收益，因此企业在利用暂时闲置的现金进行证券投资时，应特别注意控制投资风险，将闲置资金投入到流动性高、风险性低、交易期限短的金融工具上，可以获得较高收益，又可在需要时快速变现。财务人员通常可以投资的有价证券有：国库券、大额可转让存单、企业债券、企业股票等。

第三节 应收账款管理

一、应收账款及其管理的意义

应收账款是企业赊销商品、产品、提供劳务等而应向购货或接受劳务的单位收取的款项。应收账款是企业流动资产的重要项目，在市场经济条件下，竞争使得企业与企业之间的交易越来越多地利用商业信用，应收账款数额明显增多，应收账款的管理也更加重要。

市场经济条件下，企业间的竞争日益激烈，企业提供商品的赊销，能够帮助企业扩大销售，增加收益，降低库存商品数量，节约存货资金占用，但应收账款的增加也会造成企业资金成本和管理费用的增加，同时货款拖欠甚至坏账损失的可能性也加大，企业风险增加，特别是现在，客户拖欠企业账款者越来越多，账款回收的难度也越来越大。因此，企业一方面要发挥应收账款促进销售、增加收益的作用，另一方面要加强应收账款管理，合理制定应收账款政策，尽量降低应收账款投资的机会成本，减少应收账款带来的坏账损失，降低企业风险。

二、应收账款的功能和成本

（一）应收账款的功能

1.增加销售

虽然大多数企业希望现销而不愿赊销，但是在市场经济日益发达的今天，面对同行的竞争，为了稳定自己的销售渠道、扩大产品销路、减少存货、增加收入，企业不得不面向客户提供更多信用业务，从而形成了应收账款。进行赊销的企业，实际上向顾客提供了两种服务：既销售了商品，又在一定时间内向他们提供了资金。虽然赊销不是影响销售量的决定因素，但对于同样质量的商品，同样的价格，同样的服务，赊销可以帮助企业吸引到更多的顾客。特别是在企业销售新产品、开拓新市场时，赊销的意义更大。

2.减少存货

企业持有存货，会相应增加管理费、仓储费和保险费等相应支出，而应收账款则不需要上述支出。当企业产成品存货较多时，企业就可以采用较为优惠的信用条件将产品销售出去，加速产成品向销售收入的转化，将存货转化为应收账款，以节约各项存货支出。

（二）应收账款的成本

企业采取赊销方式促进销售形成应收账款的同时，也增加了坏账损失的可能，不仅如此，应收账款的增加还会造成资金成本和管理费用的增加，这些就是企业持有应收账款而需要付出的代价，也就是应收账款的成本。应收账款的成本主要包括：

1.机会成本

应收账款的机会成本是指因资金投放在应收账款上而放弃其他投资机会所丧失的潜在收益。比如企业不把资金投放于应收账款，就可能用这笔资金购入有价证券从而取得投资收益，那么企业放弃的投资于有价证券可能获得的收益就是应收账款的机会成本。这一成本可以用企业用于维持赊销业务所

需要的资金乘以市场资金成本率(一般可按有价证券利息率)得到。用公式表示为:

应收账款机会成本=维持赊销业务所需要的资金×市场资金成本率

其中:维持赊销业务所需要的资金=应收账款平均余额×变动成本率

应收账款平均余额=平均每日赊销额×平均收账天数

=年赊销额÷360×平均收账天数

【例 6-4】假设某企业预测的年度赊销额为 200 万元,应收账款平均收账天数为 45 天,变动成本率为 50%,资金成本率为 10%,则应收账款的机会成本可计算如下:

应收账款平均余额=200÷360×45=25(万元)

维持赊销业务所需要的资金=25×50%=12.5(万元)

应收账款机会成本=12.5×10%=1.25(万元)

2. 管理成本

应收账款的管理成本是指企业对应收账款进行管理而耗费的开支,主要包括对客户进行资信调查的费用,收集各种信息的费用,账簿记录的费用,收账过程开支的差旅费、通信费、人工工资、诉讼费等费用和其他费用。

3. 坏账成本

应收账款因故不能收回而给企业带来的损失,称为应收账款的坏账成本。一般来说,坏账成本与应收账款数额成正比,企业应收账款越多,坏账的可能性越大,坏账成本越高。为了预防坏账给企业生产经营活动造成不利影响,企业应按规定合理提取坏账准备。

上述三项成本中,机会成本和管理成本构成应收账款的直接成本,坏账成本为应收账款的风险成本,这些成本就是企业提供给客户商业信用付出的代价。

三、应收账款政策

应收账款政策又称信用政策,是企业为加强应收账款管理而确定的有关赊销的基本原则和行为规范,包括信用标准、信用条件和收账政策三部分。

(一)信用标准

信用标准,是指顾客获得企业的商业信用所应具备的基本条件,一般用预期的坏账损失率表示。如果顾客达不到这一信用标准,便不能享受企业的信用优惠。如果企业制定的信用标准较高,即企业只对那些信誉好、坏账损失率低的客户提供赊销,则企业应收账款较少,应收账款的机会成本和坏账损失会减少,但这可能不利于销售,失去一部分信用较差客户,销售收入和利润随之减少；反之，如果企业制定的信用标准较低，企业向更多的的客户提供赊销，则企业销售收入和利润会增加，但随着应收账款的增加，应收账款的机会成本和坏账损失也会相应增加。企业应衡量扩大赊销范围增加的收益和成本，确定恰当的信用标准。

企业确定信用标准时要力争在增强市场竞争力、扩大销售与降低坏账风险、收账费用这二者之间作出一个双赢选择。企业在选择信用标准时应着重考虑三个基本因素：一是同行业竞争对手情况。面对市场竞争，企业要知己知彼，根据对手实力状况，相应采取宽松或严格的信用标准，以在竞争中把握主动，争取优势地位。竞争对手强时，选择较低的信用标准；反之，信用标准可以较高。二是企业承担客户失信违约风险的能力。企业风险承担能力的强弱也会影响信用标准高低的选择。企业承担风险的能力强，就可以以较低的信用标准争取客户，扩大业务；反之，如果企业承担风险的能力薄弱，就只能执行严格的信用标准，以最大限度地降低违约风险。三是客户的资信程度。企业要在对客户资信程度的调查分析基础上判定其信用等级，然后以此决定是否给予信用优惠。

企业在设定某一顾客的信用标准时，往往先要评估他赖账的可能性，即评价客户的资信程度。西方企业传统经验认为，客户的资信程度通常取决于五个方面，即客户的信用品质（character）、偿付能力（capacity）、资本（capital）、抵押品（collateral）和经济状况（conditions），简称“5C”系统。信用品质主要通过客户过去的付款记录预测其将来履约或赖账的可能性，由此首先决定是否给予客户信用。客户偿付能力的高低主要看其资产的流动比率和变现能力的大小。资本是客户财务状况与经济实力的客观反映，是客户偿付债务的最终保证。企业要通过客户的财务报告资料，了解其资产规模、负债结构及产权比率，判断客户自有资金实力是否雄厚，以掌握好商业信用额度的使用。抵押品是客户提供的资金安全保证，抵押品必须具有较高的流动性，企业才可以向抵押人提供相应的商业信用。经济状况则要求客户的偿付能力在不利的经济环境影响下具有较强的应变能力。企业通过设定信用等级评价标准，利用既有或潜在客户的报表数据，计算各自的指标值，并与标准值进行比较分析，然后详尽地对客户的拒付风险作出准确的判断，以利企业提高应收账款投资决策的效果。

（二）信用条件

信用条件是指企业要求顾客支付赊销款项的条件，包括信用期限、折扣期限和现金折扣。

1. 信用期限

信用期限是企业允许顾客赊欠货款的时间,或者说是企业给予顾客的最长付款期限。信用期的确定,主要是分析改变现行信用期对收入和成本的影响。延长信用期,会使销售额增加,收入增长;但与此同时应收账款、收账费用和坏账损失增加,成本增加。因此,企业必须同时考虑因信用期限的延长带来收入的增长量与成本的增长量孰大孰小,当收入的增长量大于成本的增长量时,可以延长信用期,否则不宜延长。如果缩短信用期,情况与此相反。

【例 6-5】某企业现行的信用期限为 30 天,预测的 2013 年度赊销额为 5 400万元,现拟将信用期限放宽至 60 天,赊销额预计将增加至 6 000 万元,该企业变动成本率为 60%,固定成本为 1 000 万元,资金成本率(或有价证券利息率)为 15%。假设企业固定成本总额不变,其他有关资料见下表 6-3,分析是否应该采用新的信用条件。

表 6-3 信用条件备选方案表

单位:万元

项　　目	30 天	60 天
年赊销额	5 400	6 000
应收账款平均收账天数(天)	30	60
坏账损失率(%)	2	3
收账费用	50	80

根据以上资料,对两种信用条件下收益分析如下表 6-4:

表 6-4 信用条件分析评价表

单位:万元

项　　目	30 天	60 天
年赊销额	5 400	6 000
变动成本	3 240	3 600
固定成本	1 000	1 000
信用成本前收益	1 160	1 400
信用成本:		
应收账款机会成本	40.5	90
坏账损失	5 400×2%=108	6 000×3%=180
收账费用	50	80
小计	198.5	350
信用成本后收益	961.5	1 050

其中：

30 天方案下，应收账款机会成本的计算如下：

应收账款平均余额＝5 400÷360×30＝450(万元)

维持赊销业务所需要的资金＝450×60%＝270(万元)

应收账款机会成本＝270×15%＝40.5(万元)

60 天方案下，应收账款机会成本的计算如下：

应收账款平均余额＝6 000÷360×60＝1 000(万元)

维持赊销业务所需要的资金＝1 000×60%＝600(万元)

应收账款机会成本＝600×15%＝90(万元)

根据计算知道，放宽信用条件可以比原信用条件增加收益 88.5 万元(1 050－961.5)，因此应选择将信用期限放宽至 60 天的方案。

2. 折扣期限和现金折扣

信用期限是企业为顾客规定的最长付款期限，很多企业为了加速资金周转，及时回收货款，减少坏账损失，往往规定客户在信用期限内提前付款则可按销售价格的一定比例享受现金折扣。折扣期限就是规定客户可以享受现金折扣的付款时间。而现金折扣则是企业为鼓励顾客提前付款在商品价格上所做的扣减。向客户提供现金折扣可以吸引客户为了取得现金折扣而提前付款，缩短企业的平均收款期。另外，现金折扣还能在一定程度上扩大销售量。

企业的信用条件通常用“2/10，1/20，*n*/40”这样的形式来表示，其含义是客户在发票开出后 10 天之内付款，可以享受 2%的现金折扣；在发票开出后 11～20 天付款，可以享受 1%的现金折扣；如果超出 20 天付款，则不能享受现金折扣，客户应在 40 天内付款。这里 2%和 1%都是现金折扣，而 10 天和 20 天分别是相对于 2%和 1%现金折扣的折扣期限，40 天是信用期限。

采取现金折扣的前提就是企业通过加速收款带来的收益能够多剩有余地补偿现金折扣的付出。至于给予客户现金折扣优惠的期限和程度应根据企业自身需要，在信用成本前后收益比较基础上，择定一个信用期限与现金折扣额结合的最佳数据方案。因为现金折扣是与信用期限结合使用的，所以确定折扣程度的方法与过程实际上与前述信用期间的确定一致，只不过要把所提供的延期付款时间和折扣综合起来，看各方案的延期付款时间与折扣能取得多大程度的收益增加，再计算各方案带来的成本变化，最终确定最佳方案。

【例 6-6】仍以例 6-5 资料为例，如果企业选择了 60 天的方案，但为了加速收款，决定将信用条件改为“2/10，1/30，*n*/60”，估计约有 60%的客户(按赊销额计算)会在 10 天内付款，30%的客户会在 30 天之内付款。坏账损失率降为

2%，收账费用降为 40 万元。分析计算是否应采用现金折扣条件的信用条件。

根据以上资料，对 60 天信用期限无现金折扣和有现金折扣两种信用条件下收益分析如下表 6-5：

表 6-5 信用条件分析评价表

单位：万元

项　　目	60 天	"2/10，1/30，*n*/60"
年赊销额	6 000	6 000
减：现金折扣	—	90
年赊销净额	6 000	5 910
变动成本	3 600	3 600
固定成本	1 000	1 000
信用成本前收益	1 400	1 310
信用成本：		
应收账款机会成本	90	31.5
坏账损失	6 000×3%＝180	6 000×2%＝120
收账费用	80	40
小计	350	191.5
信用成本后收益	1 050	1 118.5

有现金折扣方案中有关数据的计算如下：

现金折扣＝6 000×（2%×60%＋1%×30%）＝90（万元）

应收账款平均收账天数＝10×60%＋30×30%＋60×（1－60%－30%）
＝21（天）

应收账款平均余额＝6 000÷360×21＝350（万元）

维持赊销业务所需要的资金＝350×60%＝210（万元）

应收账款机会成本＝210×15%＝31.5（万元）

计算结果表明，实行现金折扣以后，企业的收益增加 68.5 万元（1 118.5－1 050），因此，企业最终应选择"2/10，1/30，*n*/60"的信用条件。

（三）收账政策

收账政策是指当客户违反信用条件，拖欠甚至拒付账款时企业所采取的收账策略与措施。一般来说，企业对客户逾期未付的款项都定有一个宽限的期限，过了规定的期限，企业就将进行各种形式的催收。

自古以来，欠债还钱是天经地义的道理。从理论上讲，履约付款是客户不容推辞的责任和义务，也是企业正当、合法权益所在。但是企业对所有客户拖欠或拒付账款的行为都对簿公堂、诉诸法律手段加以解决，往往不是最好的办法。因为企业解决与客户账款纠纷的目的，主要不是争论谁对谁错的问题，而在于怎样最有成效地将账款收回。在实际经济活动中，客户拖欠、拒付账款的原因是多方面的，即使信用表现一贯良好的客户也会因某些客观原因而无法如期付款。特别是在宏观经济环境偏紧、国家实施经济结构战略性调整的时期，客户受大气候影响，资金短缺、拖欠债权企业账款的现象时有发生。此时，如果企业直接向法院起诉追债，不仅需要花费大量的诉讼费，而且除非法院裁决被告破产，强制执行，否则效果也不理想。所以，通过法院收回账款一般是企业不得已而为之的最后办法。基于这种考虑，企业能够同客户商量个双方都能接受的折衷方案，通过实施债务重组，也许就能够将大部分账款收回。

实践中，企业对于拖欠或拒付货款的客户，一般先可通过去电、去函的形式催促对方付款；或者直接派人前往催收，与客户进行面对面沟通，协调双方意见，达成谅解协议，尽可能多地收回货款；如果仍然无法取得谅解，最后只能付诸法律解决。目前，社会上还兴起了一种新的收账代理业务，即委托专门的收账代理机构催收账款。

不管企业采用何种方法催收客户拖欠的账款，都需要付出一定的代价，即收账费用，如花费的邮电通信费、收账人员的差旅费和法律诉讼费等。一般来说，收账费用与坏账损失呈反向变动，但二者并非线性关系。开始时花费一些收账费用，坏账损失有小部分的降低；收账费用继续增加，坏账损失明显减少；收账费用达到某一限度后，坏账损失的减少就不再明显了。在制定收账政策时，应权衡增加的收账费用与减少的坏账损失之间的关系。如果企业采用较消极的收账政策，收账成本较低，但可能会导致逾期货款拖欠的时间更长，增加应收账款投资，机会成本增加，坏账损失也增加；如果企业采用较积极的收账政策，收账成本较高，而且可能伤害到无意拖欠的顾客，影响企业未来的销售和利润，但可以尽早收回货款，减少应收账款投资，机会成本减少，坏账损失也减少。企业制定收账政策时要在减少的机会成本和坏账损失与增加的收账费用之间进行比较，制定宽严适度的收账政策，若前者大于后者，则制定的收账政策是可取的。

【例 6-6】假设某企业应收账款原有的收账政策和拟改变的收账政策如表 6-6 所示。假设变动成本率为 60%，资金成本率为 12%，确定企业应选用哪种政策比较有利。

表 6-6 收账政策备选方案表

单位:万元

项　　目	现行收账政策	拟改变的收账政策
年赊销额	3 000	3 000
年收账费用	50	80
应收账款平均收账天数(天)	60	30
坏账损失率(%)	3	2

由于两种收账政策下赊销额及变动成本、固定成本都是一样的,我们只需比较两种方案的信用成本,根据以上资料,对两种收账政策下信用成本分析如表 6-7:

表 6-7 收账政策分析评价表

单位:万元

项　　目	现行收账政策	拟改变的收账政策
年赊销额	3 000	3 000
应收账款平均收账天数	60	30
应收账款平均余额	3 000÷360×60=500	3 000÷360×30=250
维持赊销业务所需要的资金	500×60%=300	250×60%=150
信用成本:		
应收账款机会成本	300×12%=36	150×15%=18
坏账损失	3 000×3%=90	3 000×2%=60
收账费用	50	80
信用成本合计	176	158

计算结果表明,拟改变的收账政策下的信用成本低于现行收账政策下的信用成本,因此,企业应采用新的收账政策。

制定企业信用政策时,应把信用标准、信用条件、收账政策综合起来考虑,确定其对销售额、应收账款机会成本、坏账损失和收账费用的影响,理想的信用政策就是能给企业带来最大收益的政策。

四、应收账款的日常控制

企业要加强应收账款的日常控制，对应收账款的运行状况进行经常性分析、控制，及时发现问题，提前采取对策，防止恶化。这些措施包括应收账款账龄分析、适当的收账政策和建立坏账准备制度。

(一)应收账款账龄分析

一般而言，客户逾期拖欠账款时间越长，账款催收的难度越大，成为呆坏账损失的可能性也就越高。企业必须要做好应收账款的账龄分析，密切注意应收账款的回收进度和出现的变化。

应收账款账龄分析就是研究应收账款的账龄结构。所谓账龄结构就是各账龄应收账款余额占应收账款总额的百分比。对于不同拖欠时间的账款及不同信用品质的客户，企业要采用不同的收账方法。在应收账款的账龄结构分析中，企业财务管理人员要把过期债权款项纳入工作重点，研究调整新的信用政策，努力提高应收账款的收现效率。对尚未到期的应收账款，也不能放松监督，以防发生新的拖欠。

(二)收账的日常管理

1. 确定合理的收账程序

通常收账的步骤是：当账款被客户拖欠或拒付时，企业应当首先分析现有的信用标准及信用审批制度是否存在漏洞，然后重新对违约客户的资信等级进行调查、评价。将信用品质恶劣的客户从信用名单中删除，对其拖欠的款项可信函通知，电话催收，派员面谈，态度可逐渐强硬，并提出警告，这些措施无效时，再通过法律程序解决。

2. 确定合理的讨债方法

顾客拖欠货款的原因可能比较多，总的来说，可分为两类：无力偿付和故意拖欠。

无力偿付是指顾客因经营和管理不善，出现财务困难，没有资金偿还到期债务。如果顾客确实遇到暂时困难，经过努力可以东山再起，企业应给予理解和支持，帮助顾客渡过难关，以便使企业尽早恢复正常经营，收回更多货款。如果顾客遇到严重困难，已达破产界限，则应及时向法院提出破产请求，以在破产清算时得到部分清偿。

故意拖欠则指企业有能力付款，但故意不付款，企业就要确定合理的讨债办法，以达到收回账款的目的。常见的讨债方法有：讲理法、恻隐术法、疲劳战法、激将法、软硬术法。

3.建立应收账款坏账准备制度

不管企业采用多么严格的信用政策，只要存在着商业信用行为，坏账损失的发生总是不可避免的。当有确凿证据表明确实无法收回应收账款，如债务单位已撤销、破产、资不抵债、现金流量严重不足等，经股东大会或董事会批准，应作为坏账损失处理。因此，企业要遵循稳健性原则，对坏账损失的可能性预先进行估计，积极建立弥补坏账损失的准备制度。根据《企业会计准则》的规定：应收账款可以计提坏账准备金。企业要按照期末应收账款的一定比例提取坏账准备金，用于补偿因债务人破产或死亡，逾期未履行偿债义务，造成的已无法收回的坏账损失，以促进企业健康发展。

目前我国企业大多不大重视应收账款的管理，对客户缺乏有效的资信调查和信用评估，对形成的应收账款也缺乏有效的监控，客户拖欠货款严重，甚至发生坏账，这就容易使企业资金周转不灵，给企业造成财务困难，因此应加强对应收账款的管理，促进企业资金流动，减少资金占用。

第四节 存货管理

一、存货的概念

存货是指企业在日常生产经营过程中为生产和销售而储备的物资，主要包括生产用的原材料、辅助材料、包装物、低值易耗品等；生产过程中的在产品；待出售的商品等。存货通常占流动资产的比重较大，一般约为40%～60%。存货利用和管理水平的高低，对企业财务状况的影响很大。加强存货的管理与控制，使存货保持在最优水平上，成为财务管理的一项重要内容。

二、存货的功能和成本

(一)存货的功能

1.保证生产经营的正常进行

为了保障生产经营的顺利进行，企业必须保持一定的原材料、在产品存货。一方面供货方的生产和销售有可能因某种原因而暂停或推迟，从而影响企业原材料的及时采购，如果没有一定的存货就会造成生产的中断；况且每天都采购原材料并不现实，经济上也不一定合算。另一方面备有适量的存货也会使各生产环节的调度更加合理，各工序衔接更加协调，不至于因等待半成品而停产。

可见，保持适量的存货能有效防止停工待料事件的发生，维持生产的连续性。

2.降低进货成本

很多企业都给购货方提供较为优厚的商业折扣，即当购货方购买数量达到一定标准时，便在商品价格上给予一定的折扣，因此，企业集中购货，就可能获得更多的商业折扣。同时，增加每次购货的数量，减少购货次数，可以降低某些与采购次数有关的费用如运输费、装卸费的支出。

3.留有各种存货的保险储备，防止意外事件发生

企业留有各种存货的保险储备，可以防止因各种意外事件的发生而造成的经济损失。企业在采购、运输、生产和销售各个经营环节中，随时都有发生意外情况的可能，如果没有一定的存货保险储备，就可能发生停工或断货的损失，因此企业应留有一定的保险储备，以尽量避免或减少损失。

（二）存货的成本

1.取得成本

存货的取得成本由买价和采购费用两部分构成，其中采购费用又称订货成本。

存货买价是指存货本身的价值，等于存货单价与采购数量的乘积。在一定时期内，企业存货需要总量既定的情况下，无论企业采购次数多少，存货买价的总额是一定的。企业在采购前，应货比三家，争取采购到质量好、价格低的商品，尽量降低存货的采购价格。

存货的订货成本是指为了订购材料和商品而发生的成本，如为组织订货而发生的差旅费、通信费、办公费等。订货成本通常与订货的数量无关，而与订货次数有关，订货次数越多，花费的订货成本就越大，企业要想减少订货成本，可以加大每次订货的数量，减少订货的次数。

2.储存成本

储存成本指存货在储存过程中发生的成本，如仓储费、搬运费、保险费、占用资金支付的利息等。一定时期的储存成本总额等于该时期内平均存货量与单位储存成本之积。企业要想降低储存成本，可以努力降低单位储存成本，也可以增加订货次数，小批量订货，减少储存数量。

3.缺货成本

缺货成本指由于存货供应中断而给企业造成的损失，包括由于材料供应中断造成的停工损失、成品供应中断导致延误发货的信誉损失及丧失销售机会的损失等。企业订货的批量越大，储备的存货越多，存货缺货的可能性越小，缺货成本就越低。

企业存货的最优化，即是使以上三种成本之和最小。

三、存货经济批量

(一)存货经济订货批量的含义

企业存货决策主要应合理安排存货订货的时间和存货订货批量，使存货相关总成本最低。能够使一定时期存货的相关总成本最低的订货数量称为存货经济订货批量或存货经济批量。有了经济批量，就可以合理安排经济订货时间。

从上述对存货成本的分析知道：在一定的需求总量的情况下，商品的买价是一定的，与订货批量、订货次数无关，因此在确定存货经济批量时，商品买价可以不予考虑。因此影响存货经济批量的成本因素主要是订货成本、储存成本和缺货成本。如果企业增加订货批量，减少订货次数，可以降低订货成本与缺货成本，但储存成本会增加；如果企业减少订货批量，增加订货次数，则订货成本与缺货成本会增加，而储存成本会减少。企业应综合考虑订货批量与各种成本之间的关系，确定使存货总成本最低的订货批量，即存货经济批量。

(二)存货经济订货批量的基本模型

存货经济订货批量的基本模型，是以如下假设为前提的：企业能够及时补充存货，即需要订货时便可立即取得存货；能集中到货，而不是陆续入库；不允许缺货，即无缺货成本；需求量稳定，并且能预测，存货单价不变，不考虑现金折扣；企业现金充足，不会因现金短缺而影响订货；所需存货市场供应充足，不会因买不到需要的存货而影响订货。

有了以上假设，由于不存在缺货成本，与存货订货批量有关的成本就只有订货成本与储存成本，而且根据前面的分析，随着订货批量的变动，订货成本与储存成本是呈反向变动的，它们之间是一种此消彼涨的关系，使订货成本和储存成本合计最低的订货批量就是经济订货批量。

假设 TC 为存货相关总成本，A 为全年的存货需求总额，F 为每次订货的订货成本，C 为每件存货的年储存成本，Q 为每次订货批量，则存货相关总成本用公式表示为：

$$TC=\frac{Q}{2}C+\frac{A}{Q}F$$

利用这一方程，求出使总成本 TC 最小的 Q 就是存货经济批量。对 TC 关于 Q 求导，得：

$$TC'=\frac{C}{2}-\frac{AF}{Q^2}$$

令 $TC'=0$，得：

存货经济订货批量 $Q^{*}=\sqrt{\frac{2AF}{C}}$

此时存货相关总成本为 $TC^{*}=\sqrt{2AFC}$

【例 6-7】某企业预计全年需要耗用甲材料 4 500 吨，该材料的每订购一次的订货成本为 100 元，每吨材料的年储存成本为 10 元，则存货的经济订货批量为：

$$Q^{*}=\sqrt{\frac{2\times 4\ 500\times 100}{10}}=300(\text{吨})$$

此时，存货相关总成本最低，为 $TC^{*}=\sqrt{2\times 4\ 500\times 100\times 10}=3\ 000$（元）

全年最佳订货次数为 4 500÷300＝15（次）

说明当全年订购 15 次，每次订购 300 吨时，该材料的订货成本和储存成本总和最低，为 3 000 元。

（三）订货点控制

为了保证生产经营的正常进行，企业必须在存货用完之前进行下一次订货。因此，企业在确定了最佳进货批量后，还应进一步确定订货点，即确定何时应提出下一次的订货要求。订货点也称为再订货点，是指订购下一批存货时现有存货的结余量。

确定订货点必须考虑以下因素：

（1）存货每天正常消耗量，用 n 表示。

（2）预计存货每天最大消耗量，用 m 表示。

（3）订货提前期，即从发出订单到收到货物的时间，用 t 表示。

（4）预计最长提前期，用 r 表示。

（5）保险储备，即企业为了防止耗用量突然增加或交货期意外延误等特殊原因而留有的储备，用 S 表示。

则保险储备 S 可用以下公式计算：

$S=(mr-nt)\div 2$

订货点 R 可用以下公式计算：

$R=nt+S=nt+(mr-nt)\div 2=(mr+nt)\div 2$

【例 6-8】在例 6-7 中，假设甲材料每天正常消耗量为 12.5 吨，预计每天最大消耗量为 15 吨，订货提前期是 2 天，预计最长提前期为 4 天，则订货点计算如下：

保险储备 $S=(mr-nt)\div 2=(15\times 4-12.5\times 2)\div 2=16.5$（吨）

订货点 $R=(mr+nt)\div 2=(15\times 4+12.5\times 2)\div 2=42.5$（吨）

或：

订货点 $R=S+nt=16.5+12.5\times2=42.5$(吨)

说明当甲材料存货还剩 42.5 吨时，就要提出再订货请求。

四、存货日常管理—ABC 控制法

存货的 ABC 控制法是意大利经济学家巴雷特于 19 世纪首创的，经过不断发展和完善，现已广泛用于存货管理、成本管理和生产管理。这种方法是对存货各项目按重要程度排序，分清主次，对重要的货物加以重点控制的方法。每个企业的存货成千上万，有的存货价值昂贵，有的存货价值低廉；有的数量庞大，有的数量很少。企业不可能做到对每一种存货都进行周密的规划和严格的控制，因此企业必须在存货控制中分清主次，对存货加以有效地控制。ABC 控制法就是这样的一种方法，其具体步骤如下：

1. 计算每一种存货在一定时期内(一般为 1 年)的资金占用额。

2. 计算每一种存货资金占用额占全部资金占用额的百分比，并按大小顺序排列，编成表格。

3. 根据事先测定好的标准，把最重要的存货(一般是数量少占用资金巨大的存货)划分为 A 类；把一般的存货(一般是品种数量较多资金占用较多的存货)划分为 B 类；把不重要的存货(一般是数量繁多资金占用很少的存货)划分为 C 类。

4. 对 A 类存货进行重点规划和控制；对 B 类存货进行次重点规划和管理；对 C 类存货只进行一般管理。

把存货分为 A、B、C 三类，可使企业对存货分清主次，并相应采取或松或紧的管理措施。对 A 类存货，要计算出每个存货的经济进货批量和订货点，使存货库存量保持在恰当的水平，同时对 A 类存货还要实行永续盘存记录，及时记录存货的收入、发出和结存情况，并随时注意存货实际结存情况，保证账实相符；对 B 类存货，原则上也要为每个存货计算经济进货批量和订货点，平时也要按永续盘存制记账，但无须经常逐项对比分析，只要定期检查即可；对 C 类存货，由于它们数量繁多，价值又低，因而不需要对每个存货计算经济进货批量和订货点，可以增大每次进货数量，减少全年订货次数。对 C 类存货，一般也不需要实行永续盘存制记录，可以采用实地盘存制，即定期盘点实物的实际结存数量作为存货账面结存数量，平时只需登记存货的收入，发出存货则不需记录，而是根据期末实地盘点的数量来倒挤本期发出存货数量。对于订货点的控制则可以采用双箱法和警告线法。双箱法适用于铁钉等小件项目，先将存货分装于两个货箱，用完其中一箱，开始用第二箱时，就提出订货申请。警告线法适用于液体材料，先在存储容器外壁划出一道警告线，当存货余量达到警告线时，就提出订货申请。

思考与练习

一、思考题

1.什么是营运资金？它有哪些特点？

2.营运资金管理应遵循什么原则？

3.企业持有现金是出于哪些动机？

4.如何确定最佳现金持有量？

5.应收账款有哪些成本？

6.企业制定信用政策应考虑哪些因素？

7.存货有哪些成本？如何确定存货经济订货批量？

二、判断题

1.企业持有的现金总额可以小于各种动机所需现金余额之和。(　　)

2.现金折扣是企业为了鼓励客户多买商品而给予的价格优惠，每次购买的数量越多，价格也就越便宜。(　　)

3.能够使企业的订货费用、储存成本和缺货成本之和最低的订货批量，便是经济订货批量。(　　)

4.即使企业已按规定对逾期应收账款作出坏账处理，企业仍然拥有对逾期账款行使继续收账的法定权力。(　　)

5.一般而言，企业加强收账管理，及早收回货款，可以减少坏账损失和收账费用。(　　)

6.企业现金持有量过多会降低企业的收益水平。(　　)

7.在成本分析模式下，因为现金的管理成本是相对固定的，所以在确定现金最佳持有量时可以不考虑它的影响。(　　)

8.企业营运资金余额越大，说明企业风险越小，收益率越高。(　　)

9.在存货ABC分类管理法下，应当重点管理的是品种数量少，但金额较大的存货。(　　)

10.经济订货批量越大，订货间隔越长。(　　)

11.如果企业的借款能力较强，保障程度较高，则可适当增加预防性现金的数额。(　　)

三、单项选择题

1. 企业为满足交易动机而持有现金,所需考虑的主要因素是( )。

A. 企业销售水平的高低　　B. 企业临时举债能力的大小

C. 企业对待风险的态度　　D. 金融市场投机机会的多少

2. 持有过量现金可能导致的不利后果是( )。

A. 财务风险加大　　B. 收益水平下降

C. 偿债能力下降　　D. 资产流动性下降

3. 现金作为一种资产,它的( )。

A. 流动性差,盈利性差　　B. 流动性差,盈利性强

C. 流动性强,盈利性差　　D. 流动性强,盈利性强

4. 下列项目中属于持有现金的机会成本的是( )。

A. 现金管理人员工资　　B. 现金安全措施费用

C. 现金被盗损失　　D. 现金的再投资收益

5. 下列有关现金的成本中,属于固定成本性质的是( )。

A. 现金管理成本　　B. 占用现金的机会成本

C. 转换成本中的委托买卖佣金　　D. 现金短缺成本

6. 利用成本分析模式确定最佳现金持有量时,不予考虑的因素是( )。

A. 持有现金的机会成本　　B. 现金短缺成本

C. 现金与有价证券的转换成本　　D. 现金管理费用

7. 利用邮政信箱法和设立集中银行法进行现金回收管理的共同优点是( )。

A. 可以缩短支票邮寄时间　　B. 可以降低现金管理成本

C. 可以减少收账人员　　D. 可以缩短发票邮寄时间

8. 企业在进行现金管理时,可利用的现金"浮游量"是指( )。

A. 企业账户所记存款余额

B. 银行账户所记企业存款余额

C. 企业账户与银行账户所记存款余额之差

D. 企业实际现金余额超过最佳现金持有量之差

9. 在确定最佳现金持有量时,成本分析模式和存货模式均需考虑的因素是( )。

A. 持有现金的机会成本　　B. 固定性转换成本

C. 现金短缺成本　　D. 现金保管费用

10. 下列各项中,属于现金支出管理方法的是( )。

A. 设立集中银行法　　B. 合理运用"浮游量"

C. 账龄分析法　　D. 邮政信箱法

11. 下列各项中,属于应收账款机会成本的是(　　)。

A. 应收账款占用资金的应计利息　　B. 客户资信调查费用

C. 坏账损失　　D. 收账费用

12. 下列各项中,不属于应收账款成本构成要素的是(　　)。

A. 机会成本　　B. 管理成本

C. 坏账成本　　D. 短缺成本

13. 信用的"5C"系统中,资本是指(　　)。

A. 顾客的财务实力和财务状况,表明顾客可能偿还债务的背景

B. 指顾客拒付款项或无力支付款项时能被用作抵押的资产

C. 指影响顾客付款能力的经济环境

D. 指企业流动资产的数量和质量以及与流动负债的比例

14. 下列各项中,不属于信用条件构成要素的是(　　)。

A. 信用期限　　B. 现金折扣率

C. 现金折扣期　　D. 商业折扣

15. 在企业应收账款管理中,明确规定了信用期限、折扣期限和现金折扣率等内容的是(　　)。

A. 客户资信程度　　B. 收账政策

C. 信用等级　　D. 信用条件

16. 企业决定是否提供以及提供多高程度的现金折扣,应着重考虑的是(　　)。

A. 提供现金折扣后所得到的收益是否大于该批商品的销售成本

B. 提供现金折扣后所得到的收益是否大于该批商品的变动成本

C. 提供现金折扣后所得到的收益是否大于应收账款的机会成本

D. 提供现金折扣后所得到的收益是否大于现金折扣的成本

17. 假设某企业预测的年赊销额为 2 000 万元,应收账款平均收账天数为 45 天,变动成本率为 60%,资金成本率为 8%,一年按 360 天计,则应收账款的机会成本为(　　)万元。

A. 250　　B. 200

C. 15　　D. 12

18. 经济订货批量基本模型所依据的假设不包括(　　)。

A. 一定时期的订货总量可以准确预测

B. 存货进价稳定

C. 存货耗用或销售均衡

D. 允许缺货

19. 以下各项与存货有关的成本费用中，不影响经济订货批量的是（　　）。

A. 专设采购机构的基本开支　　B. 采购员的差旅费

C. 存货资金占用费　　D. 存货的保险费

20. 在计算存货保本储存天数时，以下各项中不需要考虑的因素是（　　）。

A. 销售税金（营业税金）　　B. 变动储存费

C. 所得税　　D. 固定储存费

21. 采用 ABC 法对存货进行控制时，应当重点控制的是（　　）。

A. 数量较多的存货　　B. 占用资金较多的存货

C. 品种较多的存货　　D. 库存时间较长的存货

22. 经济订货批量满足（　　）。

A. 变动性订货成本小于变动性储存成本

B. 变动性订货成本大于变动性储存成本

C. 变动性订货成本等于变动性储存成本

D. 变动性订货成本小于固定性储存成本

四、多项选择题

1. 下列各项中，属于企业资金营运活动的有（　　）。

A. 采购原材料　　B. 销售商品

C. 购买国库券　　D. 支付利息

2. 企业在确定为应付紧急情况而持有的现金数额时，需考虑的因素有（　　）。

A. 企业销售水平的高低　　B. 企业临时举债能力的强弱

C. 金融市场投资机会的多少　　D. 企业现金流量预测的可靠程度

3. 企业运用存货模式确定最佳现金持有量所依据的假设包括（　　）。

A. 所需现金只能通过银行借款取得

B. 预算期内现金需要总量可以预测

C. 现金支出过程比较稳定

D. 证券利率及转换成本可以知悉

4. 企业持有现金的动机有（　　）。

A. 交易动机　　B. 预防动机

C. 投机动机　　D. 维持补偿性余额

5. 用成本分析模式确定最佳现金持有量时，应予考虑的成本费用项目有（　　）。

A. 持有现金的机会成本　　B. 现金与有价证券的转换成本

C. 现金管理费用　　D. 现金短缺成本

6. 用存货模式分析确定最佳现金持有量时，应予考虑的成本费用项目有（　　）。

A. 现金管理费用　　B. 现金与有价证券的转换成本

C. 持有现金的机会成本　　D. 现金短缺成本

7. 运用存货模式确定最佳现金持有量所依据的假设有（　　）。

A. 企业预算期内现金需要总量可以预测

B. 企业需要的现金可通过证券变现取得，且证券变现的不确定性很小

C. 现金的支出过程稳定

D. 证券的报酬率以及每次固定性交易费用可以知悉

8. 赊销在企业生产经营中所发挥的作用有（　　）。

A. 增加现金　　B. 减少存货

C. 促进销售　　D. 减少借款

9. 企业对顾客进行资信评估应当考虑的因素主要有（　　）。

A. 信用品质　　B. 偿付能力

C. 资本和抵押品　　D. 经济状况

10. 信用条件的组成要素有（　　）。

A. 信用期限　　B. 现金折扣期

C. 现金折扣率　　D. 商业折扣

11. 下列有关信用期限的表述中，正确的有（　　）。

A. 缩短信用期限可能增加当期现金流量

B. 延长信用期限会扩大销售

C. 降低信用标准意味着将延长信用期限

D. 延长信用期限将增加应收账款的机会成本

12. 与应收账款机会成本有关的因素有（　　）。

A. 应收账款平均余额　　B. 变动成本率

C. 销售成本率　　D. 资金成本率

13. 企业提供比较优惠的信用条件能增加销售量，但也会付出一定的代价，这些代价主要包括（　　）。

A. 现金折扣成本　　B. 坏账损失

C. 应收账款机会成本　　　　D. 收账费用

14. 企业制定现金折扣政策的目的主要有(　　)。

A. 加快资金周转

B. 吸引买方为享受现金折扣而提前付款

C. 扩大销售量

D. 减少企业的税收负担

15. 存货在企业生产经营过程中所具有的作用主要有(　　)。

A. 适应市场变化　　　　B. 维持连续生产

C. 降低储存成本　　　　D. 维持均衡生产

16. 存货成本包括(　　)。

A. 取得成本　　　　B. 销售成本

C. 缺货成本　　　　D. 储存成本

17. 下列各项中,属于建立存货经济订货批量基本模型假设前提的有(　　)。

A. 允许出现缺货

B. 一定时期的订货总量可以较为准确地预测

C. 仓储条件不受限制

D. 存货的价格稳定

18. 存货成本中与订货批量紧密相关的项目是(　　)。

A. 购置成本　　　　B. 变动成本

C. 订货成本　　　　D. 储存成本

19. 在存货经济订货批量模型下,会导致订货批量增加的因素有(　　)。

A. 存货年需要量增加　　　　B. 一次订货成本增加

C. 单位储存成本增加　　　　D. 单位储存成本减少

五、计算与分析题

1. 某企业有四种现金持有方案,各方案有关成本资料如下:

项　目	甲	乙	丙	丁
现金持有量(元)	40 000	50 000	60 000	70 000
机会成本率(%)	7	7	7	7
短缺成本(元)	3 000	1 500	800	0

要求:计算该企业的最佳现金持有量。

2. 已知：某公司现金收支平稳，预计全年（按 360 天计算）现金需要量为 250 000 元，现金与有价证券的转换成本为每次 500 元，有价证券年利率为 10%。

要求：(1)计算最佳现金持有量。

(2)计算最佳现金持有量下的全年现金管理总成本、全年现金转换成本和全年现金持有机会成本。

(3)计算最佳现金持有量下的全年有价证券交易次数和有价证券交易间隔期。

3. 某企业预测 2008 年度销售收入净额为 4 500 万元，现销与赊销比例为 1∶4，应收账款平均收账天数为 60 天，变动成本率为 50%，企业的资金成本率为 10%。一年按 360 天计算。

要求：(1)计算 2008 年度赊销额；

(2)计算 2008 年度应收账款的平均余额；

(3)计算 2008 年度维持赊销业务所需要的资金额；

(4)计算 2008 年度应收账款的机会成本额；

(5)若 2008 年应收账款需要控制在 400 万元，在其他因素不变的条件下，计算应收账款平均收账天数应调整为多少天。

4. 某企业现行的信用期限为 45 天，预测的 2008 年度赊销额为 6 000 万元，现拟将信用期限放宽至 60 天，赊销额预计将增加至 7 200 万元，该企业变动成本率为 60%，固定成本为 1 500 万元，资金成本率（或有价证券利息率）为 10%。假设企业固定成本总额不变，其他有关资料见下表，分析是否应该采用新的信用条件。

信用条件备选方案表

单位：万元

项　　目	45 天	60 天
年赊销额	6 000	7 200
应收账款平均收账天数（天）	45	60
坏账损失率（%）	2	3
收账费用	40	80

5. 某企业预测 2008 年度销售收入净额为 5 000 万元，信用条件为“*n*/30”，变动成本率为 70%，资金成本率为 10%，该公司为了扩大销售，拟定了 A、B 两个信用条件方案：

A 方案：将信用条件放宽到"$n/60$"，预计坏账损失率为 4%，收账费用 80 万元。

B 方案：将信用条件改为"2/10，1/20，$n/60$"，估计有 70%的客户（按赊销额计算）会利用 2%的折扣，10%的客户会利用 1%的折扣，坏账损失率为 3%，收账费用 60 万元。以上两方案均使销售收入增长 10%。

要求：列表计算并确定该企业应选择何种信用条件方案。

6. 假设某企业应收账款原有的收账政策和拟改变的收账政策如下表所示。假设变动成本率为 70%，资金利润率为 10%，确定企业应选用哪种政策比较有利。

收账政策备选方案表

单位：万元

项　　目	现行收账政策	拟改变的收账政策
年赊销额	5 000	5 000
年收账费用	60	100
应收账款平均收账天数（天）	90	45
坏账损失率（%）	4	2

7. 某企业每年需耗用 A 材料 45 000 件，单位材料年存储成本 20 元，平均每次进货费用为 180 元，A 材料全年平均单价为 240 元。假定不存在数量折扣，不会出现陆续到货和缺货的现象。

要求：(1) 计算 A 材料的经济进货批量；

(2) 计算 A 材料年度最佳进货批数；

(3) 计算 A 材料的相关总成本。

第7章 利润分配

第一节 利润及利润分配概述

一、利润及其构成

利润是企业一定期间生产经营活动所取得的经营成果，它是将一定期间的各项收入与费用支出相抵后形成的最终经营成果。利润是评价企业经营管理水平和效益最重要的指标，代表着企业盈利的能力和企业的发展能力。

通常所说的利润包括营业利润、利润总额和净利润。

(一)营业利润

营业利润，是指营业收入(包括主营业务收入和其他业务收入)减去营业成本(包括主营业务成本和其他业务成本)、营业税金及附加、销售费用、管理费用、财务费用、资产减值损失，加上公允价值变动收益、投资收益后的余额。用公式表示为：

$$\text{营业利润}=\text{营业收入}-\text{营业成本}-\text{营业税金及附加}-\text{销售费用}-\text{管理费用}-\text{财务费用}-\text{资产减值损失}+\text{公允价值变动收益}\left(-\text{公允价值变动损失}\right)+\text{投资收益}\left(-\text{投资损失}\right)$$

(二)利润总额

利润总额是指营业利润加上营业外收入，减去营业外支出后的余额。用公式表示为：

利润总额＝营业利润＋营业外收入－营业外支出

其中，营业外收入(或支出)是指企业发生的与日常经营活动无直接关系的各项利得(或损失)。

(三)净利润

净利润也称税后利润,是指利润总额减去所得税后的余额,用公式表示为:

净利润＝利润总额－所得税费用

在会计核算中,所得税通常是作为一种费用在利润总额中扣除的,但在本章中,我们把所得税看成是企业实现利润后,对国家的一种分配,所以本章中我们所称的利润是指所得税前的利润总额,利润分配就是对税前利润总额的分配。

二、利润分配的基本原则

利润分配是指企业按照国家财政金融法规和企业章程的规定,对所实现的利润总额在国家、企业、投资者之间进行分配。利润分配是财务管理的重要内容,它不仅影响着企业的筹资和投资决策,而且涉及国家、企业、投资者、职工等各方利益,涉及企业的长远利益和短期利益,整体利益和局部利益等关系,关系到企业能否长期稳定发展,因此应慎重对待。企业在进行利润分配时应遵循以下原则:

(一)依法分配原则

为规范企业的利润分配行为,国家制定和颁布了若干法规,这些法规规定了企业利润分配的基本要求、一般程序和重要分配比例,企业必须认真执行,不能违反。

(二)兼顾各方利益原则

利润分配关系到国家、企业、投资者、职工各方面的切身利益。国家作为宏观管理者,应该享有一部分企业利润,企业所得税可以看成是对国家的一种分配。除依法缴纳所得税以外,投资者作为资金投入者、企业的所有者依法享有收益分配权,这是企业所有者投资于企业的根本动力所在。另外,企业的利润也离不开全体职工的工作,职工作为企业利润的直接创造者,在获得工资和奖金等劳动报酬外,还应以适当方式参与利润分配。因此,在利润分配中要坚持全局观念,兼顾各方利益。

(三)分配与积累并重原则

企业进行收益分配,应正确处理短期利益与长远利益的关系,坚持分配与积累并重。为了满足企业长远发展的资金需要,企业除了按规定提取法定盈余公积金之外,再适当留存一部分利润作为积累,这部分利润虽未予分配,仍属于企业所有者所有,以任意盈余公积的形式留在企业,为企业今后的扩大再生产筹集了资金,同时增强了企业抵抗风险的能力。当然企业也不能把所有的利润留在企业而不进行分配，因为投资者投资于企业是想取得投资收益，如果企业不分配利润，这会影响现有投资者和潜在投资者的信心，对投资者的吸引力难免大打折扣。因此，企业在利润分配时，应正确处理分配与积累之间的关系。

（四）投资与收益对等原则

利润分配时应体现“谁投资谁受益”的原则，这是正确处理各投资者之间关系的原则，投资者投入资本不同，收益的大小也不同，收益的大小应与投资比例相适应，即投资与收益对等。这就要求企业在向各投资者分配利润时，应按照各方投入资本的多少来进行，保证各方投资者的合法权益。

三、利润分配的顺序

按照国家有关规定，企业的利润总额按如下程序进行分配：

（一）缴纳所得税

(1)税前利润补亏

按照我国财务和税务制度的规定，企业发生的年度亏损，可以用下一年度的税前利润弥补；下一年度利润不足弥补的，可以在亏损发生之后的5年内用所得税前利润连续弥补；连续5年未弥补完的亏损，用缴纳所得税后的利润弥补。

(2)计算并缴纳所得税

按照税法的规定，企业应缴纳的所得税是用应纳税所得额乘以相应的税率计算得到的。应纳税所得额是计算所得税的基础，它类似于会计利润，但在我国，由于会计制度和税法在收入和费用确认的范围和时间上存在差异，造成会计账面利润和应纳税所得额并不相同。应纳税所得额可以有两种计算办法：一种是直接法，即从企业的应税收入总额中扣减按税法规定准予扣除的成本费用项目得到；另一种是间接法，即从企业的会计利润出发，按国家规定作相应纳税调整，增减有关应调整的项目之后得到应纳税所得额。两种方法下的计算公式为：

直接法下：应纳税所得额＝纳税人的收入总额－准予扣除项目

间接法下：应纳税所得额＝利润总额＋纳税调增项目－纳税调减项目

计算出应纳税所得额后，乘以相应税率就可以计算企业应交纳的所得税了。按照新税法规定，企业实行25％的比例税率，并增设了两档照顾税率：符合条件的小型微利企业，减按20％的税率征收企业所得税；国家需要重点扶持的高新技术企业，减按15％的税率征收企业所得税。

(二)税后利润的分配

1.抵补被没收的财物损失和违反税法规定而支付的滞纳金和罚款

缴纳所得税后的利润首先应支付被没收的财物损失和违反税法规定而支付的滞纳金和罚款,这是为了维护国家的法律权威,促使企业遵纪守法。

2.弥补以前年度亏损,计算可供分配的利润

如果企业的亏损用税前利润在5年期内都还未弥补完,就要转由企业税后利润弥补,以保证企业简单再生产的正常进行。将本年度的净利润(或亏损)加上年初未分配利润(或减去年初未弥补的亏损)合并起来,就是可供分配的利润。如果可供分配的利润为负数,即历年累计为亏损,则不能进行后续的分配;如果可供分配的利润为正数,即历年累计有盈利,则继续进行后续分配。

3.计提法定盈余公积金

企业应按当年的税后净利润扣除支付罚金和弥补以前年度的亏损后的余额计提法定盈余公积金。应注意的是,提取法定盈余公积金的基数,不是累计盈利,也不是当年的税后利润。有关法律规定,法定盈余公积金的计提比例为10%,但当年盈余公积金累计额达到公司注册资本的50%时,可不再提取。

企业提取的盈余公积可以用于弥补企业亏损。弥补企业亏损的顺序是:首先可以用税前利润来弥补,连续5年还未弥补完,可以用税后利润弥补,如果还是无法弥补,还可用盈余公积弥补。弥补完亏损以后,如果当年利润及以前年度累计未分配利润不够分配股利时,经股东大会同意,也可以用盈余公积支付股利,但其支付额不得超过股票面值的6%,且在支付股利后,企业法定盈余公积金不能低于企业注册资本的25%。

企业提取的盈余公积还可以用于按规定转增注册资本,但转增后企业留存法定盈余公积金不得低于企业注册资本金的25%。

4.支付优先股股利

对外发行优先股的股份公司,在按规定提取了法定盈余公积金后,应按约定向优先股股东支付股利。

5.计提任意盈余公积金

任意盈余公积属于盈余公积的一部分,是按公司章程规定或由股东大会决定从税后利润中提取和使用的公积金。其计提比例没有法律约束,可以多提也可以少提或不提,其作用与法定盈余公积一样,也可用于弥补亏损、转增资本和分配股利。

6.支付普通股股利

企业的税后利润在进行上述分配程序之后,剩下的利润就可以向投资者

分配股利了。公司应按照同股同权、同股同利的原则向普通股股东分配股利。通常情况下企业如果当年无利润,就不能进行利润分配,这就是所谓"无利不分原则"。但企业用盈余公积弥补亏损后,经股东大会特别决议,可以用盈余公积分配股利,但分配比例不能超过股票面值的6%,分配后盈余公积的余额不能低于企业注册资本金的25%。

第二节　利润分配政策

一、利润分配政策的含义及意义

利润分配政策是指在法律允许的范围内,可供企业管理当局选择的,有关净利润分配事项的方针及对策。

企业可供分配的净利润既可以用于向投资者分红,也可以留存企业,两者存在着此消彼涨的关系。在净利润总额相对有限的情况下,如何合理确定向投资者分红与留存收益的比例,直接关系到企业短期利益与长远利益、投资者与企业之间的关系能否得到妥善处理。选择适当的利润分配政策,对企业具有重大的意义:

(一)利润分配政策在一定程度上决定企业对外再筹资的能力

一方面留存收益实际上是企业筹集资金的一种重要方式,这种方式是从企业内部筹集发展所需资金,并且没有筹资费用。留存收益能直接增加企业积累的能力,在未来资金需要量一定的情况下,通过留存收益从内部融通的资金越多,需要对外筹资的资金量就越小,从这个意义上说,利润分配政策也是企业筹资政策。另一方面,向投资者分红能够树立企业市场形象,增强现有投资者和潜在投资者的投资信心,从而为企业未来筹集更多资金打下很好的基础。

(二)分配政策在一定程度上决定企业市场价值的大小

恰当而连续的分配政策反映了企业的经营是连续的、稳定的和有计划的。因此,企业采取适当的分配政策并保持一定程度上的连续性有利于提高企业的财务形象,从而提高企业发行在外的股票的价格和企业的市场价值。

二、影响利润分配政策的因素

企业在确定利润分配政策时,需考虑以下因素对利润分配政策的影响:

(一)法律因素

为了保护债权人和股东的利益,国家有关法律如《公司法》、《证券法》对企业利润分配进行了一定的限制,这些限制主要包括:

1.资本保全约束

资本保全是为了保护投资者的利益而作出的法律限制,它要求企业不能用筹集的原始投资或股本(包括资本溢价)来发放投资分红或股利,而只能用企业当期利润或留存收益来发放。其目的是保护企业股东权益,防止企业任意减少公司原始资本,以维护债权人的利益。

2.企业积累的约束

这一规定要求企业在向投资者分红或发放股利之前,应当按法定程序以一定的基数和比例提取各种公积金。这也是为了增强企业抵御风险的能力,维护投资者的利益。我国有关法律法规明确规定,股份公司应按税后利润扣除规定项目之后余额的10%提取法定盈余公积金,并且鼓励企业在分配普通股股利之前提取任意盈余公积金,只有当盈余公积累计数额达到注册资本的50%时,才可不再提取。

3.企业利润的约束

这是规定只有在企业以前年度的亏损全部弥补完之后,若还有剩余利润,才能用于分配股利,而当企业当年无利润时,一般不得分配利润,即"无利不分原则"。

4.偿债能力约束

偿债能力是指企业按时足额偿付各种到期债务的能力。企业在分配股利时,必须保持充分的偿债能力。企业分配股利不能只看利润表上的净利润的数额,还必须考虑到企业的现金是否充足。如果因过多地发放现金股利,而影响了企业的偿债能力或正常的经营活动,则利润分配就要受到限制。

5.超额累积利润约束

由于投资者接受企业发放的现金股利要缴纳较高的个人所得税,而进行股票交易的资本利得(股票买卖价差)所缴纳的所得税较少,因此许多企业往往通过积累较多的利润而使股价上涨,从而帮助股东既取得较多收益又能合理避税。许多西方国家都在法律上明确规定公司不得超额累积利润,一旦留存收益超过法律认可的水平,留存收益也将被征税,我国法律目前尚无这方面的规定。

(二)股东因素

股东出于自身利益的考虑,可能对企业的利润分配政策提出不同的意见,这些考虑包括：

1.追求稳定的收入，规避风险

有的股东依赖于公司发放的现金股利维持生活，他们往往要求公司支付稳定的股利，反对企业过多地留用利润。另外，一些股东认为，通过积累企业留存收益而使股价上涨带来的资本利得收益具有较大的不确定性，是有风险的，相比之下，还是取得现实的股利比较稳妥，即便是现在较少的股利，也强于未来较多的资本利得，这些“一鸟在手胜过两鸟在林论”的股东也倾向于多分股利。

2.控制权的考虑

企业的大股东持股比例较高，对公司拥有控制权，由于不希望公司控制权旁落，他们往往倾向于公司较多地留存收益而少发股利。因为公司如果发放较多的现金股利，必然导致公司的留存收益减少，当企业发展需要增加新的资金时，不得不更多地通过企业外部来融资。如果采用负债筹资，则会增加企业的财务风险；如果发行新股筹资，虽然原有股东有优先认股权，但他们必须要拿出足够的资金，否则，其持股比例就会降低，对公司的控制权就会被稀释。因此，这些股东就会主张限制股利的支付而较多地留用利润，以防止控制权落入新股东的手里。

3.避税的考虑

各国税法都规定，对股东分得的股息和红利要征收个人所得税，而且税率往往较高，而股票交易的资本利得税相对来说较低。在我国，税法规定股东分得的股息和红利要征收20%的个人所得税，而对股票交易的收益暂时还未开征资本利得税。因此，一些高收入的股东，出于避税的考虑，往往要求限制支付过多的股利，更多地留用利润，从股价上涨中获得好处。

（三）公司因素

企业内部各种因素也会影响企业的利润分配政策，这些因素主要有：

1.现金流量

企业在经营活动中，必须有充足的现金以维持各种支付和偿债能力，否则就会发生支付困难。企业在进行利润分配时，必须要考虑到现金流量及资产的流动性，较多地支付现金股利会减少企业的现金持有量，降低资产的流动性，影响未来的支付能力，甚至出现财务困难。因此，如果企业资产的流动性差，即使收益可观，也不宜过多分配股利。

2.举债能力

举债能力是当企业需要资金时能够通过借款或发行债券方式筹得债务资

金的能力，它是企业筹资能力的一个重要方面。不同的企业在资本市场上的举债能力会有差异，公司在分配现金股利时，应当考虑自身的举债能力如何。如果一个公司举债能力较强，能够较容易地从资金市场筹集到所需资金，则有可能采取较为宽松的收益分配政策；而对于一个举债能力较弱的公司，则应保留较多的盈余以满足企业的资金需求。

3.未来投资机会

企业的利润分配政策在很大程度上也受到企业面临的投资机会的影响。在企业面临良好的投资机会时，企业就应当考虑少发放现金股利，增加留存收益，用于新的投资，这样更有利于企业的发展，增加企业未来的收益；如果企业暂时没有良好的投资机会，则倾向于向股东支付股利。所以，很多成长中的企业，往往采取较低的股利支付率，而处于经营收缩期的企业则采取较高的股利支付率。

4.盈利能力

企业盈利能力的强弱也直接影响利润分配政策。盈利能力比较强而且相对稳定的企业，预期未来有良好的盈利，因此可能支付较高的股利；而盈利能力较弱或不太稳定的企业，则往往不敢支付较多的股利，而是较多地留用利润，以满足未来的不时之需。

5.筹资成本

资金成本是企业选择筹资方式考虑的重要因素，留用利润是企业内部筹资的重要方式，同发行新股相比，利用留存收益无须支付筹资费用，筹资成本较低，隐蔽性较好。企业一方面放弃内部筹资，大量发放现金股利，另一方面又通过外部资本市场筹集较高成本的资金，这无疑是不合理的。同时，利用留存收益筹资，增加股东权益的比重，也有利于提高企业举债能力。因此，在制定利润分配政策时，应充分考虑企业对资金的需求和筹资成本等因素的影响。

(四)债务合同因素

债权人为了维护自身利益，往往在企业的债务合同，尤其是长期债务合同，如长期借款协议、债券协议等中，加有很多关于限制企业支付现金股利的条款。这些条款经常包括：未来发放的股利只能以签订合同之后的收益来分配，即限制使用过去的留存收益来发放股利；规定企业的流动比率、已获利息倍数等偿债能力指标低于一定标准时，不得分配现金股利；规定每股股利的最高限额；规定企业从利润中计提一定比例的偿债基金等等。这些条款能够较好地维护债权人的权益，保障企业的偿债能力。为了协调和债权人之间的关系，企业在制定利润分配政策时，必须考虑这些限制性条款的约束。

三、利润分配政策的类型

企业制定利润分配政策时，应考虑影响利润分配政策的各种因素，在支付给股东的股利与留存收益之间找到一个合理的平衡点：既要发放股利，使投资者满意，又要有利于增加企业内部筹资的来源，保证企业未来的发展所需资金。在利润一定的情况下，两者之间是此消彼涨的关系，利润分配政策的核心问题就是确定分配与留利的比例，即股利支付比例问题，利润分配政策也就是股利政策。企业经常采用的利润分配政策有以下几种：

（一）剩余股利政策

如前所述，企业的投资机会和资金成本是影响公司利润分配政策的重要因素，在企业有良好投资机会时，为了降低资金成本，企业通常会采用剩余股利政策。所谓剩余股利政策就是在公司有着良好的投资机会时，根据一定的目标资金结构（最佳资金结构）测算出投资所需的权益资金，企业的利润首先满足这一需求，然后再将剩余的利润用于分配股利。采用剩余股利政策的前提条件是企业必须有良好的投资机会，并且该投资机会的预计报酬率要高于股东要求的必要报酬率。采用剩余股利政策的具体步骤如下：

(1)根据选定的最佳投资方案，确定投资所需的资金总额。

(2)确定企业的目标资金结构，即确定股东权益资金和债务资金的比例，在此结构下，企业加权平均资金成本将达到最低水平，并以此确定所需要的股东权益的数额。

(3)最大限度地利用留存收益来满足投资所需要增加的股东权益资金数额。

(4)在满足投资需要后如果还有剩余的利润用于向股东分配股利。

【例 7-1】假定某公司某年净利润在补亏、提取法定公积金和公益金之后为 800 万元，公司将要有一项投资计划需要 1 000 万元的资金，公司的目标资金结构为股东权益占 60%，负债资金占 40%，公司拟采用剩余股利政策分配利润。试确定企业应如何融资，分配的股利是多少？

按照目标资金结构的要求，公司投资方案所需的权益资金数额为：1 000 ×60%=600(万元)，企业可用于分配股利的利润 800 万元，在满足了投资所需的 600 万元后还剩 200 万元，公司可以将这 200 万元用于向股东分配股利。假定该公司当年流通在外的普通股为 400 万股，那么每股股利就为 200÷400

=0.5(元)。

这时公司保持了理想的资金结构,加权平均资金成本最低。企业不用这种分配政策,而是将可向股东分配的800万元全部用于投资,当年不发放股利;或是将800万元全部作为股利发给股东,然后再从外部筹集债务资金,两种做法都会破坏目标资金结构,导致加权平均资金成本的提高,不利于企业价值的提高。

企业在有良好投资机会时,通常采用剩余股利政策,这时投资者对公司未来的获利能力有较好的预期,因而股票价格会上升,并且利用留用利润来满足最佳资金结构下投资机会对权益资金的需求,可以降低企业的资金成本,有利于企业提高效益。但是,采用剩余股利政策,股利的发放额每年将随盈利水平和投资机会的变动而变动。盈利水平稳定的情况下,股利与投资机会的多少呈反向变动,投资机会越多,股利发放越少;如果盈利水平不稳定时,变动幅度更大。也就是说,剩余股利政策会导致各期股利忽高忽低,变动很大,不利于维护企业的市场形象。所以很多公司不会机械运用这一政策,而应根据企业具体情况加以适当调整。

(二)固定股利或稳定增长股利政策

固定股利或稳定增长股利政策是指将企业每年发放的股利固定在某一固定的水平上并在较长的时期内保持不变,只有当企业认为未来盈余会显著地不可逆转地增长时,才提高年度的股利发放额。当然,在通货膨胀的条件下,企业的盈余也会随之提高,投资者也希望企业发放的股利可以抵消通货膨胀的不利影响,因此在长期通货膨胀的时期也应提高股利发放额。企业采用固定股利或稳定增长股利政策的重要原则是绝对不要降低每年的股利发放额,这种股利政策主要是出于以下考虑:

(1)每年稳定的股利向投资者传递着企业正常发展、经营状况稳定的信息,有利于企业树立良好市场形象,增强投资者对企业的信心,有利于股票价格的上升、企业价值的提高。而稳定的股利增长率更是传递给投资者企业业绩稳定增长的信息,大大促进股票价格的上升。相反,企业的股利政策不稳定,股利忽高忽低,就会使投资者认为企业的经营不稳定,影响投资者的信心,导致股票价格下降。

(2)稳定的股利政策,有利于投资者有计划地安排股利收入和支出,特别是那些对股利有着很高依赖性的股东更是如此。如果股利忽高忽低,则会降低他们对这种股票的需求,股票价格因此下降。

(3)为了维持稳定的股利水平,稳定的股利政策有时会使某些投资方案延迟或者使公司资金结构暂时偏离目标资金结构，或通过发行新股筹集资金，尽管这样可能会延误投资机会或使资金成本上升，但这也要比减发股利或降低股利增长率有利得多，因为突然降低股利，会使投资者认为该企业经营出现困难，业绩下滑，从而抛售股票，使股票价格下降，对企业更加不利。

这种股利政策的缺点在于股利的支付与盈余脱节，当盈余下降或现金紧张时，仍然需要支付固定的股利，这会给企业造成较大的财务压力，容易导致资金短缺，财务状况恶化；同时也不能像剩余股利政策那样保持较低的资金成本。这种股利政策一般适用于经营比较稳定的企业采用。

（三）固定股利支付率政策

固定股利支付率政策是企业确定一个股利占盈余的比例（即股利支付率），长期按这一固定的比率支付股利的政策。支持这种政策的人认为，这种政策体现了多盈多分、少盈少分、不盈不分的原则，公平对待每一位股东。这一股利政策下，企业股利的支付与企业的盈利密切相关，股利随盈利变动而变动，盈利状况好的时候股利支付额就高，盈利状况不好的时候股利支付额就低。这种股利政策不会给企业造成较大的财务负担，但其股利变动较大，忽高忽低，容易给投资者造成该企业经营不稳定的印象，不利于树立良好的企业形象和稳定股票价格。

（四）低正常股利加额外股利政策

低正常股利加额外股利政策，是一种介于稳定股利政策和变动股利政策之间的折衷政策。它是指企业在一般情况下每年都支付固定的较低的股利，在盈余多的年份，再根据实际情况向股东发放额外股利。这种股利政策具有较大的灵活性，在企业盈利较少或投资需要较多资金时，可以只支付较低的正常股利，这样既不会给企业造成较大的财务压力，也保证了股东定期得到一笔固定的股利，不会有股利跌落感；而在企业盈利较多又不需要较多投资资金时，可以向股东发放额外的股利，使他们增强对企业的信心，有利于稳定股票的价格。低正常股利加额外股利政策，既可以维持股利的稳定性，又给企业留有较大的灵活空间，使稳定性与灵活性更好地相结合，因而为较多的企业所采用。

以上四种股利政策都是常见的利润分配政策，它们各有优缺点，在财务管理实践中，企业的决策者应针对企业在不同时期的不同情况作具体分析，制定适合本企业的利润分配政策。

第三节 股利支付程序

一、股利支付的方式

大多数情况下，非股份制企业投资分红一般采用现金方式，而股份公司的股利支付方式则有现金股利、股票股利、财产股利和负债股利等，后两种方式应用较少，我国有关法律规定股份有限公司只能采用现金股利和股票股利两种方式。

（一）现金股利

现金股利是指以现金的形式支付股利，这是企业最常见的、也是最易被投资者接受的股利支付方式。投资者一般都希望得到现金股利，而且企业发放现金股利的多少直接影响公司股票价格，间接影响着企业未来筹资能力，但企业发放现金股利增加了企业的现金流出，给企业造成较大的支付压力。一般情况下，企业要发放现金股利，必须要有足够的未指明用途的未分配利润，并且要有足够的现金。

（二）股票股利

股票股利是指以股票的形式支付股利。具体形式可以有：公司在增发新股时，预先扣除当年应分配股利，减价配售给老股东；或者无偿增资配股，老股东不需要缴纳任何现金和实物，即可取得公司发行的股票。

股票股利是一种特殊的股利形式，它不会引起公司资产的流出或负债的增加，而只是涉及股东权益的各项目的结构发生变化，即在减少未分配利润项目金额的同时，增加公司的股本额，同时还可能引起资本公积的增减变化，它们之间此消彼涨，所有者权益的总额不会变化。

1.公司采用股票股利的原因

(1)可使公司保留大量的现金，便于进行再投资，有利于公司的长远发展。股票股利可以使企业免付现金，如果企业有较好的投资机会而需要现金扩展业务时，公司会考虑不发放现金股利而采用股票股利代替，节约的现金就可用于追加投资，扩大企业经营规模。

(2)分割股票，降低股票价格，从而吸引更多的投资者。股票股利不会改变企业账面上的所有者权益总额，也不会改变股东的持股结构，但是会增加市场上流通的股票数量，因此，发放股票股利会使股票每股收益下降，每股价格相应下降。一般来说，如果不考虑股票市价的变动，发放股票股利后的股票价格，应当按发放的股票股利的比例而成比例下降。发放股票股利后每股市价和每股收益可用以下公式进行计算：

$$发放股票股利后每股收益=\frac{发放股票股利前每股收益}{1+股票股利支付率}$$

$$发放股票股利后每股市价=\frac{发放股票股利前每股市价}{1+股票股利支付率}$$

如某公司发放股票股利前的每股收益为0.6元，每股市价为15元，假设该公司决定按照10股送5股的比例发放股票股利，则该公司的股票在除权日即股权登记日之后的每股收益应为0.4元[0.6÷(1+50%)]，市价应降至每股10元[15÷(1+50%)]。可见，分配股票股利，一方面扩大了股本，另一方面起到了股票分割的作用，在一定程度上使股价下降，使股价保持在一个合理的水平上，避免因股价过高而不便于交易。

(3)发放股票股利往往向社会传递公司持续、健康发展的信息，从而提高投资者对公司的信心，在一定程度上可以稳定股票价格。

2.公司发行股票股利对股东的好处

(1)公司在发放股票股利之后发放现金股利，股东会因所持股数的增加而获得更多的现金。如公司宣布派发股票股利，每10股送1股，同时每股支付现金股利0.5元，某股东拥有该公司股票1万股，则该股东可得现金股利5 500元[10 000×(1+10%)×0.5]，如果不发放股票股利，该股东只能得到现金股利5 000元(10 000×0.5)。

(2)有时公司发放股票股利后股价并不成比例下降，这可使股东得到股票价值相对上升的好处。当公司发放少量股利(如2%～3%)时，股价不会立即变化，股东因持有股票数量增加使持有的股票总体价值上升。

(3)发行股票股利通常为成长中的公司所为，因此，投资者往往认为发行股票股利预示着公司将会有较大的发展，这种心理会稳定股价甚至使股价有所上升。但在某些情况下，发放股票股利也会被认为是公司资金周转不灵的征兆，从而降低投资者对公司的信心，加剧股价的下跌。

(4)在有的国家出售股票的收益所要缴纳的税率比现金股利低，投资者需要现金时可以将分得的股票股利出售，这时可以使投资者获得税收方面的好处。

【例7-2】某公司2012年度的净利润为4 500万元，进行利润分配前所有者权益总额为84 000万元，其中股本为10 000万元(发行10 000万股，每股面值 1 元，市价 5 元)，资本公积为 38 000 万元，盈余公积为 22 000 万元，未分配利润为 14 000 万元(含当年净利润)，假设该公司决定按每 10 股送 2 股的比例用未分配利润发放股票股利。计算该公司发放股票股利后所有者权益各项目的金额为多少。

该公司送股方案为 10 送 2，股利支付率为 20%，即该公司需要送出 2 000 万股股票，由于该公司股票市价为每股 5 元，即意味着未分配利润中将有10 000 (2 000×5)万元用于发放股票股利，这部分资金中面值的部分 2 000 万元应转入股本，超出面值的部分 8 000 万元应转入资本公积，发放股票股利后：

股本＝10 000＋2 000＝12 000(万元)

资本公积＝38 000＋8 000＝46 000(万元)

盈余公积＝22 000(万元)

未分配利润＝14 000－10 000＝4 000(万元)

所有者权益总额＝12 000＋46 000＋22 000＋4 000＝84 000(万元)

可见，发放股票股利后，所有者权益总额并没有变化，只是所有者权益的结构发生了变化。

发放股票股利后，该股票的每股市价＝5÷(1＋20%)＝4.17(元)

另外，发放股票前的该股票每股收益＝4 500÷10 000＝0.45(元/股)，发放股票股利后，该股票的每股收益＝0.45÷(1＋20%)＝0.375(元/股)。

二、股利支付的程序

股份公司分配股利必须遵循法定的程序，一般先由董事会提出分配预案，然后提交股东大会决议通过才能进行分配。向股东分配股利需要经过以下时点：股利宣告日、股权登记日、除息日和股利发放日。

(一)股利宣告日

股利宣告日为公司董事会将股利支付情况予以公告的日期。公告中将宣布每股支付的股利、股权登记期限、除去股息的日期和股利支付日期。

(二)股权登记日

股权登记日为有权领取股利的股东进行资格登记的截止日期，也称为除权日。只有在股权登记日之前在公司股东名册上有名的股东，才有权分享股利。

(三)除息日

除息日是指领取股利的权利与股票相互分离的日期。在除息日前，股利权从属于股票，持有股票者享有领取股利的权利；从除息日开始，股利权与股票相分离，新购入股票的股东不能分享股利。在股权登记日之前的几天，如果有股票的买卖，由于买卖之间的交接和办理股票的过户手续需要几天的时间，公司无法立即得到当天股票交易的资料。因此，证券交易所往往规定在股权登记日之前的第四天为除息日，在除息日当天或之后购买股票者将无权领取最近一次股利。在除息日之前进行交易的股票由于包含了应得的股利收入在内，其价格一般高于在除息日之后进行交易的股票价格。

（四）股利支付日

股利支付日指向股东发放股利的日期。

思考与练习

一、思考题

1. 企业进行利润分配应遵循什么原则？

2. 企业利润分配的顺序怎样？

3. 影响企业利润分配政策的因素有哪些？

4. 主要的利润分配政策有哪几种？

二、判断题

1. 公司不能用资本包括股本和资本公积发放股利。（　　）

2. 采用固定股利比例政策分配利润时，股利不受经营状况的影响，有利于公司股票价格的稳定。（　　）

3. 采用剩余股利分配政策的优点是有利于保持理想的资金结构，降低企业的综合资金成本。（　　）

4. 企业发放股票股利可提高每股利润，使得公司股价上升。（　　）

5. 在除息日之前，股利权从属于股票；从除息日开始，新购入股票的人不能分享本次已宣告发放的股利。（　　）

三、单项选择题

1. 我国上市公司不得用于支付股利的权益资金是（　　）。

A. 资本公积　　B. 任意盈余公积

C. 法定盈余公积　　D. 上年未分配利润

2. 公司以股票形式发放股利，可能带来的结果是（　　）。

A. 引起公司资产减少

B. 引起公司负债减少

C. 引起股东权益内部结构变化

D. 引起股东权益与负债同时变化

3. 当企业的净利润与现金流量不够稳定时，应采用(　　)对企业和股东都有利。

A. 剩余政策　　B. 固定股利政策

C. 固定股利比例政策　　D. 低正常股利加额外股利政策

4. 在下列股利政策中，股利与利润之间保持固定比例关系，体现风险投资与风险收益对等关系的是(　　)。

A. 剩余政策　　B. 固定股利政策

C. 固定股利比例政策　　D. 正常股利加额外股利政策

5. 对收益经常波动的企业最不适宜选择的股利政策是(　　)。

A. 剩余政策　　B. 固定股利政策

C. 固定股利比例政策　　D. 低正常股利加额外股利政

四、多项选择题

1. 确定企业收益分配政策时需要考虑的法规约束因素主要包括(　　)。

A. 资本保全约束　　B. 资本积累约束

C. 偿债能力约束　　D. 稳定股价约束

2. 股东在决定公司收益分配政策时，通常考虑的主要因素有(　　)。

A. 规避风险　　B. 稳定股利收入

C. 防止公司控制权旁落　　D. 避税

3. 公司在制定利润分配政策时应考虑的因素有(　　)。

A. 通货膨胀因素　　B. 股东因素

C. 法律因素　　D. 公司因素

4. 股份有限公司的股利分配政策有(　　)。

A. 剩余股利政策

B. 随机股利政策

C. 稳定的股利政策

D. 变动的股利政策

E. 正常股利加额外股利的股利政策

5. 发放股票股利后，会使(　　)。

A. 每股收益和每股市价增加

B. 每位股东所持股票的市场价值总额不变

C. 每股收益和每股市价减少

D. 每位股东所持股票的市场价值总额变动

五、计算及分析题

1.某公司本年提取盈余公积金后的净利润为300万元,下年拟投资一个新的项目,需要投资额400万元。公司最佳资本结构为负债资本占55%,权益资本占45%,公司流通在外的普通股为500万股,假设公司采用剩余股利政策。

要求:(1)计算该公司本年可以发放的股利额。

(2)计算每股股利。

2.某公司2012年度的净利润为990万元,进行利润分配前所有者权益总额为20 000万元,其中股本为4 000万股,每股面值1元,市价4.4元,资本公积为8 000万元,盈余公积为5 000万元,未分配利润为3 000万元(含当年净利润),假设该公司决定每十股送一股的比例派发股票股利。

要求:(1)计算该公司发放股票股利后所有者权益各项目的金额。

(2)计算该公司发放股票股利后每股市价。

(3)计算该公司发放股票股利后每股收益。

第8章 财务预测、预算和控制

企业未来面临的经营情况是未知的，充满变数，这种不确定性将给企业经营带来风险。因此，企业应该重视事前的预测与规划，增强经营管理的可预见性，保证企业生产经营稳定、顺利地进行。企业应该对未来的销售、成本、利润以及资金需求等各方面进行预测，并进一步在预测的基础上编制财务预算。财务预算是财务预测的具体化和任务化，在实际生产经营过程中结合财务预算，就可以对企业的经营活动加以控制，及时纠正各种偏差，保证生产经营活动顺利进行。

第一节 财务预测

一、财务预测的含义及意义

财务预测是指财务人员根据企业财务活动的历史资料和企业的现实条件，运用经济预测的一般原理和方法，对企业的财务活动及其结果作出科学的预计和测算，为企业的财务决策和财务计划提供支持的一项活动。

企业进行财务预测并不是为了对企业未来进行精确的预计，而是在于尽可能地规避风险，提高企业抵抗风险的能力。预测给人们展现了未来的各种可能前景，促使人们制定出相应的应急计划。预测和计划是超前思考的过程，其结果包括对未来各种可能前景的认识和思考。预测还可以提高企业对不确定事件的反应能力，从而减少不利事件出现带来的损失，增加有利机会带来的收益。因此，财务预测作为一项前瞻性的管理活动，对企业来说意义重大。

二、财务预测的类型

(一)按分析的方法划分,可分为定性预测和定量预测

定性预测又称非数量预测,是由熟悉经营业务和有关情况的人,在掌握的历史资料及直观资料的基础上,根据自己的专业知识、个人经验、主观判断及分析预见能力,并听取各方面的意见,对企业财务活动及其结果的未来发展趋势作出主观的理性判断的方法。这种方法不能对预测的情况给出确切的数据,而只能定性地估计事件的发展趋势、优劣程度及发生的概率。这种方法一般在企业缺乏必要的历史资料,难以进行定量分析的情况下使用。具体有专家意见法、市场调查法等。其预测过程为:首先,由熟悉财务情况和生产经营情况的专家,根据以往所积累的经验进行分析判断,提出初步意见;然后,再通过召开座谈会或发出各种表格等形式,对初步意见的结果进行有根据的修正,如此通过一次或数次的反馈,得出最终的预测结果。

定量预测又称数量预测,是在掌握大量数据资料的情况下,运用数学方法建立一定的数学模型,根据需要对历史数据进行加工整理,利用各种经济变量之间的数量关系,对企业未来财务活动及其结果进行预计和推测的方法。这种方法一般在企业历史资料完备的情况下使用,并适用于对存在数量函数关系的经济变量的预测。定量预测按经济变量之间的数量函数关系,可分为趋势预测法与因果关系预测法。其中趋势预测法包括算术平均法、移动平均法、加权平均法、指数平滑法等;因果关系预测法包括回归分析法、本量利分析法等。

(二)按预测的期限划分,分为长期预测、中期预测和短期预测

按照预测期的长短,预测被分为长期、中期和短期预测。通常,五年以上的预测称为长期预测;一年以上、五年以下的预测称为中期预测;一年以下的预测称为短期预测。长期预测主要是为企业长远发展规划和长期决策提供依据,预测难度大,准确性较差;短期预测主要是为短期计划和短期决策提供依据,预测时间跨度小,如一年、一季度甚至一个月,预测难度较小,准确性较高;中期预测则介于两者之间。通常,企业有关新产品开发、投资项目的可行性分析、固定资产更新、市场开发等方面的预测是中长期预测,而其余的大部分预测,如销售预测、生产预测、利润预测则属于短期预测。

(三)按预测的内容划分,分为销售预测、成本预测、利润预测和资金预测

销售预测是根据历史销售资料以及市场上对产品需求的变化情况,对未来一定时期内有关产品的销售发展变化趋向所进行的预计和推测;成本预测

是根据历史成本资料以及企业现有的经济、技术条件及今后的发展前景，对未来一定时间内有关产品或劳务的成本水平和变动趋势所进行的预计和推测；利润预测是按照企业经营目标的要求，通过对影响利润变动的成本、产销量等因素的综合分析，对未来一定时间内可能达到的利润水平和变动趋势所进行的预计和推测；资金预测是根据历史资金资料及销售等其他资料，对未来一定时间内的资金需要量所进行的预计和推测。其中销售预测是起点，是进行成本预测、利润预测和资金预测的基础，后三者都直接或间接地与销售预测的内容和结果有着紧密联系。

三、财务预测的程序

财务预测一般是按以下程序来进行的：

(一)确定预测的目标和对象

进行财务预测，必须先确定预测对象，确定预测的具体内容、范围和目的。不同的预测对象所采取的预测方法不同，只有明确了预测的对象，采用适当的方法，收集相关的资料，才能有针对性地做好各阶段的预测工作。

(二)选用适当的预测方法

预测方法多种多样，不同的预测对象可以采用不同的预测方法，有的预测对象，也可以采用几种不同的预测方法。我们需要根据可以收集到的资料情况以及预测对象的特点，确定合适的预测方法。如果可以得到相关的准确资料，预测者又掌握科学的数学预测方法和技术，可优先考虑定量预测法，否则考虑定性预测法。但在实践中，往往是把定量预测与定性预测结合起来，以得到更为可靠稳妥的预测结论。

(三)收集相关资料

相关的历史资料是预测分析的基础，要做好预测工作，必须掌握有关预测对象从过去到现在的数据资料。收集资料是一项重要的工作，财务预测的目的能否达到，在很大程度上取决于资料占有的详尽情况，企业应本着充分性、相关性、重要性及成本与效益原则收集相关信息资料，并在平时就注意资料的收集和积累。

(四)检查相关资料

预测分析必须以正确和真实的资料为依据，才能得出正确的预测结果。对收集来的资料要进行检查，不正确的资料要剔除，并去除偶然性的影响，选择真实可信、具有代表性的资料。

(五)整理分析相关资料,求得预测结果并加以修正

对于收集来的资料,还应结合具体的预测方法进行相应的整理,如一定的预测方法需要将资料加以整理后编制相应的计算表或图表等,然后再用选择确定的预测方法对整理后的资料进行分析计算,求得预测结果。在某些预测方法下,预测的结果往往会出现一些误差,为减少误差,应对预测结果进行进一步的评价和修正。

四、成本习性及本量利分析

成本习性和本量利是财务管理中的重要概念,财务预测的很多方法都是以成本习性为基础,根据成本、业务量与利润之间的关系来进行预测的。

(一)成本习性

成本习性又称为成本性态,是指成本总额和业务量(生产量、销售量、工作量等)之间的相互依存关系。企业发生的成本按成本习性划分,可分为固定成本、变动成本和混合成本。固定成本是指成本总额在一定时期和一定范围内,不受业务量增减变动影响的成本,如厂房租金或折旧等;变动成本是指成本总额随业务量的变动而成正比变动的成本,如生产工人工资、产品原料等;混合成本是随业务量增长而增长,但不成正比增长的成本,混合成本可以采用一定的方法分解为变动成本和固定成本。这样全部成本都可以分成固定成本和变动成本两类。用公式表示总成本如下:

总成本＝变动成本＋固定成本

用函数式表示为:$y=a+bx$

其中,y 表示总成本,a 表示固定成本,b 为单位变动成本,x 为业务量。

(二)本量利分析

本量利分析就是在将成本划分为固定成本和变动成本,并在假定产销量一致的基础上,根据成本、收入(产量)、利润三者之间的相互关系进行预测与决策分析的一种方法。其分析过程为:

利润＝销售收入－总成本

其中:销售收入＝单价×销售量

总成本＝变动成本＋固定成本＝单位变动成本×生产量＋固定成本

假设生产量与销售量相同,则有:

利润＝单价×销售量－单位变动成本×销售量－固定成本

或:利润＝(单价－单位变动成本)×销售量－固定成本

这一方程式就是明确表达成本、业务量和利润之间数量关系的基本方程

式，也就是本量利分析的基本模型。它含有五个相互联系的变量，给定其中四个就可以求出另一个变量的值。

从上述本量利的关系中还可以引出其他一些与财务预测有关的概念，如边际贡献、边际贡献率、变动成本率，这些概念在后面的预测中都会用到。

边际贡献是指销售收入减去变动成本以后的差额。用公式表示为：

边际贡献＝销售收入－变动成本

如果用单位产品表示，则：

单位边际贡献＝单价－单位变动成本

边际贡献率是边际贡献与销售收入之比，用公式表示为：

边际贡献率＝边际贡献÷销售收入

或：边际贡献率＝单位边际贡献÷单价

变动成本率是变动成本与销售收入之比，用公式表示为：

变动成本率＝变动成本÷销售收入

变动成本率与边际贡献率之间的关系为：

变动成本率＋边际贡献率＝1

五、销售预测

销售预测是根据历史销售资料以及市场上对产品需求的变化情况，对未来一定时期内有关产品的销售发展变化趋势所进行的科学预计和推测。销售预测的定量预测方法有趋势预测法和因果关系预测法。

(一)趋势预测法

趋势预测法也叫时间序列预测法，是根据预测对象过去发生的，按发生时间顺序排列起来的一系列数据，预测者根据这一系列数据找出预测对象随时间而发展变化的趋势，应用一定的数学方法加工计算，得出预测对象未来值的方法。这种方法是基于这样的假设：即事物的发展具有一定的连贯性，一定的事物过去随时间而发展变化的趋势，也是该事物今后随时间而发展变化的趋势。这种方法常用于销售预测，具体可以采用的方法很多，主要有算术平均法、移动平均法、加权算术平均法等。

1.算术平均法

算术平均法是以过去若干期的销售量或销售额的算术平均数作为预测期的销售预测值，其计算公式为：

销售预测值＝各期销售量或销售额之和÷期数

【例 8-1】假定某公司今年上半年某产品的销售量如表 8-1 所示，现要预测 7 月份的销售量。

表 8-1 销售情况表

月 份	1	2	3	4	5	6
销售量(公斤)	1 255	1 280	1 236	1 262	1 240	1 257

7 月销售量预测值＝(1 255＋1 280＋1 236＋1 262＋1 240＋1 257)÷6
＝1 255(公斤)

算术平均法计算简单，但它没有考虑距预测期较远或较近的各期实际销售量对未来期间预测值的影响不同，其所确定的预测值可能会有较大的误差。因此，这一方法一般适用于产品销售量稳定的情况。若每期都以预测期前的固定期数来计算预测值，就是移动平均法。

2. 加权算术平均法

加权算术平均法是对过去若干期的销售量或销售额，按其时间顺序配以相应权数，距离预测期较近时期的观测值配以较大权数，距离预测期较远的观测值配以较小的权数，计算其加权平均数作为本期的销售预测值。其计算公式为：

销售预测值＝$\sum$(各期销售量或销售额×各期的权数)

这一方法中，具体选择多少期数来进行加权平均是可以由预测者自行决定的。

【例 8-2】利用例 8-1 资料，用加权算术平均法预测 7 月份该产品的销售量。

7 月销售量预测值＝(1 255×1＋1 280×2＋1 236×3＋1 262×4＋1 240×5＋1 257×6)÷(1＋2＋3＋4＋5＋6)
＝(1 255＋2 560＋3 708＋5 048＋6 200＋7 542)÷21
＝26 313÷21
＝1 253(公斤)

采用加权算术平均法，对距离预测期较近的历史数据配以较大的权数，增强了近期实际销售量对未来期间预测值的影响作用，使预测值更容易接近实际水平。

(二)因果分析法即本量利分析法

1. 盈亏平衡点预测

本量利分析方法可以用来预测盈亏平衡点销售量或销售额。盈亏平衡点是指企业恰好处于利润为零时的销售量和销售额，又称“保本点”、“损益平衡点”。

将前面本量利分析基本模型中的利润设为0,该方程变为:

利润=单价×销售量-单位变动成本×销售量-固定成本=0

这时的销售量就是盈亏平衡点销售量。利用这一方程解出销售量,即可得到盈亏平衡点销售量的计算公式:

盈亏平衡点销售量=固定成本÷(单价-单位变动成本)

盈亏平衡点销售额=盈亏平衡点销售量×单价

=[固定成本÷(单价-单位变动成本)]×单价

由于:单位边际贡献=单价-单位变动成本,盈亏平衡点销售额又可按下式计算:

盈亏平衡点销售额=固定成本÷边际贡献率

【例8-3】光明工厂生产和销售甲产品,该产品售价为100元,单位变动成本为60元,每年固定成本总额为100 000元,求盈亏平衡点销售量和销售额。

该企业的盈亏平衡点销售量=固定成本÷(单价-单位变动成本)

=100 000÷(100-60)=2 500(件)

盈亏平衡点销售额=2 500×100=250 000(元)

或边际贡献率=(100-60)÷100=40%

盈亏平衡点销售额=100 000÷40%=250 000(元)

当然上述公式只适用于单一产品的盈亏平衡点的计算,这一情况在现代企业中比较少见,大部分企业产销多种产品,多品种企业的盈亏平衡点一般采用销售额的形式表示,计算公式为:

盈亏平衡点销售额=固定成本÷边际贡献率

其中的边际贡献率是多种产品的加权平均边际贡献率,由各个产品的边际贡献率乘以各产品在总销售额中所占的比重,加权平均后得到,用公式表示为:

$$\text{加权平均边际贡献率}=\sum\left(\text{各产品边际贡献率}\times\text{各产品占总销售额比重}\right)$$

2.达到目标利润销售量预测

利用本量利分析方法还可以预测达到目标利润应完成的销售量或销售额。

将前面本量利分析基本模型中的利润设为目标利润,该方程变为:

利润=单价×销售量-单位变动成本×销售量-固定成本=目标利润

利用这一方程解出销售量,就是达到目标利润的销售量,其计算公式为:

$$\text{达到目标利润的销售量}=\left(\text{固定成本}+\text{目标利润}\right)\div\left(\text{单价}-\text{单位变动成本}\right)$$

还可以得出达到目标利润的销售额，计算公式为：

达到目标利润的销售额＝达到目标利润销售量×单价

＝(固定成本＋目标利润)÷边际贡献率

假如例8-3中，光明工厂下一年的目标利润为150 000元，则下一年的销售量和销售额至少应为多少？

$$\text{达到目标利润的销售量}=\left(\text{固定成本}+\text{目标利润}\right)\div\left(\text{单价}-\text{单位变动成本}\right)$$

＝(100 000＋150 000)÷(100－60)＝6 250(件)

达到目标利润的销售额＝达到目标利润销售量×单价

＝6 250×100＝625 000(元)

或＝(固定成本＋目标利润)÷边际贡献率

＝(100 000＋150 000)÷40%

＝625 000(元)

六、成本预测

在前面的论述中我们知道，在财务预测中，我们需要把成本按成本习性分为变动成本和固定成本，企业的总成本就可以表示为：

$y=a+bx$

其中，y是总成本，a是固定成本，b是单位变动成本，x是业务量。

这一成本模型反映了总成本与业务量之间的关系，利用它就可以进行成本预测，常用的方法有高低点法和回归直线法。

(一)高低点法

高低点法是按数学中两点确定一条直线方程的原理，以一定时期内的最高业务量的总成本和最低业务量的总成本，确定变动成本和固定成本，进而确定总成本方程式来预测未来时期成本的方法。其具体计算过程如下：

已知一定时期内的最高业务量$x_{高}$对应的总成本为$y_{高}$；最低业务量$x_{低}$对应的总成本$y_{低}$，即：$y_{高}=a+bx_{高}$，$y_{低}=a+bx_{低}$，将其作为方程组，解出a,b为：

$$\begin{cases} b=(y_{高}-y_{低})\div(x_{高}-x_{低}) \\ a=y_{高}-bx_{高}，\text{或 } a=y_{低}-bx_{低} \end{cases}$$

这样就可以确定总成本方程式：$y=a+bx$，给定预测期的业务量，就可以预测总成本的大小了。高低点法计算简单，但计算的结果不够准确。

(二)回归直线法

回归直线法是根据过去若干期的历史成本资料,利用最小二乘法,分析成本在一定条件下增减变动的趋势和基本规律,确定总成本方程式,据以预测成本的方法。

利用历史各期的成本数据,用 x 表示各期的业务量,y 表示各期对应的总成本,根据最小二乘法原理,可以计算出总成本方程中的单位变动成本和固定成本为:

$$\begin{cases} b=\dfrac{n\sum xy-\sum x\sum y}{n\sum x^2-(\sum x)^2} \\ a=\dfrac{\sum y-b\sum x}{n} \end{cases}$$

这样就可以确定出总成本方程式:$y=a+bx$,进而进行成本预测了。

七、利润预测

利润预测是按照企业经营目标的要求,在销售预测的基础上,通过对影响利润变动的成本的分析,对未来一定时期内可能实现的利润水平及其变动趋势进行的科学预计和推测。利润预测是编制利润预算的前提,是确定目标利润与进行经营决策的重要依据。利润预测的主要方法有本量利预测法、比率预测法等。

(一)本量利预测法

1.本量利直接计算

利用前述本量利分析的基本模型:利润=单价×销售量-单位变动成本×销售量-固定成本,在利润预测时,通常把式中的单价、单位变动成本和固定成本视为常量,给定预计的销售量就可以求得预期的利润。其中单位变动成本和固定成本可以根据历史资料,按前述成本预测的方法计算得到;销售量则可以通过销售预测得到。

【例 8-4】光明工厂生产和销售甲产品,该产品售价为 100 元,单位变动成本为 60 元,每年固定成本总额为 100 000 元,预计明年的产量为 6 000 件,预计明年的利润为多少?

预计利润=单价×销售量-单位变动成本×销售量-固定成本

=100×6 000-60×6 000-100 000=140 000(元)

2.利用盈亏平衡点进行预测

盈亏平衡点法是根据利润与盈亏平衡点之间的函数关系来预测企业在计划期内的目标利润的方法。它分为两步进行计算：

(1)按销售预测中盈亏平衡点的预测方法计算企业盈亏平衡点的销售量或销售额。

(2)利用计算出的盈亏平衡点销售量，结合销售预测计算预计利润。计算公式为：

预计利润＝(预计销售量－盈亏平衡点销售量)×单位边际贡献

或：预计利润＝(预计销售额－盈亏平衡点销售额)×边际贡献率

【例 8-5】利用例 8-4 资料，用盈亏平衡点法预计明年的利润。

该企业的盈亏平衡点销售量＝固定成本÷(单价－单位变动成本)

＝100 000÷(100－60)＝2 500(件)

预计利润＝(预计销售量－盈亏平衡点销售量)×单位边际贡献

＝(6 000－2 500)×(100－60)＝140 000(元)

(二)比率预测法

比率预测法是根据历史上企业利润与相关财务指标的比例关系，以及这些相关财务指标的变动趋势，来预测计划期内目标利润的方法。根据利用的相关财务指标的不同，比率预测法又分为成本利润率法、销售利润率法等。

1. 成本利润率法

成本利润率是指产品销售利润与产品成本的比例。利用这一方法，是假设已经完成了预测期产品销售成本的预测，并且比较准确；同时假设成本利润率指标比较稳定，能反映企业销售成本与利润的数量关系。其计算公式为：

预计利润＝预计产品的销售成本×上年成本利润率

【例 8-6】光明工厂生产和销售甲产品，该公司预计 2013 年度的产品销售成本为 100 万元，已知 2012 年度该产品的成本利润率为 15%，预计 2013 年该厂的利润为多少？

预计利润＝预计产品的销售成本×上年成本利润率

＝100×15%＝15(万元)

2. 销售利润率法

销售利润率是销售利润与销售收入的比例。利用这一方法，是假设已经完成了预测期产品销售收入的预测，并且比较准确；同时假设销售利润率指标比较稳定，能反映企业销售收入与利润的数量关系。其计算公式为：

预计利润＝预计产品的销售收入×上年销售利润率

【例 8-7】光明工厂生产和销售甲产品，该公司预计 2013 年度的产品销售收入为 150 万元，已知 2012 年度该产品的销售利润率为 8%，预计 2013 年该厂的利润为多少？

预计利润＝预计产品的销售收入×上年销售利润率

＝150×8%＝12(万元)

3.利润增长率法

利润增长率法是在上年实际利润的基础上，根据企业以往的利润增长变动趋势与幅度，并考虑预测期内可能发生的情况，来预计利润的增长率，进而求出预测期预计利润的大小。其计算公式为：

预计利润＝上年的实际利润×(1＋预计利润增长率)

【例 8-8】光明工厂生产和销售甲产品，该公司 2012 年度的利润为 10 万元，预计 2013 年度的利润增长率为 30%，预计 2013 年该厂的利润为多少？

预计利润＝上年的实际利润×(1＋预计利润增长率)

＝10×(1＋30%)＝13(万元)

八、资金需要量的预测

企业要进行正常的生产经营，需要一定的资产。随着经营规模的扩大，销售量的增加，流动资产会随之增加。如果销售增加很多，固定资产也会增加，为了扩大销售，企业需要筹措资金来增加资产。这些资金，一部分可以从企业经营利润中以留存收益的形式取得，其他部分就需要通过外部融资取得。企业在对外融资之前，应当采用一定的方法预测资金的需要量。这样，才能按照企业的实际需要筹集资金，而不会因筹资过多造成浪费，也不会因筹资过少影响企业正常生产经营。资金需要量预测最常用的方法是销售百分比法。

销售百分比法是首先假设收入、费用、资产、负债与销售收入存在稳定的百分比关系，根据预计销售额和相应的百分比预计资产、负债和所有者权益，然后利用会计等式确定融资需求。销售百分比法可以按销售额的增加额预计资产、负债和所有者的增加额，进而确定融资需求。

外部融资需求＝资产增加－负债自然增加－留存收益增加

其中，留存收益增加＝计划销售净利率×销售额×(1－股利支付率)。

销售百分比法按以下四个步骤进行：

1.销售预测

销售预测是资金需要量预测的起点。销售百分比法是把销售额作为已知数，利用收入、费用、负债等与销售额之间稳定的比例关系来预计资金需要量的。因此，销售预测是资金需要量预测的基础，只有完成了销售预测之后才能够进行资金需要量的预测。

2.确认敏感项目，并计算这些项目占销售收入的百分比

将资产负债表中随销售变动而变动的项目挑选出来，这些项目称为敏感项目。敏感项目又分为敏感资产和敏感负债。

敏感资产包括现金、应收账款、存货等流动资产项目。这些资产项目一般会随着销售的增长而相应地增加。固定资产是否作为敏感资产的判断依据是基期固定资产是否已被充分利用。如果基期固定资产的生产能力未被充分利用，在预测期内，现有的固定资产已经能够满足销售量增长的需求，不需要再另外增加固定资产，这时固定资产就不作为敏感资产；如果基期固定资产生产能力的利用已达饱和状态，预测期销售量的增加需要扩充固定资产，固定资产就是敏感资产。对外投资和无形资产不属于敏感资产。

敏感负债主要包括应付账款和应付费用，它们通常会随销售的增加而自动增加。而应付票据、短期借款、长期负债和股东权益类项目则不会随销售增加而自动增加，因而不属于敏感负债。

对于敏感的项目，计算出它们与基期销售收入的百分比，即用基期的敏感项目除以基期的销售收入，并将敏感资产各项目占销售收入的百分比加总求和，记为 A/S_0（A 表示敏感资产，S_0 表示基期销售收入），同时将敏感负债各项目占销售收入的百分比加总求和，记为 B/S_0（B 表示敏感负债）。这两个百分比意味着当销售额增加 100 元时，将需要增加资产 A/S_0 元，同时，负债也会自动增加 B/S_0 元。

3.确定预测期需要增加的资金

利用上一步计算出来的敏感项目占基期销售收入的百分比和销售收入的增加额，计算由于销售的增加而需要增加的资金量。其计算公式为：

需要增加的资金量＝资产的增加－负债自然增加

$$=(A/S_0)\times\Delta S-(B/S_0)\times\Delta S$$

公式中，ΔS 表示预测期比基期增加的销售额，$(A/S_0)\times\Delta S$ 表示随销售增加而应增加的资产，$(B/S_0)\times\Delta S$ 表示随销售增加而自动增加的负债，两者之差就是预测期需要增加的资金。

4.计算预测期留存收益，并最终计算对外筹集资金的数量

第三步计算出预测期需要增加的资金总量，这些资金有些可以通过企业

内部来筹集,留存收益是企业内部融资的来源,只要公司有盈利并且未将盈利全部用于支付股利,企业就能够留下一些收益,这部分留存收益可以满足或部分满足企业的资金需求。企业留存收益的多少,取决于收益的多少和股利支付率的高低。

$$预测期留存收益的增加额=预计销售额\times销售净利率\times收益留存比率 = S_1\times R\times E$$

其中:收益留存比率=(1-股利支付率)

预测期需要增加的资金总量减去预测期留存收益的增加额就是预测期企业需要对外筹集资金的数量。用公式表示为:

$$对外筹集资金需要量=需要增加的资金量-预测期留存收益的增加额 =(A/S_0)\times\Delta S-(B/S_0)\times\Delta S-S_1\times R\times E$$

如果存在固定资产折旧问题,那么当年折旧计提数与当年折旧使用数的差额,应调增或调减外部筹资额:如果计提折旧数大于当年用于更新改造设备的支出,说明计提折旧的那部分资金没有用完,应调减外部筹资额;反之,则调增外部筹资额。另外,年度内若有其他投资需要或零星现金支出的需求,也要增加外部筹资额。

下面举例说明销售百分比法预测资金需要量的应用。

【例 8-9】光明工厂 2012 年 12 月 31 日的简要资产负债表如表 8-2 所示。

表 8-2 光明工厂资产负债表

单位:元

资产		负债及所有者权益	
现金	50 000	应付账款	150 000
存货	250 000	短期借款	30 000
无形资产	50 000	应付费用	50 000
应收账款	200 000	长期负债	100 000
固定资产净值	300 000	股本	350 000
		留存收益	170 000
合计	850 000	合计	850 000

已知光明工厂 2012 年销售收入是 100 万元,现在还有剩余生产能力,即销售量增加不需要进行固定资产的投资。2012 年的销售净利率为 10%,股利支付率为 40%,如果预计 2013 年该厂销售收入将达到 140 万元,销售净利率

和股利支付率都保持不变，请预测 2013 年需要对外筹集资金的数量（不考虑折旧的影响）。

第一步，计算敏感项目的销售百分比，计算结果如表 8-3 所示：

表 8-3　敏感项目的销售百分比表

资　　产		负债及所有者权益	
现金	5%	短期借款	不变动
应收账款	20%	应付账款	15%
存货	25%	应付费用	5%
固定资产净值	不变动	长期负债	不变动
无形资产	不变动	股本	不变动
		留存收益	不变动
合计	50%	合计	20%

表 8-3 中，“不变动”是指该项目不属于敏感项目，不随销售收入的变动而变动。其他敏感项目对应的百分比都由表 8-2 中有关项目的数值除以 2012 年销售收入 100 万元得到。

第二步，确定需要增加的资金：

需要增加的资金量 $=(A/S_0)\times\Delta S-(B/S_0)\times\Delta S$

$=[(A/S_0)-(B/S_0)]\times\Delta S$

$=(50\%-20\%)\times(140-100)$

$=12$（万元）

第三步，计算 2013 年留存收益的增加额：

留存收益的增加额 $=S_1\times R\times E=140\times10\%\times(1-40\%)=8.4$（万元）

第四步，计算对外筹集资金的数量：

对外筹集资金需要量＝需要增加的资金量－预测期留存收益的增加额

$=12-8.4=3.6$（万元）

上述计算也可直接利用对外筹集资金需要量公式一次代入数据直接求得：

对外筹集资金需要量 $=(A/S_0)\times\Delta S-(B/S_0)\times\Delta S-S_1\times R\times E$

$=(50\%-20\%)\times(140-100)-140\times10\%\times(1-40\%)$

$=12-8.4=3.6$（万元）

【例 8-10】如果上例中,2012 年固定资产的生产能力已经饱和,则固定资产应作为敏感资产,从而敏感项目的销售百分比表变为表 8-4:

表 8-4 敏感项目的销售百分比表

资产		负债及所有者权益	
现金	5%	短期借款	不变动
应收账款	20%	应付账款	15%
存货	25%	应付费用	5%
固定资产净值	30%	长期负债	不变动
无形资产	不变动	股本	不变动
		留存收益	不变动
合计	80%	合计	20%

对外筹集资金需要量 $=(A/S_0)\times\Delta S-(B/S_0)\times\Delta S-S_1\times R\times E$

$=(80\%-20\%)\times(140-100)-140\times10\%\times(1-40\%)$

$=24-8.4=15.6$(万元)

第二节 财务预算

一、财务预算概述

(一)财务预算的含义

财务预算是企业全面预算体系的重要组成部分,它是一系列专门反映企业未来一定预算期内预计财务状况和经营成果,以及现金收支等价值指标的各种预算的总称,具体包括现金预算、财务费用预算、预计利润表、预计利润分配表和预计资产负债表等内容。财务预算与企业全面预算体系中的其他预算是相互联系的,在数据上相互勾稽,共同构成了企业全面预算体系。

财务预算服从于企业的决策目标,是企业财务决策在价值方面的具体化、系统化和数量化。财务预算的编制是以财务预测的结果为根据的,并受到财务预测质量的制约。财务预算又是企业实施财务控制的依据,保证了企业在预算期内的财务目标的实现，财务预算是企业财务管理工作的一项重要内容，具有规划、沟通和协调、资源分配、营运控制和绩效评估的功能。

（二）财务预算在全面预算中的地位

全面预算是所有以货币及其他数量形式反映的有关企业未来一段时期内全部经营活动各项目标的行动计划与具体措施的数量说明。全面预算是企业决策在数量上的具体化和系统化，它是在预测和决策的基础上，根据企业目标对企业未来的销售、生产、成本及费用、现金收支等活动所编制的经营、资本、财务等年度收支总体计划，包括特种决策预算、日常业务预算与财务预算三大类内容。

特种决策预算是关于某一特定项目的具体实施规划，主要涉及长期投资，故又称资本支出预算，是指企业不经常发生的、一次性业务的预算，它编制的依据仍是那些为决策提供服务的有关资料，只不过预算的数据比决策估算时的数据更精确，实施步骤比决策估算时更详细，具体反映投资的时间、规模、收益及资金的筹措方式等。

日常业务预算是指用于规划企业各项日常经营活动的各种预算。具体包括销售预算、生产预算、直接材料消耗及采购预算、直接人工预算、制造费用预算、产品生产成本预算、营业与管理费用预算等。这些预算前后衔接，相互勾稽，以实物量指标和价值量指标分别反映企业收入与费用的构成情况。

财务预算是全面规划企业财务活动的预算，包括现金预算、预计利润表、预计资产负债表、预计现金流量表等内容。财务预算是全面预算体系中的最后环节，是在特种决策预算和日常业务预算的基础上编制的，从价值方面总括地反映了特种决策预算和日常业务预算的结果，亦称总预算，其余预算则称为辅助预算或分预算。可见，财务预算在全面预算体系中占有举足轻重的地位。

以上各项预算前后衔接、互相勾稽，形成了一个完整的全面预算体系。这一体系以企业的经营目标为出发点，以市场需求预测为基础，从销售预算开始，进而对企业的生产、成本、现金收支等各个方面进行预算规划，最后反映企业一段时期的经营成果和财务状况。全面预算是企业各级、各部门工作的奋斗目标、控制标准和考核依据，在企业经营管理中发挥着重大作用。

二、财务预算的编制

前已述及，财务预算包括现金预算和预计财务报表。现金预算是以日常业务预算和特种决策预算为基础编制的反映现金收支情况的预算。包括现金收入、现金支出、现金多余或不足的计算，以及多余部分的利用方案和不足部分的筹措方案等。

现金预算实际上是其他预算有关现金收支部分的汇总，以及收支差额平衡措施的具体计划。现金预算的编制要以日常业务预算和特种决策预算等各项预算为基础。下面分别介绍各项预算的编制。

(一)销售预算

销售预算需要在销售预测的基础上，根据企业年度目标利润确定的预计销售量和销售价格等参数进行编制。销售预算是编制全面预算的起点，也是编制日常业务核算的基础。销售预算的主要内容是销售量、单价和销售收入。销售量是根据市场预测和销货合同并结合企业生产能力确定的；单价是通过价格决策确定的；销售收入是两者的乘积，在销售预算中计算得出。

【例 8-11】已知顺通公司生产甲产品，预计 2013 年度销售量为 5 000 件，其中各季度的销售量为 1 200 件、1 400 件、1 500 件、900 件；销售价格为每件 500 元。根据以往的经验并考虑预算期的情况，预计每个季度的销售中有 60%能于当季收到现金，其余 40%要等到下季度才能收到现金。2012 年末的应收账款余额为 200 000 元(为了简化计算，本例只划分了季度销售数据)。根据上述资料，编制该公司的销售预算如表 8-5 所示。

表 8-5 2013 年度销售预算

单位:元

季　度	1	2	3	4	合计
预计销售量(件)	1 200	1 400	1 500	900	5 000
预计单位售价	500	500	500	500	500
销售收入	600 000	700 000	750 000	450 000	2 500 000
预计现金收入					
本季收到上季的销售款	200 000	240 000	280 000	300 000	1 020 000
本季现销收入	360 000	420 000	450 000	270 000	1 500 000
现金收入合计	560 000	660 000	730 000	570 000	2 520 000

(二)生产预算

生产预算需要根据预计的销售量，并考虑预计期初存货和预计期末存货等因素按品种分别编制。其主要内容有销售量、期初和期末存货、生产量。一般来说，企业的生产和销售不能做到完全同步，因此，企业需要留有一定的存货，以保证在发生意外需要时能按时供货。这样，企业在计算预算期产品的生产量时，除考虑预算期预计销售量外，还要考虑预算期期初存货和期末存货。产品的生产量与销售量之间的关系，可由下式计算得到：

预计生产量＝预计销售量＋预计期末存货量－预计期初存货量

公式中的“预计销售量”来自销售预算，“预计期初存货量”等于上期期末存货量，“预计期末存货量”一般按下期销售量的一定百分比确定。

【例 8-12】假定顺通公司各季度末存货按下一季度 10%计算，年初存货为 120 件，年末存货为 150 件。根据销售预算及上述资料编制生产预算如表 8-6。

表 8-6　2013 年度生产预算

单位：件

季　　度	1	2	3	4	合计
预计销售量	1 200	1 400	1 500	900	5 000
加：预计期末存货	140	150	90	150	150
合　计	1 340	1 550	1 590	1 050	5 150
减：预计期初存货	120	140	150	90	120
预计生产量	1 220	1 410	1 440	960	5 030

（三）直接材料预算

直接材料预算以生产预算、材料消耗定额和预计材料采购单价等信息为基础，并考虑期初、期末材料存货水平编制，反映预算期直接材料消耗情况及采购活动。其主要内容有直接材料的单位产品用量、生产需要量、期初和期末存量、预算期材料采购量等。预计材料采购量可按下列公式计算：

预计材料采购量＝预计材料耗用量＋预计期末库存材料－预计期初库存材料

其中：预计材料耗用量＝单位产品材料耗用量×预计生产量

公式中的“预计生产量”的数据来自生产预算，“单位产品材料耗用量”可根据标准单位耗用量和定额消耗资料确定，“预计期末库存材料”根据下期生产量的一定百分比确定，年初和年末的材料存货量是根据当前情况和长期销售预测估计的。

为了便于以后编制现金预算，通常在直接材料预算中还要预计材料采购各期的现金支出。每期的现金支出包括偿还上期应付账款和本期应支付的采购货款。

【例 8-13】假定顺通公司生产甲产品耗用 A 材料，单位甲产品耗用 A 材料

10 千克，该材料单价为 20 元，年初和年末材料库存量分别为 2 000 千克和 2 400千克，上年末应付账款余额为 100 000 元。各季度“期末材料存量”根据下季度生产量的 20%计算。每个季度材料采购货款的 50%在本季度支付，另外 50%在下季度付清。根据生产预算及上述资料编制直接材料预算如表 8-7。

表 8-7 2013 年度直接材料预算

单位：千克

季 度	1	2	3	4	合计
预计生产量(件)	1 220	1 410	1 440	960	5 030
单位产品材料耗用量	10	10	10	10	10
生产需要量	12 200	14 100	14 400	9 600	50 300
加：预计期末存量	2 820	2 880	1 920	2 400	2 400
合 计	15 020	16 980	16 320	12 000	52 700
减：预计期初存量	2 000	2 820	2 880	1 920	2 000
预计材料采购量	13 020	14 160	13 440	10 080	50 700
材料单价(元)	20	20	20	20	20
预计采购金额(元)	260 400	283 200	268 800	201 600	1 014 000
预计现金支出					
本季支付上季采购款(元)	100 000	130 200	141 600	134 400	506 200
本季支付本季采购款(元)	130 200	141 600	134 400	100 800	507 000
现金支出合计(元)	230 200	271 800	276 000	235 200	1 013 200

（四）直接人工预算

直接人工预算是以生产预算为基础编制，反映预算期内人工工时的消耗水平和人工成本水平。直接人工预算应根据已知的标准工资率、标准单位直接人工工时、其他直接费用计提标准和生产预算中的预计生产量等资料编制。其主要内容有预计生产量、单位产品工时、人工总工时、每小时人工工资和人工总成本。直接人工预算的基本计算公式为：

预计直接人工成本＝每小时人工工资×预计直接人工总工时

其中：预计直接人工总工时＝单位产品直接人工工时×预计生产量

公式中的“预计生产量”数据来自生产预算，“单位产品直接人工工时”和“每小时人工工资”根据企业定额消耗成本或标准成本资料确定。另外，由于人工工资一般使用现金支付，所以无须单独编制现金支出预算，可以直接参加现金预算的汇总。

【例 8-14】假定顺通公司生产甲产品的单位直接人工工时为 10 小时，每小时人工工资为 10 元。根据生产预算及上述资料编制直接人工预算如表 8-8。

表 8-8　2013 年度直接人工预算

季　度	1	2	3	4	合计
预计生产量(件)	1 220	1 410	1 440	960	5 030
单位产品工时(小时)	10	10	10	10	10
预计直接人工总工时(小时)	12 200	14 100	14 400	9 600	50 300
每小时人工工资(元)	10	10	10	10	10
预计直接人工成本(元)	122 000	141 000	144 000	96 000	503 000

（五）制造费用预算

制造费用预算是指除直接材料和直接人工预算以外的其他一切生产费用的预算。在变动成本法下，制造费用预算可按变动制造费用和固定制造费用两部分内容分别编制。其中，前者可根据单位产品预定分配率和预计的生产量进行预计；后者可在上年的基础上，根据预期变动加以适当修正进行预计。

变动制造费用以生产预算为基础编制。如果有完善的标准成本资料，各项变动制造费用通常都有单位标准费用额（小时标准费用率或产品标准费用率），用小时标准变动制造费用率乘以预计产量的总工时，或用单位产品的标准变动制造费用与预计产量相乘，即可得到相应的变动制造费用预算金额。如果没有标准成本资料，就需要以预算期一定的产量为基础，考虑制造费用各明细项目的具体情况、上年计划执行情况和预算期全年的标准总工时来逐项预计计划产量需要的各项制造费用。固定制造费用通常与产量无关，可按预算期各季度实际需要的支付额预计，然后求出全年数。

为便于以后编制现金预算，需要预计现金支出，制造费用中除折旧费外均需支付现金，所以，根据每个季度制造费用数额扣除折旧费后，就可得出现金支出的制造费用。

为便于以后编制产品成本预算，还需要计算小时制造费用率：

$$\text{变动制造费用预算分配率} = \text{变动制造费用预算总额} \div \text{相关分配标准预算总额}$$

$$\text{固定制造费用预算分配率}=\text{固定制造费用预算总额}\div\text{相关分配标准预算总额}$$

【例 8-15】假定顺通公司标准成本资料齐全，甲产品变动制造费用包括：间接人工、间接材料、维修费、水电费，其每小时的标准费用率分别为 1 元/小时、2 元/小时、0.6 元/小时、0.4 元/小时，甲产品的单位人工工时为 10 小时；固定制造费用包括管理人员工资、维修费、折旧费、保险费，按每季实际需要的支付额预计。根据生产预算及上述资料编制制造费用预算如表 8-9。

表 8-9 2013 年度制造费用预算

单位：元

季　度	1	2	3	4	合计
预计生产量(件)	1 220	1 410	1 440	960	5 030
单位产品工时	10	10	10	10	10
产品总工时	12 200	14 100	14 400	9 600	50 300
变动制造费用：					
间接人工	12 200	14 100	14 400	9 600	50 300
间接材料	24 400	28 200	28 800	19 200	100 600
维修费	7 320	8 460	8 640	5 760	30 180
水电费	4 880	5 640	5 760	3 840	20 120
小　计	48 800	56 400	57 600	38 400	201 200
固定制造费用：					
管理人员工资	19 000	19 000	19 000	19 000	76 000
维修费	15 000	20 000	20 000	25 000	80 000
折旧费	30 000	30 000	30 000	30 000	120 000
保险费	6 450	6 450	6 450	6 450	25 800
小　计	70 450	75 450	75 450	80 450	301 800
合　计	119 250	131 850	133 050	118 850	503 000
预计现金支出					
减：折旧	30 000	30 000	30 000	30 000	120 000
现金支出的费用	89 250	101 850	103 050	88 850	383 000

变动制造费用预算分配率 = 变动制造费用预算总额 ÷ 相关分配标准预算总额

=201 200÷50 300=4(元/工时)

固定制造费用预算分配率 = 固定制造费用预算总额 ÷ 相关分配标准预算总额

=301 800÷50 300=6(元/工时)

(六)产品成本预算

产品成本预算通常以销售预算、生产预算、直接材料预算、直接人工预算和制造费用预算为基础进行编制。其主要内容是产品的单位成本和总成本。产品的单位成本有关数据来自前述直接材料预算、直接人工预算、制造费用预算;生产量、期末存货来自生产预算;销售量来自销售预算;生产成本、存货成本、销售成本等数据,用产品单位成本乘以生产量、存货量、销售量得到。

【例 8-16】根据顺通公司销售预算、生产预算及直接材料预算、直接人工预算、制造费用预算编制产品成本预算如表 8-10。

表 8-10　2013 年度产品成本预算

单位:元

项　目	每千克或每小时(元)	单位产品耗用量	单位成本	生产成本(5 030 件)	存货成本(150 件)	销售成本(5 000 件)
直接材料	20	10 千克	200	1 006 000	30 000	1 000 000
直接人工	10	10 工时	100	503 000	15 000	500 000
变动制造费用	4	10 工时	40	201 200	6 000	200 000
固定制造费用	6	10 工时	60	301 800	9 000	300 000
合　计				2 012 000	60 000	2 000 000

(七)销售费用和管理费用预算

销售费用预算是指为了实现销售预算所需支付的费用的预算,它以销售预算为基础,分析销售收入、销售利润和销售费用的关系,力求实现销售费用的最有效利用。在编制销售费用预算时,要对过去的销售费用进行分析,考察过去的销售费用支出的必要性和效率,结合预算期的情况进行增减,使费用的支出能获得更大的收益。

管理费用预算是指为保证管理部门正常履行职能而发生的各项开支的预算。在编制管理费用预算时,企业应分析业务成绩和一般经济状况,以过去的实际费用开支为基础,充分考虑预算期各费用项目的变动情况及影响因素来确定各项费用的预算期数额,务必使各种费用开支更加合理,提高费用使用效率。

由于销售费用和管理费用多为固定成本,它们的发生是为企业维持正常的经营服务,通常和销售量及产量无关,而且其中不少费用属于年内待摊或预提性质,因此,销售费用和管理费用预算一般按项目反映全年预计水平,进而在年内平均分摊。

【例 8-17】顺通公司的销售费用和管理费用预算如表 8-11。

表 8-11　2013 年度销售费用和管理费用预算

单位:元

项　　目	金额
销售费用:	
销售人员工资	32 000
广告费	40 000
包装、运输费	5 000
保管费	3 000
小　计	80 000
管理费用:	
管理人员工资	24 000
福利费	4 000
保险费	5 000
办公费	7 000
小　计	40 000
合　计	120 000
每季度支付现金(120 000÷4)	30 000

(八)现金预算

现金预算是用来反映预算期内由于日常经营活动和资本支出引起的一切现金收支及其结果的预算。编制现金预算可以使企业预计现金收支数额,合理调度资金。在现金不足时及时筹措资金,资金多余时及时处理现金余额,保证企业资金的正常流转,提高现金的利用效果。现金预算由四部分组成:现金收入、现金支出、现金多余或短缺、现金的筹集与运用。

现金收入包括期初资金余额和预算期现金收入，如现销的收入、收回的应收账款、应收票据到期兑现和应收票据贴现收入等，其中销货取得的现金收入是现金收入的主要来源。“年初的现金余额”是在编制预算时预计的，“销货现金收入”的数据来自销售预算，“可供使用的现金”是期初余额与本期现金收入之和。

现金支出包括预算期的各项现金支出，如采购材料支付货款、支付工资、支付部分制造费用、支付销售费用、管理费用、缴纳税金、支付利润以及购买设备等资本性支出等。“直接材料”、“直接人工”、“制造费用”、“销售与管理费用”的数据分别来自前述有关预算；所得税、利润分配、购置设备的数据来自另行编制的专门预算。

现金的多余和短缺列示现金收入合计与现金支出合计之间的差额。差额为正，说明收入大于支出，现金有多余；差额为负，说明支出大于收入，现金短缺。

现金的筹集与运用是企业根据预算期现金收支的余缺和企业有关现金管理的各项政策，确定筹集或运用现金的数额，如果现金多余，可以用于偿还过去向银行取得的借款，或者用于短期投资；如果现金短缺，则需要向银行取得新的借款。

企业应经常保持一定数量的现金余额，以备生产经营活动的临时性需求。这一现金余额既不能过大也不能过小，过大会影响资金的使用效率，过小又不能满足临时性需求。各企业的现金余额通常是根据历史资料和管理经验而定，这在第七章“现金”一节已有讲述。这样，预算期的现金收入除了应满足现金支出外，还应满足现金余额的要求。如果现金收入大于现金支出，但不能满足现金余额的要求，则不足部分要通过资金的融通来解决。同样，只有当现金收入大于现金支出，同时在满足现金余额后仍有多余时，才能考虑归还借款本息。

【例 8-18】假定顺通公司 2012 年年初现金余额为 70 000 元，并于 2012 年一季度支付股利 60 000 元，第二季度购买设备 200 000 元，每季度缴纳所得税 30 000 元，其他有关资料见前述各项预算。该公司现金余额最低应保持 50 000 元，最高为 70 000 元，当现金不足时向银行借款，多余时归还借款，如还有多余则购买有价证券进行短期投资，借款在每期期初借入，在每期期末还款，借款年利率为 10%，还款同时支付所还款项的利息，向银行借款的金额要求是 10 000 元的整数倍。根据上述资料编制该公司的现金预算如表 8-12。

表 8-12 2013 年度现金预算

单位:元

季 度	1	2	3	4	全年
期初现金余额	70 000	68 550	53 900	55 850	70 000
加:销货现金收入(表 8-5)	560 000	660 000	730 000	570 000	2 520 000
可供使用的现金	630 000	728 550	783 900	625 850	2 590 000
减各项支出:					
直接材料(表 8-7)	230 200	271 800	276 000	235 200	1 013 200
直接人工(表 8-8)	122 000	141 000	144 000	96 000	503 000
制造费用(表 8-9)	89 250	101 850	103 050	88 850	383 000
销售费用及管理费用(表 8-11)	30 000	30 000	30 000	30 000	120 000
所得税	30 000	30 000	30 000	30 000	120 000
购买设备	—	200 000	—	—	200 000
股利	60 000	—	—	—	60 000
支出合计	561 450	774 650	583 050	480 050	2 399 200
现金多余或不足	68 550	(46 100)	200 850	145 800	190 800
向银行借款	—	100 000	—	—	100 000
还银行借款	—	—	100 000	—	100 000
借款利息	—	—	5 000	—	5 000
进行短期投资	—	—	40 000	90 000	130 000
合 计	—	(100 000)	145 000	90 000	135 000
期末现金余额	68 550	53 900	55 850	55 800	55 800

例题中第三季度现金多余,可用于偿还借款。借款利息按第二季度初借入,第三季度末归还来预计,借款期为 6 个月,年利率为 10%,应计利息=100 000×10%÷12×6=5 000(元)。

(九)预计利润表

企业需要在编制以上预算的基础上编制预计的财务报表,预计财务报表是财务管理的重要工具,包括预计的利润表和预计的资产负债表等。预计财务报表的作用与实际的财务报表不同,企业在会计期末编制的实际的财务报表是按照有关法规的规定编制的,主要是向企业外部报表使用者提供企业的财务状况、经营成果等财务信息。而预计的财务报表主要是为企业内部财务管理服务,是控制企业资金、成本和利润总量的重要手段,可以从总体上反映预算期间企业经营的全局情况,因此通常又称为企业的"总预算"。

预计利润表是指以货币形式综合反映预算期内企业经营活动成果(包括利润总额、净利润)计划水平的一种财务预算。其内容与格式与实际利润表相同,只不过其中的数字是预计的,该预算需要在销售预算、产品成本预算、制造费用预算、销售费用预算、管理费用预算和财务费用预算等日常业务预算的基础上编制。通过编制预计的利润表,可以了解企业预期的盈利水平,如果预算利润与最初预定的目标利润有较大的差异,就需要调整部门预算,设法达到目标,或者经企业领导同意后修改目标利润。

【例 8-19】顺通公司的预计利润表如表 8-13。

表 8-13　2013 年度预计利润表

单位:元

项　　目	金额
销售收入(表 8-5)	2 500 000
销售成本(表 8-10)	2 000 000
毛利	500 000
销售费用和管理费用(表 8-11)	120 000
利息(表 8-12)	5 000
利润总额	375 000
所得税(估计)	120 000
税后净利润	255 000

表中数据大部分在表中已标明了来源。其中,“所得税”项目是在利润规划时估计的,并已列入现金预算。由于纳税事项的存在,这一项目并不是根据“利润总额”乘以所得税税率计算出来的。另外,从预算编制的顺序上看,如果根据“利润总额”和税率重新计算所得税,就必须修改现金预算中的所得税项目,从而引起银行借贷计划的调整,影响利息,又要修改利润总额,陷入预算的循环更改之中。

(十)预计资产负债表

预计资产负债表是指用于总括反映企业预算期期末财务状况的一种财务预算。预计资产负债表的内容、格式与实际的资产负债表大致相同,只不过反映的是未来预算期期末的财务状况。预计资产负债表是利用预算期期初即本期期末资产负债表中有关数据,并根据前述各项日常业务预算和特种决策预算的有关数据分析填列。

通过编制预计资产负债表,可以判断预算反映的企业财务状况的稳定性和流动性。如果通过预计资产负债表的分析,发现某些财务比率不佳,可以修改有关预算,改善企业财务状况。

【例 8-20】顺通公司的预计资产负债表如表 8-14。

表 8-14 预计资产负债表

单位:元

资产			负债及所有者权益		
项 目	年初	年末	项 目	年初	年末
现金(表 8-12)	70 000	55 800	应付账款(表 8-7)	100 000	100 800
应收账款(表 8-5)	200 000	180 000	应付股利(表 8-12)	60 000	0
短期投资	0	130 000	长期借款	200 000	200 000
直接材料(表 8-7)	40 000	48 000	股本	400 000	400 000
产成品(表 8-10)	48 000	60 000	未分配利润	158 000	413 000
固定资产(表 8-12)	800 000	1 000 000			
累计折旧(表 8-9)	240 000	360 000			
合 计	918 000	1 113 800	合 计	918 000	1 113 800

表中的数据来源大部分已在表中注明,表中各项目年初数可以从预算期期初的资产负债表即本期期末的资产负债表年末数得到,也可从相关预算的期初数得到,其他各项目的年末数是这样计算的:

现金数据来自表 8-12“现金预算”。

应收账款年末数是根据表 8-5“销售预算”中第四季度的销售额和本期收现率计算的:450 000×(1−60%)=180 000(元)。

短期投资年初没有,根据表 8-12“现金预算”,预算期第三季度和第四季度分别购进 40 000 元和 90 000 元有价证券作为短期投资,因此年末数为 130 000元。

直接材料数据来自表 8-7“直接材料预算”,年末数为年末存货 2 400 千克乘以单价 20 元得到。

产成品年末数根据表 8-10“生产成本预算”得到。

固定资产根据表 8-12“现金预算”预算期第二季度购入设备 200 000 元,因此固定资产年末数=年初数+本期购入=800 000+200 000=1 000 000(元)。

累计折旧根据表 8-9“制造费用预算”,预算期计提累计折旧 120 000 元,因此累计折旧年末数＝年初数＋本期增加＝240 000＋120 000＝360 000(元)。

应付账款年末数是根据表8-7“直接材料预算”中第四季度的采购额和本期付现率计算的：201 600×(1－50％)＝100 800(元)。

应付股利年初数为60 000元，根据表8-12“现金预算”预算期第一季度支付股利60 000元，因此应付股利年末数为0。

长期借款、股本两项在预算期没有变动。

未分配利润的年末数是根据未分配利润的年初数和预计利润表中的预计本年净利润相加得到，即未分配利润年末数＝年初数＋本年净利润＝158 000＋255 000＝413 000(元)。

企业可以通过编制企业的全面预算，对预算期企业的经营状况、财务状况、经营成果有一个预先的规划，使经营者做到心中有数，并可以结合实际情况在经营过程中适当调整相关政策，就能更好地使企业经营达到预期目标。

三、预算编制的其他方法

(一)固定预算和弹性预算

编制预算的方法按其业务量基础的数量特征不同，可分为固定预算和弹性预算两大类。

固定预算，又称静态预算，是指在编制预算时，只将预算期内正常的、可实现的某一固定业务量(如生产量、销售量)水平作为唯一的基础来编制预算的一种方法。固定预算方法存在过于机械呆板和可比性差的缺点。这种方法用于业务水平比较稳定的企业比较适合，如果企业的业务水平经常变动，这种固定预算就不适合了。例如前面全面预算编制里，光明工厂的制造费用预算是在预计全年总工时为50 300工时的情况下编制的，如果实际执行的结果不是50 300工时，则原来的预算就不再具有可比性，不能作为执行的标准。

弹性预算，又称变动预算或滑动预算，是指为克服固定预算方法的缺点而设计的，以业务量、成本和利润之间的依存关系为依据，按照预算期可预见的各种业务量水平为基础，编制的能够适应多种业务量情况预算的一种方法。与固定预算方法相比，弹性预算方法具有预算范围宽、可比性强和便于考核的优点。

由于生产量和销售量容易发生变动，从而影响成本和利润，因此弹性预算主要用于弹性成本预算和弹性利润预算。其中弹性成本预算是指制造费用和销售费用及管理费用弹性预算，直接材料和直接人工费用用标准成本控制更为方便，不需要编制弹性预算。编制弹性成本(费用)预算的主要方法包括：公式法、列表法和图示法；编制弹性利润预算的方法包括因素法和百分比法。

弹性预算要先选定适当的业务量计量单位并确定有效变动范围，再按该业务量与有关成本费用项目之间的内在关系进行分析来编制。下面以列表法为例，说明弹性成本（费用）预算的编制。

列表法又叫多水平法，采用这种方法首先要在确定的业务量范围以内将业务量分为若干个水平，然后再按不同的业务量水平编制成本预算。业务量间距可以采用10%，也可以采用5%，间距越小就越容易在弹性成本预算中找出与实际业务量较为接近的业务量及相应的预算，但编制预算的工作量较大。使用这种方法，无论实际业务量是多少，都可以在弹性预算中找到与之相接近的预算金额，用于控制费用支出比较方便。

【例 8-21】以前面顺通公司制造费用预算的资料为根据，原计划业务量为50 300工时，现预计业务量可能在计划工时的80%～120%之间变动，编制业务量间隔为10%的制造费用弹性预算见表8-15。

表 8-15 制造费用弹性预算

单位：元

业务量（人工工时）	40 240	45 270	50 300	55 330	60 360
计划业务量的百分比（%）	80	90	100	110	120
变动制造费用：					
间接人工（1元/工时）	40 240	45 270	50 300	55 330	60 360
间接材料（2元/工时）	80 480	90 540	100 600	110 660	120 720
维修费（0.6元/工时）	24 144	27 162	30 180	33 198	36 216
水电费（0.4元/工时）	16 096	18 108	20 120	22 132	24 144
小　计	160 960	181 080	201 200	221 320	24 1440
固定制造费用：					
管理人员工资	76 000	76 000	76 000	76 000	76 000
维修费	80 000	80 000	80 000	80 000	80 000
折旧费	120 000	120 000	120 000	120 000	120 000
保险费	25 800	25 800	25 800	25 800	25 800
小　计	301 800	301 800	301 800	301 800	301 800
合　计	462 760	482 880	503 000	523 120	543 240
预计现金支出					
减：折旧	120 000	120 000	120 000	120 000	120 000
现金支出的费用	342 760	362 880	383 000	403 120	423 240

编制弹性预算后，就可以根据实际业务量水平，选用相应业务量水平的费用预算数与实际支出数相比较，使对预算执行情况所进行的评价和考核更接近实际。

（二）增量预算和零基预算

编制成本费用预算的方法按其出发点的特征不同，可分为增量预算方法和零基预算方法两大类。

增量预算，又称调整预算方法，是指以基期成本费用水平为基础，结合预算期业务量水平及有关影响成本因素的未来变动情况，通过调整有关原有费用项目而编制预算的一种方法。增量预算方法的假定前提有：(1)现有的业务活动是企业必需的；(2)原有的各项开支都是合理的；(3)增加费用预算是值得的。增量预算法的缺点是受原有费用项目限制，可能导致保护落后，而且容易在企业里滋长预算中的“平均主义”和“简单化”倾向，不利于企业未来发展。

零基预算，是指在编制成本费用预算时，不考虑以往会计期间所发生的费用项目或费用数额，而是将所有的预算支出均以零为出发点，一切从实际需要与可能出发，逐项审议预算期内各项费用的内容及开支标准是否合理，在综合平衡的基础上编制费用预算的一种方法。零基预算的优点是不受现有费用开支水平限制，能够调动各方面降低费用的积极性，有助于企业的发展。其缺点是工作量大，编制时间较长。

编制零基预算具体做法是：先分析讨论预算期间可能发生的费用项目及费用额，然后将每个费用项目分为必须足额支出的费用项目和可以增减费用额的费用项目。企业可动用的资金首先要满足必须支出的费用项目，剩余的资金在可以增减发生额的费用项目之间按照成本效益率进行分配。

（三）定期预算和滚动预算

编制预算的方法按其预算期的时间特征不同，可分为定期预算方法和滚动预算方法两大类。

定期预算，是指在编制预算时以不变的会计期间（如日历年度）作为预算期的一种预算编制的方法。其优点是能够使预算期间与会计年度相配合，便于考核和评价预算的执行结果；其缺点是远期指导性差、灵活性差和连续性差。

滚动预算，又称连续预算或永续预算，是指在编制预算时，将预算期与会计年度脱离，随着预算的执行不断延伸补充预算，逐期向后滚动，使预算期永远保持为一个固定期间的一种预算编制方法。滚动预算按其预算编制和滚动的时间单位不同可分为逐月滚动、逐季滚动和混合滚动三种方式。与传统的定期预算方法相比，按滚动预算方法编制的预算具有透明度高、及时性强、连续性好,以及完整性和稳定性突出等优点。

以逐季滚动的弹性预算为例,编制滚动预算就是在每季度末编制以后四个季度的预算,使预算的执行者永远处在预算期的第一个季度。由于进行长期预测不易准确,滚动预算通常是对头一个季度的预算按月进行编制,对后三个季度的预算按季进行编制。近期的预算尽可能详细,而远期的预算则笼统一些。滚动预算的编制参见表 8-16。

表 8-16-1 2013 年预算

(2012 年 12 月下旬编制)

单位:元

2013 年					
第一季度			第二季度	第三季度	第四季度
1月	2月	3月	总数	总数	总数

表 8-16-2 2013 年 2 季度—2014 年 1 季度预算

(2013 年 3 月下旬编制)

单位:元

2013 年 2 季度—2014 年 1 季度					
2013 年第二季度			2013 年第三季度	2013 年第四季度	2014 年第一季度
4月	5月	6月	总数	总数	总数

第三节 财务控制

一、财务控制概述

控制是指对客观事物进行约束和调节,使之按照设定的目标和轨迹运行的过程。财务控制是指按照一定的程序和方法,确保企业及其内部机构和人员全面落实及实现财务预算的过程。

在财务管理工作中,控制是财务管理的重要职能,企业的任何财务活动都需要控制,财务计划和财务预算只有通过财务控制才能得以更好地执行,实现预期的目的。

财务控制按控制的时间不同分为事前财务控制、事中财务控制、事后财务控制。事前财务控制是指在财务活动尚未发生之前所进行的控制,一般是通过制定财务管理制度的内部控制程序来防止偏差的发生，如财务收支活动发生之前的申报审批制度。事中财务控制是指在财务活动发生过程中所进行的控制，一般是通过财务预测，预计财务活动过程中即将出现的偏差，在问题没有出现之前就采取措施加以调整，如现金控制中编制现金预算，并按现金预算来控制现金的实际收支。事后财务控制是指对财务活动的结果所进行的考核及相应的奖惩，一般是从财务活动的信息反馈中发现偏差，分析差异原因，及时采取相应措施，以纠正偏差，如按财务预算的要求对各责任中心的财务收支结果进行评价，并实施相应的奖惩。

财务控制按控制的依据分为制度控制和预算控制。制度控制是指通过制定企业内部规章制度，并以此作为依据约束企业和各责任中心财务活动的一种控制形式，一般用于事前的财务控制。预算控制是指以财务预算为依据，对预算执行主体的财务活动进行监督、调整的一种控制形式，一般用于事中的财务控制。

财务控制一般按以下的程序进行：

1. 制定控制标准

制定控制标准是财务控制的起点，有了明确的控制标准，财务控制才能按照预定的目标进行。这些标准包括：国家有关部门和主管部门制定的法律法规、部门标准，企业制定的定额指标以及各项期间计划或预算等。

2. 记录实际数据，并对比标准与实际，进行差异分析与调查

企业可以通过会计系统的财务数据资料取得有关经济活动或资金活动的实际数据，并与计划、预算或定额比较，并由有关的控制人员对实际与标准之间的差异进行分析。

3. 评价与考核，并采取措施纠正偏差

在分析调查的基础上，考核、评价执行人的业绩。对实际脱离标准的差异，应区分不同的情况进行处理，对于有利差异，要肯定成绩，予以必要的奖励；对不利差异要查明原因，及时处理，属于执行责任的，在惩罚的同时采取有力的措施纠正偏差；如属于标准制定不准确的，应及时修订原有标准。

二、财务控制的方法

财务控制方法主要有以下几种：

(一)制度控制

制度控制是指按照国家和企业颁布制定的法令、条例、制度、办法等进行控制，主要包括国家相关的法律法规和企业内部的财务管理制度。

法律法规控制是企业根据国家、地方政府或主管部门制定的法律法规、准则等进行的财务控制，这些法律法规主要包括《会计法》、《企业财务制度》、各项会计准则、各级政府制定的财会相关政策，财务人员应熟悉这些法律法规与政策，保证财务控制的合法合规。

另外，企业还应根据自身的实际情况，制定企业内部各项财务实施细则、内部规章制度等，以规范企业的财务管理工作，更好地实施财务控制。这些制度包括财产物资的收发和清查盘点制度、现金收支管理及清查盘点制度、岗位责任制、财务管理基本业务程序制度等。

（二）授权控制

授权控制是指在某项财务活动发生之前，按照既定的程序对其正确性、合理性、合法性加以核准，并确定是否让其发生所进行的控制。一个企业的授权控制应做到以下几点：(1)所有人员不经合法授权，不能行使授权。(2)所有业务不经授权不能执行。(3)已经授权的经营业务必须予以执行。

（三）定额控制

企业应建立各种各样有科学依据、切实可行的定额，并以定额为标准，对资金运动进行控制。

（四）预算控制

财务预算是一种控制机制，是财务预算控制的前提，企业制定了财务预算以后，应加强对企业内部各单位的控制，保证预算目标和战略的实现。以预算为依据，围绕预算目标开展经营活动，并对预算的执行情况进行监督和考评，以保证企业目标的实现。

（五）责任制度控制

企业应建立适当的责任制度，明确企业内部各部门的权力和相应的责任。与预算相结合，考核各部门责任履行情况。

在企业中，一般是将以上控制方法综合运用，下面论述的“责任中心”就是许多企业采用的一种有效的财务控制方法。

三、责任中心

企业为了实行有效的财务控制，通常在企业内部合理划分各责任单位，明确各责任单位应承担的责任和行使的权力，促使各责任单位各尽其责、协同配合。责任中心就是指这样一种在企业内部承担一定经济责任，并享有一定经济权力的内部责任单位。

企业在制定了财务预算后，为了保证总预算的落实与最终实现，需要划分责任中心，然后将总预算中确定的目标和任务，按照责任中心逐级进行指标分解，形成各责任中心的责任预算，各责任中心按责权利相结合的原则明确各责任中心的权力和责任，保证责任预算的执行。责任预算的执行情况可以通过责任会计来进行考评。责任会计以责任中心为核算对象，对责任中心进行控制、核算、分析和考核，促进各责任中心完成各自的责任预算，从而保证整个企业财务目标的实现。

建立责任中心是实行责任控制的基础，责任中心是责权利相结合的实体，责任中心要对一定的财务指标的实现承担责任，同时也被赋予与其承担的责任相适应的权力；责任中心所承担的责任和行使的权力都是该责任中心可控的，每个责任中心只能对其责权范围内可控的成本、收入、利润和投资负责。责任中心按其控制区域和责任范围的大小，可分为成本中心、利润中心和投资中心三类。

（一）成本中心

1.成本中心的含义

成本中心是其责任者只对其成本或费用负责的单位。成本中心不会形成收入，因而只对本中心产生的成本或费用负责，它的任务就是将成本或费用控制在责任预算范围之内。成本中心一般包括负责产品生产的生产部门、劳务提供部门以及给予一定费用指标的管理部门。

成本中心的应用范围最广，企业内部任何发生成本和费用的单位都可以确定为成本中心，上至工厂一级，下至车间、工段甚至个人都可以成为成本中心。成本中心的规模不同、所处的层次不同，其责任的大小与范围也就不同。

2.成本中心的分类

成本中心可以分为技术性成本中心和酌量性成本中心。

技术性成本是指发生的数额通过技术分析可以相对可靠地估算出来的成本，如产品生产过程中发生的直接材料、直接人工等。技术性成本中心主要有：生产企业的车间、工段、班组等。这种成本中心的特点是投入量与产出量之间有着密切的关系，其考核指标是在一定产量下的标准成本，可以通过弹性预算予以控制。

酌量性成本是否发生以及发生数额的多少是由管理人员的决策决定的，这种费用的发生主要是为企业提供服务，一般不能产生可以用货币计量的成果，投入与产出量之间没有直接关系，主要包括研究开发费用、广告宣传费用、职工培训费用等。酌量性成本的控制主要在于预算总额的审批上。

3.成本中心的特点

成本中心一般具有以下特点：

(1)成本中心只考评成本费用而不考评收益

成本中心一般没有经营权,往往是只发生成本和费用的单位,不会形成可以用货币计量的收入,因此成本中心只能考评成本费用,而不能考评其收入。有的成本中心可能有少量的收入,但与投入之间没有直接的关系,因此,这些收入不作为主要的考核内容。

(2)成本中心只对可控成本负责

成本中心发生的成本费用可以分为可控成本与不可控成本。凡是责任中心能够控制其发生及其数量的成本称为可控成本,凡是责任中心不能控制其发生及其数量的成本称为不可控成本。成本中心只对可控成本承担责任,可控成本是考核的主要依据,不可控成本只有参考意义。

可控成本和不可控成本都是对某一个特定的成本中心而言的,就某一项成本来讲,如果它对于某一个成本中心是可控成本,则其对另外一个成本中心必然是不可控成本。在责任控制中,应尽可能把各项成本落实到各成本中心,使之成为各成本中心的可控成本,那些一时难以确认为某一特定成本中心的可控成本,可以通过各种方式与有关成本中心协商,按一定比例分配责任成本,避免出现相互扯皮推诿的现象。对于确实不能确认为某一成本中心的成本费用,则由企业控制或承担。各成本中心的可控成本之和就是企业的总成本,包括产品成本和期间费用。各责任中心控制其可控成本,并对责任成本负责,就使企业的成本控制落到了实处。

成本中心对其责任成本负责,成本中心考核指标主要采用成本(费用)变动额和变动率两个指标,其计算公式为:

成本(费用)变动额=实际责任成本(费用)-预算责任成本(费用)

成本(费用)变动率=成本(费用)变动额÷预算责任成本(费用)×100%

在进行成本中心考核时,如果预算产量与实际产量不一致,应注意先按弹性预算的方法调整预算指标,再按调整后的预算指标考核实际成本(费用)额。

(二)利润中心

1.利润中心的含义

利润中心是能对利润负责的中心,即其责任人既能控制成本,又能控制收入的责任中心。利润中心是层次较高的责任中心。一般是指有产品或劳务生产经营决策权的部门,如分厂、分店、分公司等,这些部门有独立的收入来源,能同时控制生产和销售。与成本中心相比,利润中心的权力和责任都更大,它需要对利润负责,实质上就是对收入和成本负责,不仅需要绝对地降低成本,还要寻求收入的增长,以达到一定的利润要求。

2.利润中心的分类

利润中心分为自然的利润中心和人为的利润中心两类。自然利润中心是指可以直接对外销售产品并取得收入的利润中心，这种利润中心直接面向市场；人为的利润中心是指只对内部责任单位提供产品或劳务而取得内部销售收入的利润中心，这种利润中心一般不直接对外销售产品，而是按内部转移价格向企业内部各责任单位提供产品或劳务。实际上，一般的成本中心都可以根据管理的需要划定为人为的利润中心。人为的利润中心将市场机制引入企业内部，有利于调动各单位的积极性，提高自身效益。

3.利润中心的考核指标

利润中心的考核指标为利润，通过比较一定期间实际实现的利润与责任预算确定的利润可以对利润中心的业绩进行考核。利润中心的利润是由该中心的销售收入减去成本费用得到的，各利润中心的责任成本主要包括下属成本中心的责任成本与该利润中心本身的可控成本。除此以外，很多企业都存在应由几个利润中心共同负担的联合固定成本，利润中心无法控制这部分成本，这部分成本不属于利润中心的可控成本，对这部分固定成本有两种处理办法，从而对利润中心的考核主要有两套指标：

(1)利润中心只计算可控成本，不计算不可控成本

这种方式只计算本中心的可控成本，不需要对几个利润中心共同负担的联合固定成本进行分摊，这时，利润中心的成本是不完全的，因此考核利润中心的指标并非真正的利润额，而只有不完全的边际贡献额。

$$\text{利润中心边际贡献总额}=\text{该利润中心销售收入总额}-\text{该利润中心可控成本总额(或变动成本总额)}$$

$$\text{公司利润总额}=\text{各利润中心边际贡献总额之和}-\text{未分摊的联合固定成本}$$

(2)利润中心不仅计算可控成本，也计算不可控成本

这种方式需要对几个利润中心共同负担的联合固定成本进行分摊，这时考核的指标主要是以下几种：

$$\text{利润中心边际贡献总额}=\text{该利润中心销售收入总额}-\text{该利润中心变动成本总额}$$

$$\text{利润中心负责人可控利润总额}=\text{该利润中心边际贡献总额}-\text{该利润中心负责人可控固定成本}$$

$$\text{利润中心可控利润总额}=\text{该利润中心负责人可控利润总额}-\text{该利润中心负责人不可控固定成本}$$

$$\text{公司利润总额}=\text{各利润中心可控利润总额之和}-\text{公司不可分摊的各种管理费用、财务费用等}$$

为了考核利润中心负责人的经营业绩，应将利润中心的固定成本分解为可控成本和不可控成本，负责人只对其可控固定成本负责，有些联合固定成本分摊到有关利润中心，但却不能为利润中心负责人所控制，在考核利润中心负责人业绩时，应将其不可控的固定成本从中剔除，以便分清责任。

【例 8-22】某企业的甲车间是以个人为利润中心，本期实现内部销售收入600 000元，销售变动成本为400 000元，该中心负责人可控固定成本为50 000元，中心负责人不可控的应由该中心负担的固定成本为80 000元。则该利润中心实际考核指标为：

利润中心边际贡献总额＝600 000－400 000＝200 000(元)

利润中心负责人可控利润总额＝200 000－50 000＝150 000(元)

利润中心可控利润总额＝150 000－80 000＝70 000(元)

4. 内部转移价格

内部转移价格又称内部结算价格，就是指企业内各责任中心之间相互提供中间产品和劳务所采用的一种结算价格。企业内部各责任中心之间常常会有相互提供产品或劳务的活动，这样两个责任中心处于买卖的双方，若提高内部转移价格，会增加"卖方"的收入或内部利润；同时，由于购买成本升高，买方的内部利润会降低。同样，若降低内部转移价格，则卖方内部利润下降而买方内部利润升高。当然，由于这种价格只是会影响到内部各责任中心利润的多少，从整个企业来看，在其他条件不变的情况下，无论内部转移价格怎么变动，企业的总利润是不变的。

合理的内部转移价格将有助于确定各责任中心的经济责任，客观、公正地评价和考核各责任中心的经营业绩，调动企业各责任中心工作的积极性，从而为公司制定正确的经营决策提供依据。因此，如何制定出合理的内部转移价格无论对分部还是对公司都至关重要。

目前，制定内部转移价格的方法根据不同的计价基础，大致上可以分为三大类：

第一类是以成本为基础的转让定价。它包括完全成本法、成本加成法、变动成本加固定费用等方法。这里的成本，不是采取公司的实际成本而是标准成本，以避免把转出部门经营管理中的低效率和浪费转嫁给转入部门。这种方法应用简单，以现成的数据为基础，但标准成本的制定会有偏差，不能促进企业控制生产成本，容易忽视竞争性的供需关系。

第二类是以市场为基础的转让定价。在完全竞争的市场条件下，一般采用市场价格。采用市场价格法可以解决各部门间可能产生的冲突，生产部门有权选择其产品是内部转移还是卖给外部市场，而采购部门也有权自主决定。如果与市场价格偏离，将会使整个公司的利润下降。市场价格比较客观，能够体现责任会计的基本要求，但市场价格容易波动。在我国现阶段，信息处理能力较低，市场价格的准确性与可靠性受到影响，甚至有些产品无市场价格作为参考，市场价格作为内部转移价格受到很大的限制。

第三类是处于市场定价和成本定价之间，即采用协商价格。协商价格是以外部市场价格为起点，参考独立企业之间或企业与无关联的第三方之间发生类似交易时的价格，共同协商确定一个双方都愿意接受的价格作为内部转移价格。协商价格在各部门中心独立自主制定价格的基础上，充分考虑了企业的整体利益和供需双方的利益。这种方法运用恰当，将会发挥很大的作用。但在实际操作中，双方可能由于各自利益的原因争执不休，讨价还价，造成各责任中心之间的矛盾。

（三）投资中心

1.投资中心的含义

投资中心是有权进行投资的单位，其责任者既要对收入、成本、利润负责，又要对其占有资产的投资效果负责。投资中心是最高层次的责任中心，一般为大型集团下属的总公司、分公司、事业部等。投资中心与利润中心的区别在于：(1)权力不同。利润中心没有投资决策权，只能在企业投资形成后进行具体的生产经营；而投资中心不仅在生产经营上享有更大的自主权，而且能相对独立地运用所掌握的资产，有权进行如固定资产购建、选择投资项目等投资决策。(2)层次不同。投资中心是最高层次的责任中心，利润中心在投资中心的管辖之下，就其本身经营的收入、成本、利润向投资中心负责。(3)考核方式不同。利润中心只考核利润，不需要将利润与所占用的资产相联系；而投资中心需要考核资产使用效果，即需要将所获得的利润与其占有的资产进行比较。

投资中心、利润中心和成本中心之间的关系是：成本中心对其可控成本向利润中心负责，利润中心就其利润向投资中心负责，投资中心就其投资和利润向总经理和董事会负责。

对投资中心不应干涉过多，应使其享有投资权和较为充分的经营权。另外，投资中心在资产和权益方面应与其他责任中心划分清楚。如果对投资中心干涉过多，或投资中心的资产和权益与其他责任中心划分不清，会造成投资中心之间责任不清、相互扯皮的现象，影响投资中心责任者的积极性，也无法对责任中心进行考核。

2.投资中心的考核指标

投资中心既对利润负责，又对投资负责，因此对投资中心不仅要考核利润，还要考核投资的效果，即投入与产出之比。考核投资中心业绩的主要指标有投资利润率和剩余收益。

(1)投资利润率

投资利润率又称投资报酬率，是指投资中心取得的利润与其占用的投资额之间的比率，其计算公式如下：

投资利润率＝利润÷投资额×100%

公式中的利润可以使用营业利润，也可以使用税后利润；投资额是指投资中心的总资产扣除负债后的余额，即投资中心的净资产。该指标体现了投资中心运用每一元资产所能提供的利润大小。运用该指标时应注意指标的可比性，在责任预算与考核时、各年度之间都应保持口径的一致。

投资利润率是广泛采用的评价投资中心业绩的指标，它可以反映投资中心的综合盈利能力，并且将各投资中心的投入与产出进行比较，能够对投资额不同的各投资中心的业绩进行横向比较，还可以引导企业增收节支，减少不合理资产的占用，提高资产的利用效果。

但投资利润率指标也有其局限性，最主要的一点就是投资利润率指标往往会使投资中心只顾本身目标而投资对整个企业不利的项目或放弃对整个企业有利的投资项目，而使投资中心的目标与整个企业的目标相背离，违背统一性原则。具体来说，就是当一个投资项目的投资报酬率高于某投资中心的投资报酬率，而低于整个企业的投资报酬率时，该投资中心会选择投资该项目，提高自身总的投资报酬率，但会令整个企业的投资报酬率下降；或者当一个投资项目的投资报酬率低于某投资中心的投资报酬率，而高于整个企业的投资报酬率时，虽然投资该项目会提高整个企业的投资报酬率，但该投资中心会避免降低自身总的投资报酬率而放弃该项目，这都会使企业局部利益与整体利益发生冲突。

【例 8-23】某企业目前的投资报酬率情况如表 8-17 所示。

表 8-17 接受投资前投资利润率表

单位：万元

投资中心	利润	投资额	投资利润率(%)
甲	30	200	15
乙	80	800	10
全企业	110	1 000	11

假定甲投资中心面临一个投资机会，该投资机会的投资额是500万元，可获利70万元，投资报酬率是14%，由于该投资机会可以使整个企业的投资报酬率提高，由原来的11%增至12%，从企业总体看是有利的，然而由于该投资项目的投资利润率低于甲投资中心目前的投资报酬率15%，接受投资会使该中心投资报酬率降低为14.29%，所以甲投资中心可能不乐于接受这项投资，具体数据及计算过程见表8-18。

表8-18　接受投资后投资利润率表

单位：万元

投资中心	利润	投资额	投资利润率(%)
甲	100(30+70)	700(200+500)	14.29
乙	80	800	10
全企业	180	1 500	12

为了弥补投资利润率的这一不足，许多企业采用剩余收益这一指标来对投资中心进行考核。

(2)剩余收益

剩余收益是一个绝对额指标，投资中心用其投资额乘以一个规定或预期的最低投资利润率，得出一个最低要求的利润额，再用该投资中心实际获得的利润减去这一最低利润额，就是剩余收益。用公式表示为：

剩余收益=利润－投资额×规定或预期的最低投资利润率

规定或预期的最低投资利润率通常是指企业为保证其正常生产经营所必须达到的最低报酬水平，企业可以用加权平均资金成本作为各投资中心规定的最低投资利润率。

以剩余收益指标作为投资中心的考核指标，只要某一项投资的投资利润率大于规定或预期的最低投资报酬率，该项目就是可行的。同投资利润率指标一样，剩余收益指标也可以反映投入与产出之间的关系，而且可以弥补投资利润率指标的不足，避免本位主义，避免投资中心单纯追求投资利润率而放弃对企业有利的项目。各投资中心都会尽量提高剩余收益，只要能增加剩余收益，投资行为就是可取的，使各投资中心既考虑本中心的利益，同时又兼顾了企业的整体利益，更好地贯彻统一性原则。

【例8-24】在前面一例中，假定企业规定甲投资中心的最低投资利润率为10%，则目前甲投资中心的剩余收益为30－200×10%=10(万元)，如果接受前述投资额为500万元，投资利润率为14%的投资机会，则剩余收益变为100

－700×10％＝30(万元)，接受新投资项目后剩余收益增加了20万元，甲投资中心就会接受该投资项目。

可见，用剩余收益指标对投资中心进行考核可以促使投资中心接受对整个企业有利，但对本中心不利的投资机会，弥补投资利润率指标的不足。

思考与练习

一、思考题

1. 什么是财务预测？如何对财务预测进行分类？财务预测有哪些程序？
2. 销售预测主要有哪些方法？
3. 利润预测主要有哪些方法？
4. 如何利用销售百分比法进行资金需要量的预测？
5. 什么是财务预算？它在全面预算体系中的地位如何？
6. 如何编制财务预算？
7. 什么是财务控制？它的程序是什么？
8. 什么是责任中心？责任中心可分为哪几种类型？如何对它们进行考核？

二、判断题

1. 固定成本是指成本总额不受企业业务量增减变动影响的成本。(　　)
2. 生产预算是规定预算期内有关产品生产数量、产值和品种结构的一种预算。(　　)
3. 盈亏平衡点是指企业恰好处于利润为零时的销售量和销售额。(　　)
4. 日常业务预算是全面规划企业财务活动的预算。(　　)
5. 直接材料预算要用到预算期初企业应付账款数据。(　　)

三、单项选择题

1. 采用销售百分率法预测资金需要量时，下列项目中被视为不随销售收入的变动而变动的是(　　)。

A. 现金　　B. 应付账款
C. 存货　　D. 公司债券

2. 全面预算管理中，不属于财务预算内容的是(　　)。

A. 现金预算　　B. 生产预算
C. 预计利润表　　D. 预计资产负债表

3. 以预算期正常的、可实现的某一业务量水平为唯一基础来编制预算的方法称为(　　)。

A. 零基预算　　B. 定期预算

C. 静态预算　　D. 流动预算

4. 下列各项中,没有直接在现金预算中得到反映的是(　　)。

A. 期初期末现金余额　　B. 现金筹措及运用

C. 预算期产量和销量　　D. 预算期现金余缺

5. 为便于考核各责任中心的责任业绩,下列各项中不宜作为内部转移价格的是(　　)。

A. 标准成本　　B. 实际成本

C. 标准变动成本　　D. 标准成本加成

四、多项选择题

1. 企业发生的成本按照成本习性划分,可分为(　　)。

A. 变动成本　　B. 固定成本

C. 混合成本　　D. 经营成本

2. 全面预算包括(　　)。

A. 日常业务预算　　B. 特种决策预算

C. 生产预算　　D. 财务预算

3. 编制预算的方法按其业务量基础的数量特征不同,可分为(　　)。

A. 固定预算　　B. 弹性预算

C. 定期预算　　D. 零基预算

4. 相对定期预算而言,滚动预算的优点有(　　)。

A. 透明度高　　B. 及时性强

C. 预算工作量小　　D. 连续性、完整性和稳定性突出

5. 在下列各项预算中,属于日常业务预算内容的有(　　)。

A. 销售预算　　B. 生产预算

C. 现金预算　　D. 预计利润表

五、计算及分析题

1. 假定某公司 2013 年上半年销售甲产品的销售量如下表所示:

销售情况表

月　份	1	2	3	4	5	6
销售量(件)	2 300	2 500	2 460	2 550	2 600	2 640

要求:采用算术平均法和加权平均法预测 7 月份的销售量。

2. 胜利工厂生产和销售甲产品，该产品售价为160元，单位变动成本为100元，每年固定成本总额为300 000元。

要求：(1)计算盈亏平衡点销售量和销售额。

(2)预计明年的销量为8 000件，预计明年的利润为多少？

(3)如果明年想达到目标利润240 000元，应销售多少产品？

3. 某企业现着手编制2013年6月份的现金收支计划。预计2013年6月初现金余额为8 000元；月初应收账款4 000元，预计月内可收回80%；本月销货50 000元，预计月内收款比例为50%；本月采购材料8 000元，预计月内付款70%；月初应付账款余额5 000元，需在月内全部付清；月内以现金支付工资8 400元；本月制造费用等间接费用付现16 000元；其他经营性现金支出900元；购买设备支付现金10 000元。企业现金不足时，可向银行借款，借款金额为1 000元的倍数；现金多余时可购买有价证券。要求月末现金余额不低于5 000元。

要求：(1)计算现金收入。

(2)计算现金支出。

(3)计算现金余缺。

(4)确定最佳资金筹措或运用数额。

(5)确定现金月末余额。

4. 某企业2013年现金预算(简表)如下表所示。假定企业发生现金余缺均由归还或取得流动资金借款解决，且流动资金借款利息可以忽略不计。除表中所列项目外，企业没有有价证券，也没有发生其他现金收支业务。预计2009年末流动负债为4 000万元，需要保证的年末现金比率为50%。

要求：根据所列资料，计算表中用字母表示的项目。

单位：万元

项　目	第1季度	第2季度	第3季度	第4季度
期初现金余额	1 000	—	—	2 500
本期现金收入	31 000	33 500	E	36 500
本期现金支出	30 000	C	37 000	40 000
现金余缺	A	1 000	3 000	G
资金筹措与运用	−500	1 000	F	—
取得流动资金借款	—	1 000	—	—
归还流动资金借款	−500	—	—	I
期末现金余额	B	D	2 500	H

5. 某企业 2013 年有关预算资料如下：

(1)该企业 3—7 月份的销售收入分别为 40 000 元、50 000 元、60 000 元、70 000 元、80 000 元。每月销售收入中，当月收到现金 30%，下月收到现金 70%。

(2)各月直接材料采购成本按下一个月销售收入的 60%计算，所购材料款于当月支付现金 50%，下月支付现金 50%。

(3)该企业 4—6 月份的制造费用分别为 4 000 元、4 500 元、4 200 元，每月制造费用中包括折旧费 1 000 元。

(4)该企业 4 月份购置固定资产，需要现金 15 000 元。

(5)该企业在现金不足时，向银行借款(为 1 000 的倍数)；现金有多余时，归还银行借款(为 1 000 的倍数)。借款在期初，还款在期末，借款年利率为 12%，利随本清。

(6)该企业期末现金余额最低为 6 000 元，其他资料见现金预算。

要求：根据以上资料，完成该企业 4—6 月份现金预算的编制工作。

单位：万元

月　份	4	5	6
期初现金余额	7 000		
经营现金收入			
直接材料采购支出			
直接人工支出	2 000	3 500	2 800
制造费用支出			
其他付现费用	800	900	750
预交所得税			8 000
购置固定资产			
现金余缺			
向银行借款			
归还银行借款			
支付借款利息			
期末现金余额			

第9章 企业发展与理财

第一节 企业国际化财务问题

随着经济全球化的进一步发展,国际间的交往与合作日益紧密。特别是在中国加入 WTO 后,无论是主动还是被动,我国企业都面临着更为激烈的国际竞争。因此,我国企业应主动出击海外市场,开展国际化经营,增强企业在国际市场上的竞争力。

企业在实施国际化经营后会面临一系列全新的财务问题,如外汇风险管理问题、跨国筹资和投资管理问题、跨国营运资金管理问题等等。下面对这些问题进行逐一阐述。

一、外汇风险管理

跨国经营中的外汇风险是指因未预料到的汇率的变动给外汇持有人带来的经济收益或损失。外汇风险一般分为经济风险、交易风险和会计风险。

(一)经济风险及控制

经济风险是指汇率变动对企业未来可获得的现金流量产生的影响。企业开展跨国经营时,经营活动的各环节如销售收入、销售成本、付现的期间费用都可能因为汇率变动受到不同程度的影响,从而影响企业未来现金净流量。

经济风险给企业造成的影响是持续的和长远的,并且经济风险涉及企业生产经营的各个环节,仅靠财务人员进行管理是不够的,需要企业高层管理者的全面参与。经济风险的控制应着眼于企业长远经营战略,主要可以通过多元化经营安排,或重新构建受到汇率变化严重影响的子公司业务流程来降低经济风险。如发现对于经营国货币汇率的变化,销售收入比销售成本更敏感,就应增加在经营所在地的销售，或是减少从经营所在地取得原材料；反之，就应减少在经营所在地的销售，或是增加从经营所在地取得原材料。

（二）交易风险及控制

交易风险是指企业已经发生的以外币计价的交易，在交易发生到交易完成的这段时间里由于外币汇率的变动而导致本币价值增加或减少的风险。只要企业存在未结清余额的债权或债务，企业就可能面临交易风险。一般来说，交易风险主要产生于以下几种交易：信用贸易，即以信用为基础的，以延期付款为支付条件的进出口贸易；外汇借贷；远期外汇交易。例如中国某出口商赊销商品给美国某进口商，账款用美元结算，总值为 10 万美元，交易当天汇率为 8.2 元人民币/1 美元，该批货物价值人民币 82 万元。两个月期满支付时，如果美元升值，汇率变为 8.5 元人民币/1 美元，收到货款的人民币价值为 85 万元，则中国公司在汇率变动中获得 3 万元人民币的收益；相反，如果美元贬值为 8 元人民币/1 美元，收到货款的人民币价值为 80 万元，则会给中国公司造成 2 万元人民币的损失。

进行国际化经营的企业可以采取保值措施降低交易风险，主要的措施有：利用远期外汇交易保值、利用外汇期货交易保值和利用借款与投资方式保值。

（三）会计风险及控制

会计风险又称折算风险，是折算会计报表时采用的折算汇率发生变化产生的风险，它产生于跨国公司将世界各地子公司的报表进行合并的过程中。跨国公司的国外子公司和分支机构的财务报表，通常都按所在国货币进行编制，而跨国公司为了反映其作为一个整体的财务状况、经营成果以及财务状况变动等情况，要将各子公司的会计报表合并，编制企业整体的会计报表。该合并报表通常用总部所在国本币编制，这样就需要将以外币作为记账单位的子公司报表折算成以总部所在国本币为记账单位的会计报表。在这个折算过程中，如果不是采用历史汇率，则子公司报表折算出来的价值会因折算汇率的变动而发生变动，这种由于汇率变动造成子公司报表本币价值的增加或减少就是折算风险。例如，某中国公司美国子公司资产负债表上有一笔 200 万美元的负债，上年年末人民币对美元的汇率为 8 元人民币/1 美元，年末母公司资产负债表上反映为 200×8＝1 600 万元人民币。假设本年度第一季度结束时，人民币对美元的汇率变为 8.5 元人民币/1 美元，则 3 月 31 日母公司资产负债表上这笔负债反映为 200×8.5＝1 700 万元人民币，由于汇率变动给公司带来的 100 万元人民币的损失就是会计风险。

折算风险不仅会使跨国企业合并会计报表上的资产和负债的价值出现波

动，也可能使利润数额增加或减少。虽然折算风险只是账面价值的波动，并不影响实际的资金流，但国际企业在资本市场上的形象可能因利润指标的变化而发生改变；另外，跨国公司要对其国外子公司进行业绩考核，折算后的子公司业绩也不利于正确评价。

跨国公司可以通过对汇率变化方向的预测采用保值方式对折算风险进行管理，如预期折算利润会因外币贬值而减少，可以进行一笔远期外汇交易，卖出与利润相当的外币，保证利润的本币价值尽可能地稳定。但也有人认为，折算风险只是折算时出现账面损益，不影响实际资金，而采取的保值措施却会影响企业的资金，尤其是当汇率变动与企业预期相反时，保值措施反而会给企业带来真正的损失，如果报表使用者能够理解利润变化仅仅是由于折算汇率引起的，与企业经营状况无关，对折算风险不采取保值措施也许更加明智。

二、跨国筹资管理

企业为了筹集到跨国投资所需的资金，可以采用两种筹资方式：一种是在国内金融市场上筹得本币资金，再将其兑换成需要的外币；另一种是直接在国际金融市场上筹得跨国投资需要的外币。前者会涉及外汇风险问题，因此，进行国际化经营的企业应合理进行国际筹资。与国内筹资相比，跨国筹资的资金来源广泛，筹资方式也多种多样，主要可以采用以下一些方式：

（一）从国际商业银行贷款

这种贷款的主要特点是借款方便，金额、币种和期限等不受很大的限制。

（二）发行国际债券

国际债券是在国外市场发行的以外国货币为面值的债券。国际债券可以分为外国债券和欧洲债券两类。外国债券是指国际借款人在某一外国债券市场上发行的，以发行所在国的货币为面值的债券，如英国企业在美国发行的美元债券。欧洲债券是指国际借款人在其本国以外的债券市场上发行的以第三国货币为面值的债券，如英国企业在日本市场上发行的美元债券。

（三）利用国际贸易信贷

国际贸易信贷是指由供应商、金融机构或其他官方机构为国际贸易提供资金的一种信用行为。目前，国际上大额的对外贸易合同的签订、大型成套设备的出口往往都会利用国际贸易信贷。特别是对于中小企业而言，由于自身规模有限，直接到国际资金市场上发行股票和债券可能比较困难，而借助出口业务，利用国际贸易信贷则比较容易，因此中小企业更应该善于利用这一筹资方式。

(四)利用国际租赁

国际租赁是指一国从事经济活动的某单位,以支付租金为条件,在一定时间内向外国某单位租借物品使用的经济行为。采用国际租赁,企业可以充分利用外资,有利于企业的技术改造,也不易受通货膨胀的影响,效率较高,可以尽快形成生产力。

国际融资受到各国政治经济、法律法规、国际金融市场环境等多种因素的影响,企业对此应进行认真的分析研究,寻找适合自己的融资方式。

三、跨国投资管理

企业开展国际化经营后,其面临的可选择的投资范围更大、环境更加复杂,投资管理必然成为国际化财务管理的重要内容。

促使企业进行国际投资的根本动力是企业可以从国际投资中获得利益,这些利益包括:套取利率差异、获取廉价资源、降低成本、减少经营风险等。企业进行国际投资的目的,是寻找最佳的投资方式,以期用最短的时间、最小的代价获得最好的经济效益,并尽量避免风险。

跨国企业面临更多的市场选择,因此在选择和确定具体目标市场时,必须考虑分析更多的影响因素。影响跨国投资的因素主要有:

(1)经济发展水平。投资所在国的经济发达程度,影响市场的规模和容量,也影响基础设施、信息服务等市场运行环境,进入何种发展水平的国家,是企业进行跨国投资决策时首先要考虑的问题。

(2)市场规模及特征。要分析投资所在国特定行业市场有无长期发展的潜力,要考虑行业市场容量和行业发展阶段。

(3)生产成本。如果投资所在国的生产成本比本国低,就可以提高产品竞争力。

(4)自然资源条件。要对投资所在国的劳动力、原材料、能源、交通运输以及资金等资源的供给条件进行认真分析。

(5)投资政策。如果投资所在国在税收、信贷、外汇管制、所有权等方面的政策比较宽松稳定,投资风险就小。

(6)汇率变化。

四、跨国营运资金管理

跨国营运资金管理主要是对流动资产的管理。国际流动资产管理与国内公司对流动资产的管理一样,也主要涉及现金、应收账款和存货的管理,不同的是，国际流动资产管理还涉及外汇风险、外汇管理和国际税收等方面的问题。

(一)国际现金管理

国际现金管理一般包括四个方面的内容：(1)制定母公司和子公司现金预算，对各子公司及分支机构的现金余额进行分析、管理；(2)确定母公司和子公司最优现金余额水平；(3)制定加快现金流入和延缓现金流出的具体措施；(4)组织短缺现金的筹集和多余现金的投资。

国际现金管理原则上与国内公司一样，但国际现金管理受到许多国家相关法规的限制，如外汇管制政策、税收政策等，因此，国际现金管理通常采用集中管理的模式。

在现金集中管理模式下，跨国公司从总体利益出发对母公司及各国子公司现金余缺进行统一调度，各国子公司只保持为满足日常交易需要的现金，而超过此最低需要的现金则由公司设立现金管理中心进行集中管理，现金管理中心集中持有针对投机动机和预防动机的现金余额。当子公司出现现金短缺时，由总部立即为它们拨付所需资金。现金集中管理模式可以使整个企业现金持有量达到最低，减少现金持有成本，更好地使用现金，同时可以促使公司内部现金管理的专业化。通过现金集中管理，跨国公司的决策都是以全局利益为最高准则，有利于企业全球化经营战略的实施。

跨国公司实行现金集中管理，一般要经历下列基本程序：(1)设立现金管理中心。现金管理中心通常设在政治和经济稳定、资金流入流出不受限制、有发达而活跃的金融市场、税收政策宽松、国际通信设施发达的国家和地区，如国际金融中心所在地或者国际避税港。现金管理中心还必须拥有优秀的财务专家和大量的信息情报，负责整个企业现金的管理和调度。(2)核定各子公司的交易性和预防性现金需要量。这通常以各子公司编制的现金预算或历史数据作为核定依据。(3)集中存储。各子公司只保持满足交易性需要的现金，预防性现金需要量则汇往现金管理中心。(4)跨国调度。现金管理中心通过各种通信手段迅速获知各子公司的实际现金余额，将其与各子公司事先核定的交易性现金需要量进行比较，暂时多余的现金划归现金管理中心，暂缺的现金由现金管理中心补充。

(二)国际应收账款管理

跨国公司的应收账款有两种类型：一是跨国公司母公司或各国子公司与其他独立法人之间在经济往来中形成的应收账款；二是跨国公司内部各成员单位之间因商品、劳务、技术等生产要素内部转移形成的应收账款。两种应收账款具有不同的性质和特点，应分别加以管理。

对独立客户的应收账款管理可以从以下几个方面入手:(1)确定合理的信用政策。与国内企业应收账款管理类似,跨国公司应衡量放宽信用政策所带来的收益是否大于因此而增加的成本,如果是,则应放宽信用政策。(2)选择有利的交易货币。在国际贸易中,可供选择的交易货币有三种:出口方货币、进口方货币、第三国货币。为避免外汇交易风险,出口商通常希望采用硬货币结算,而进口商希望采用软货币来支付到期款项。如果双方对汇率变动有相同的预期,则可能会在币种的选择上讨价还价:出口商为取得硬货币,有可能在价格或付款条件上作出一定让步,而买方则可能以支付较高价格或尽快付款等条件来争取以软货币付款。

跨国公司内部的应收账款管理与对独立客户的应收账款管理相比,不需要考虑资信问题,付款时间不完全取决于商业习惯,而取决于跨国公司的全球战略。跨国公司内部应收账款管理中常用的方法有:提前或推迟付款、通过再开票中心结算。

再开票中心,是跨国公司为了实现其内部资金转移或获得税收效应而设在某处(通常是避税港)专门处理公司内部贸易产生的全部交易风险的独立资金经营子公司。生产型子公司与销售型子公司达成销售协议后,名义上先把货物售给再开票中心,然后再由再开票中心以较高的价格把货物转售给销售型子公司,但实际上,货物并不经过再开票中心,而是直接运交销售型子公司。在这里,再开票中心只是负责为交易双方处理发票和结算,并不直接接触实际跨国公司内部的资金转移。

(三)国际存货管理

与国内企业相似,跨国公司存货管理的目标仍是在保证企业生产经营活动对存货需要的前提下,尽可能降低存货成本。国内企业存货管理中的经济订货批量等管理手段同样可以采用,但具体进行存货管理时,跨国公司的存货管理要比国内企业复杂得多。跨国公司存货的周转经常要跨国界进行,所以企业要了解不同国家与地区法律法规,注意国际运输时间长、海关手续、进出口限制、汇率变化、通货膨胀等因素对存货管理的影响。

国际存货管理主要有两个方面:存货超前购置和反通货膨胀。存货超前购置是跨国公司经常采用的重要存货策略,当预计国际市场某项存货价格将大幅上扬时,超前购置存货可以较低价格获得未来所需存货,有利于降低存货成本。另外,子公司的多余资金在当地无适当投资机会,且汇出外汇或将外汇兑换成硬通货又受到东道国政府限制时,超前购置存货再低价出口就能起到逃避外汇管制的作用。反通货膨胀的措施主要包括:如果子公司主要依赖进口购置存货，在预期当地货币贬值的情况下，应尽可能多地购置存货，以降低成本；若子公司主要从当地购置存货，在预期当地货币贬值的情况下，应尽可能降低存货的库存。

第二节 并购问题

企业想在竞争激烈的市场经济中生存下去，必须谋求不断的发展壮大，否则就可能被无情地淘汰出局。企业在最初的经营站稳脚跟之后，就不得不考虑如何做大做强的问题。许多企业在发展的过程中都会遇到规模扩张和资金短缺的难题，企业如果能够冲破这一瓶颈，就可以很好地实现快速地发展，否则就可能永远也长不大。要解决这一发展问题，企业可以通过自身生产经营所获得的利润进行再投资来扩大生产经营规模，也可以通过外部融资（如发行股票和债券或向银行贷款）来筹集扩大生产所需要的资金，但有一个最简便有效的办法就是通过并购其他企业来扩大生产规模。投资大师巴菲特说过："并购一个现存企业，比重新投资办成一个同样规模的企业，速度快得多，费用少得多，效益也许好得多。并购是企业发展最简便有效的办法。"从国际经验看，全球约有 1/3 的企业是通过并购的方式成长起来的。

一、企业成长方式

企业实现成长的方式有很多，总的来说不外乎两类：内部成长和外部成长。

内部成长类似于内涵式的发展，也可以称为产品经营方式，主要是依靠企业自身利润的再投入以及内部经营条件的改善来实现企业的成长，采取的措施包括降低成本、提高生产效率、开发新产品、开拓新市场等。这一方式一般不会改变企业的产权结构，不会威胁到创业者或经营者对企业的控制，可控性较强，所以多为企业经营者所采用。这种方式在企业发展的初期是可行的，但当企业在有了一定的基础，有了过硬的产品和相对稳定的市场，有了一定的经济实力和信誉后，要谋求更大的发展时，这种单纯依赖企业个体产品经营积累资金进行扩张的成长方式就会限制企业发展的规模和速度。企业为了维持或增加市场份额、减少风险、增加机遇，需要不断地增加投入，企业新的发展需要大量的资金，这时仅靠企业自身的积累已远远不能满足需要，因此就需要企业跳出单纯内部成长、产品经营的圈子，谋求外部成长，通过资本经营实现更大的发展。

外部成长类似于外延式发展，也可以称为资本经营方式，主要是通过外部资本经营行为，如吸收外来资本、组建合资和合作公司、合并与收购等来实现企业的成长。其中，企业直接通过发行股票和债券进行外部融资又受到很多客观条件的限制，造成直接融资的困难，因此合并和收购成为外部成长最常见的途径。借助外部成长，企业可以快速融资，迅速扩大生产能力，占领新的市场。

在我国，许多企业经营者的经营观念还停留在较低级的产品经营观念上，企业难以克服发展中规模小、资金短缺的问题。这就需要企业的经营者转变观念，实现从产品经营到资本经营的转变，这种转变或飞跃对于已经有了相当实力的企业来讲，是不可缺少的。近年来，已经有不少企业成功运用资本经营的方式冲破了企业发展的资金制约，成功地走上了大规模、集团化的企业发展之路。

资本经营中，直接融资这一方式在前面“融资”一章已有详细讲述，因此，本节重点讲述资本经营中常用的并购方式。

二、企业并购的含义和类型

并购包括合并和收购两种不同的法律行为。

根据我国《公司法》的规定，合并分为吸收合并和新设合并两类。吸收合并是指一家企业以现金、证券或其他形式购买取得其他企业的产权，使其他企业丧失法人资格或改变法人实体，并取得对这些企业的控制权的经济行为。吸收合并也称兼并，一家公司吸收其他公司而存续，被吸收公司解散。新设合并是指两个或两个以上的公司合并设立一个新的公司，合并各方的法人实体地位都消失。无论是兼并（吸收合并）还是新设合并，合并各方的债权债务都应由合并后存续的公司或者新设的公司承担。

收购是指企业用现金、债券或股票购买另一家企业的部分或全部资产或股权，以获得该企业的控制权。收购的经济意义是指一家企业的经营控制权易手，原来的投资者丧失了对该企业的经营控制权，收购的实质是取得控制权。收购可以分为两种：一种是收购资产，一种是收购股权。收购资产与收购股权的差别在于：收购资产是取得目标企业的部分或全部资产，是一般的资产买卖行为，收购方可以有选择性地承担卖方的债务；收购股权是通过与被收购方股东签订出让协议持股，或在公开市场上购买持股的方式取得被收购方企业的股份，收购方将成为被收购方企业的股东，因此要承担该企业的债权和债务。

企业并购的形式多种多样，按不同的分类标准可分为以下几种类型：

（一）按并购双方产品与产业的联系划分

按并购双方产品与产业的联系划分，并购可分为横向并购、纵向并购和混合并购。

1. 横向并购

横向并购是指并购方和被并购方处于同一行业、生产或经营同一产品的并购，如一家大的彩电生产厂家兼并另一家小型彩电生产厂家。横向并购使资本向同一市场领域或部门集中，可以扩大企业的生产规模，实现规模效益，同时确立或巩固企业在行业内的优势地位，减少竞争。

2. 纵向并购

纵向并购是对生产工艺或经营方式上有前后关联的企业进行的并购，是生产、销售的连续性过程中互为购买者和销售者(即生产经营上互为上下游关系)的企业之间的并购，如一家食品企业收购一家糖厂。纵向并购可以实现产销纵向一体化，加强对原料供应商或买主的控制，提高竞争能力。

3. 混合并购

混合并购是对处于不同产业领域、产品属于不同市场，且与其产业部门之间不存在特别的生产技术联系的企业进行并购，如一家汽车制造企业收购一家商场。并购企业和被并购企业既不是争夺同一产品市场的竞争对手关系，也没有供应商或客户的关系。混合并购可以通过分散投资、实行多元化经营降低企业风险。

(二)按并购的实现方式划分

按并购的实现方式划分，并购可分为承担债务式、现金购买式和股份交易式并购。

1. 承担债务式并购

承担债务式并购是在被并购企业资不抵债或资产债务相等的情况下，并购方以承担被并购方全部或部分债务为条件，取得被并购方的资产所有权和经营权。

2. 现金购买式并购

现金购买式并购是并购方以现金购买被并购方的全部或部分资产，或以现金购买被并购方的股票或股权。

3. 股份交易式并购

股份交易式并购是指并购公司向目标公司的股东发行自己公司的股票，以换取目标公司的大部分或全部股票，或换取目标公司部分或全部资产。

三、并购对企业发展的意义

(一)规模经济效应

两个或两个以上的企业合并后可提高生产经营活动的效率，实现规模经济。一方面是生产的规模经济，通过并购可以优化其资源配置，使其达到最佳经济规模的要求，使企业保持尽可能低的生产成本，并解决由于专业化引起的各生产流程的分离问题，将它们纳入同一工厂中，减少生产过程中的环节间隔，充分利用生产能力，降低成本。另一方面是企业的规模经济，通过并购将许多工厂置于同一企业领导之下，可以带来一定规模经济，表现在节省管理费用，节约营销费用，集中足够的经费用于研究开发等。

(二)财务协同效应

并购可以给企业带来财务方面的多项好处：一是提高财务能力。一般情况下，合并后企业整体的偿债能力和筹资能力都会比合并前的单个企业的偿债能力强，资金成本也会降低。许多企业因其规模小较难在资本市场上直接融资，通过“买壳上市”，收购上市公司就可达到间接上市，从而在资本市场上融资的目的。二是可以合理避税。税法允许亏损企业免交当年所得税，且其亏损可以在以后五个年度内用税前盈利来弥补，这样并购一个亏损企业就可以抵减并购企业的盈利，达到合理避税的目的。

(三)化解行业壁垒，迅速进入新的行业，开展多元化经营

企业可以通过并购相关程度不高的不同行业的企业，达到进入新行业、分散经营风险、稳定收入来源、增强企业资产安全性的目的。多元化经营可以通过直接投资或并购实现，但如果企业采用直接投资的方式进入一个新的行业，常常会遇到较强的行业壁垒，如成本劣势、较难打破原有企业对销售渠道的控制、资金的限制等，这都会使企业承受较大的风险。而采用并购的方式，没有增加行业内的生产能力，行业内部的竞争结构保持不变，引起价格战或原有企业报复的可能性减小，同时企业可以利用原有企业的生产能力、原料来源、销售渠道和已占有的市场及经验，顺利而迅速地进入被并购企业所在的新行业，并在一定程度上保持被并购企业原来的市场份额以及现有的各种资源。

(四)迅速获得各类资源

企业在成长的过程中急需大量的资源，如土地、优越的地理位置、优秀的人才、品牌、商标等，这些都可以通过并购立即取得，这些资源很可能是对企业发展至关重要的，获取这些资源就成为并购的重要动因。如一些经营不善、市场不景气的企业可能占有较多的土地和优越的地理位置，并购企业就可以通过收购这些企业得到土地资源。

四、并购目标企业的选择

对并购方企业而言，决定以并购的方式进行企业的扩张，首先是要寻找适

合的并购目标企业，这需要公司高级经理人员、投资银行家、律师和会计师等各方专业人士的合作。并购目标企业通常有以下特征：

（一）营业亏损的企业

并购方企业一般是经营业绩较好、盈利水平较高的企业，如果被并购企业发生亏损，在并购后即可冲抵并购公司的部分利润，使并购公司享受到税收上的好处。

（二）可以"以彼之长补己之短"的企业

也就是能与并购方企业发生协同效应、实现优势互补的企业。

（三）市盈率较低的企业

市盈率低意味着并购企业可以以较低的价格收购被并购企业。

（四）有盈利潜力的企业

有一些企业由于管理不善造成营业利润偏低，这些企业往往成为被并购的对象。因为这些企业所在的行业以及自身的产品都很有优势，通过并购后改善经营管理，盈利潜力很大，对并购企业有利。

具有上述特征的企业容易被选作并购的目标企业，但对特定的企业而言，还要根据并购的目的选择符合公司需要的目标企业，这时要具体问题具体分析。

五、并购目标企业的评价

并购企业应综合考虑上述因素，选择适合的目标企业，并对并购目标企业进行财务上的可行性分析与评价，一方面对并购目标企业进行价值评估，另一方面对并购成本进行分析，只有当目标企业的价值大于并购所需成本时，并购才是可行的。

（一）并购目标企业的价值评估

价值评估是指买卖双方对标的（股权和资产）作出的价值判断。通过一定的方法评估标的对自己的价值，可以为买卖是否可行提供价格基础。价值评估是决定并购是否可行的先决条件，也是决定并购能否成功的关键，而且专业机构从经济技术角度做出价值评估，可使交易价格相对公正合理，从而在一定程度上避免决策失误。常用的价值评估方法有资产价值基础法、收益法、贴现现金流量法等。

资产价值基础法是通过对目标企业的资产进行估价来评估其价值的方法。国际上通行的资产评估价值标准主要有账面价值、市场价值、清算价值和公允价值四种，四种价值标准各有其侧重点，并购目的不同，选择的标准就会不同。如果并购看重的是目标企业未来的潜能，那么公允价值可能比较恰当；如果只在于取得某项资产，那么清算价值或市场价值更为恰当。

收益法也叫市盈率模型，是根据目标企业的收益和市盈率确定其价值的方法。采用收益法估算目标企业的价值，以投资为出发点，着眼于未来经营收益，并已经形成了一套较为完整有效的科学方法，因而广泛运用于各种并购价值评估，尤其适用于通过证券二级市场对上市公司进行并购的情况。我国股市建设尚未完善，因此这种方法目前在我国较难完全运用。

贴现现金流量法是估计目标公司并购后能够产生的未来净现金流量，再用加权平均资金成本作为贴现率，对目标企业的价值进行评估的一种方法。这种方法以现金流量的预测为基础，充分考虑了目标公司未来创造现金流量的能力和公司未来的风险，是全球公认的价值评估方法，但合理预测未来现金流量和贴现率比较困难。

(二)并购目标企业的成本分析

企业并购包含着一系列的工作，企业并购的成本也是这一系列工作代价的总和。这些成本既包括并购工作完成的成本，也包括并购以后的整合成本；既包括发生的有形成本，也包括无形成本。为了实现企业的低成本扩张，并购企业必须认真分析并购涉及的各种成本，如并购完成成本、整合与营运成本、并购退出成本、并购机会成本。

并购完成成本是指并购行为本身所发生的直接成本和间接成本。直接成本是指并购直接支付的费用。间接成本是指并购过程中发生的一切费用，包括由于借入并购资金所带来的债务成本，并购过程中发生的搜寻、策划、谈判等工作带来的交易成本，并购成功后的更名成本。

整合与营运成本是指并购后为使被并购企业健康发展而需支付的长期营运成本，包括整合改制成本和注入资金成本。这是由于并购后，一般都需要对目标企业进行重新整合，如人事变动、改善经营管理方式、产品结构调整、经营战略调整、重建销售网络等，这些都需要费用，因此并购企业在进行并购决策前要充分了解对方企业的资源潜能与管理现状，在此基础上充分估计并购后的整合与营运成本。

并购退出成本是指一旦扩张不成功企业退出的成本。企业应尽量做到低成本撤退。

并购机会成本是指并购实际支付或发生的各项成本如果不用于进行并购，而是从事其他投资的未来收益，即由于并购而放弃其他投资机会所丧失的潜在收益。

六、并购风险及防范

企业并购相对于其他成长方式而言风险较高，主要是由于买卖双方信息不对称，被并购企业可能有意或无意地隐瞒一些不想让并购企业知道的信息，并购企业也较难通过并购前的调查而完全了解这些信息。为防止并购后不必要的麻烦，企业在并购时应对并购风险进行预测和防范。并购中可能出现的风险主要有：

（一）营运风险

营运风险就是并购方在完成并购后，可能无法使整个企业集团产生预期的规模经济效应、财务协同效应、市场份额效应和经验共享互补效应，并购形成的新企业因规模过于庞大而产生规模不经济，甚至原有效益较好的企业都被新并购进来的企业拖累。

（二）信息风险

并购中真实与及时的信息可以大大提高并购企业行动的成功率，但实际并购中因贸然行动而失败的案例不少。

（三）融资风险

企业并购需要大量资金，所以并购决策会同时对企业的资金规模和资金结构产生重大影响。与并购相关的融资风险包括资金是否可以在时间上和数量上保证并购的需要、融资方式是否与短期持有或长期持有的并购动机相适应、现金支付是否会影响企业正常的生产经营等。

（四）反并购风险

在一般情况下，被并购企业对并购行为往往持不欢迎和不合作的态度，尤其是在面临敌意收购时，被并购企业会采取各种各样的反并购措施，这些措施必然对并购企业构成相当大的风险。

（五）法律风险

各国关于并购、重组的法律法规都通过增加并购成本而提高并购难度。比如我国目前有关法律关于企业并购的持股申报制度要求任何法人直接或间接持有一个上市公司发行在外的普通股达5%时，必须在3日之内向该公司、证交所和证监会作出书面报告并公告，同时暂停买卖，以后每增减变化达到2%时，又要重复该过程；持有发行在外普通股达30%时，继续购买该公司股份的，应发出全面收购要约，并按收购要约中规定的价格购买股票。这套程序给并购带来了很大的麻烦。

可见，并购的风险非常复杂和广泛，企业应尽可能多地了解目标企业的行业和财务状况，多了解相关政策和法规，听取专家甚至专业咨询机构的意见，合理安排并购资金，避免各种风险，最终实现成功的并购。

第三节　企业破产与清算

一、企业经营失败和财务困境

在激烈的市场经济竞争中，企业时刻面临倒闭的风险，特别是成立不久的企业。日本民间信用调查公司帝国数据库统计显示，仅在2001年上半财政年度，负债额在1 000万日元以上的破产企业为9 665家，全年近2万家。德国的经济查询公司Creditreform称，德国企业2004年共有3.96万家企业登记破产，超过2003年水平。在中国，据国资委统计显示：截至2004年4月，中国已有3 370多家国有企业破产，其他处于经营困境中的小企业则难以计数。

企业经营失败的突出表现是企业陷入财务困境，难以支付到期债务。企业陷入财务困境的原因有多种，有的是由于外部经济因素，如行业疲软造成销售下降、产品滞销而亏损；或因为内部原因如缺乏管理经验，造成决策失误；也有可能是由于债务安排不合理、经营成本过高引发财务危机；自然灾害和欺诈行为等也会使企业陷入困境。财务困境分为亏损型财务困境和盈利型财务困境。

（一）亏损型财务困境

企业亏损分为间断性亏损和连续性亏损。间断性亏损是指企业发展中有时盈利，有时亏损；持续性亏损是指企业连续两年以上亏损。企业亏损的主要原因是销售下降，收不抵支，现金缺乏。对于间断性亏损，企业只要加强管理，紧跟市场，还有希望走出困境，步入良性发展轨道。若企业处于持续性亏损，则面临巨大的经营风险，如没有采取强有力的措施和有效的决策，企业将很快面临破产清算的境况。

（二）盈利型财务困境

造成盈利型财务困境的企业多数是因为盲目扩大销售，具体表现为不顾生产能力承接订单，接着进行固定资产投资。由于资金不足，于是借入长期资金用于购置固定资产；扩大的生产规模需要更多的原材料，于是又借入短期资金，使得企业负债沉重。如果产品销售不畅或赊销过多，则又会造成存货积压和应收款过大。应收款的增加会进一步导致短期借款的增加或应付账款的无力支付，造成恶性循环。这时尽管企业账面有盈利，但现金短缺。一旦市场变化，企业很容易陷入因资金链断裂造成的支付困难，进入“有利无钱”的财务困境。曾经风光一时的秦池酒和爱多 VCD 就是盈利型财务困境的典型例子。

二、企业债务重组

陷入财务困境的企业，可能因受外部不利因素影响，致使资金出现暂时性周转困难，难以按期偿还债务。在这种情况下，按照我国法律规定，债权人有权在债务人不能偿还到期债务时向法院申请债务人破产。但在债务人主管部门申请整顿且经债务人与债权人会议达成了和解协议时，破产程序应予中止。此外，即使债务人进入破产程序，也可能因为相关的过程持续很长，耗时耗力，结果还可能难以保证债权人的债权能如数收回。这时，可以采取另一种解决债务纠纷的方法，即债务重组。这里的债务重组属于债务人发生财务困难的情况下债权人作出让步的债务重组。

（一）债务重组方式

债务重组是指债权人按照其与债务人达成的协议或法院的裁决，同意债务人修改债务条件的事项。在债务人发生财务困难的情况下，债权人作出让步是债务重组的关键。债务重组可能发生在债务到期日前、到期日或到期日后，债务重组日即为债务重组完成日，即债务人履行协议或法院裁定，将相关资产转让给债权人，将债务转为资本或修改后的偿债条件开始执行的日期。

通过债务重组，债务人和债权人都有可能发生重组收益和重组损失。按照我国会计准则和制度规定，债务重组方式划分为四种：

(1)以低于债务账面价值的现金清偿债务。

(2)以非现金资产清偿债务。债务人常用于偿债的资产主要有存货、短期投资、固定资产、长期投资、无形资产等。

(3)债务转为资本。指债务人将债务转为资本，同时债权人将债权转为股权。以债务转为资本用于清偿债务，对于股份制企业在法律上有一定的限制。如根据我国《公司法》规定，公司发行新股必须具备一定的条件。因此，公司只有在满足国家规定条件的情况下，才能采用将债务转为资本的方式进行债务重组。

(4)修改其他债务条件。如延长债务偿还期限，或延长债务偿还期限并加收利息，或延长债务偿还期限并减少债务本金或债务利息等。

债务重组也可采用将以上四种方式中的两种或两种以上混合的方式进行。

(二)企业重组的一般程序

企业重组可分为主动重组和非主动重组。主动重组,是失败企业自己向司法部门提出的重组请求。非主动重组,是债权人向司法部门提出的重组请求。企业重组一般要经历以下步骤:

(1)向法院提出重组要求。如果是非主动重组,应确定有关企业是否破产。

(2)由债权人请求法官指定重组受托人。

(3)债务人向法院呈交重组计划。法院将组织有关人员审查重组计划,并确定该计划是否公平、可行,是否提供了应该披露的信息。

(4)一旦重组计划被法院通过,即可付诸实施。

(5)无论重组计划是否通过,债务人都负责有关费用的支付。

三、企业破产清算

若企业由于连续亏损,且这种亏损企业的负债已经超过资产的市场价值,资产变现能力差,导致债务偿付困难的,可以申请破产。

(一)破产的界定

我国《企业破产法(试行)》规定:“企业因经营管理不善造成严重亏损,不能清偿到期债务,依照本法规定宣告破产。”该规定包含两层意思:

(1)企业因经营管理不善造成严重亏损。企业不能清偿到期债务的重要原因在于经营管理不善造成严重亏损。

(2)企业明显丧失清偿能力。企业在生产经营上陷入困境,以致不能偿还债务或不能继续偿还债务。企业不能偿还债务有两种情况:一是企业负债总额超过财产总额,无力偿还债务;二是企业财产虽然大于负债总额,但却无法获得足够的现金或无法以债权人同意的其他方式来清偿债务。

(二)破产的一般程序

1.提出破产申请

破产申请是债务人、债权人或者企业因法定解散而清算,在清算过程中发现企业已资不抵债,清算组向人民法院申请,请求宣告破产的民事法律行为。这种行为是法定的破产申请人行使破产权的开始。债权人行使法定的破产权,是因为企业严重亏损,不能清偿到期债务,出现这种情况时,债务人本身亦可提出破产请求。

债权人提出破产申请的主要理由是债务人不能清偿到期债务，并依法提出下列依据：债权发生的事实与证据；债权性质、数额、有无担保、并附证据；债务人不能清偿到期债务的证据。债务人提出破产申请的主要理由是：企业因经营管理不善而严重亏损，资产不能清偿到期债务。如果债务人是国有企业应经过上级主管部门同意。

申请破产，是人民法院开始破产程序的绝对要件，没有人申请破产，人民法院不得依职权主动开始启动破产程序。

2. 破产案件的受理

人民法院在受理破产案件后，在10日内通知债务人，并发布公告，进入破产还债程序。债权人应当在收到通知1个月内，未收到通知的债权人应当在公告之日起3个月内，向人民法院申报债权，说明债权的数额和有无财产担保，并且提交有关证明材料。逾期未申报债权的，视为自动放弃债权。当然，人民法院受理破产案件并不等于宣告债务人破产。债务人仍然可以从事正常的生产经营活动，动用一部分资金。我国破产法规定："人民法院受理破产案件后，债务人对部分债权人的清偿无效，但是债务人正常生产经营所必需的除外。"

3. 法院宣告企业破产

人民法院对于企业的破产申请进行审理，如果符合破产法规定情形，即由人民法院依法裁定并宣告企业破产。

4. 组建清算组

人民法院宣告企业破产后，应当在宣告企业破产之日起15日内成立清算组，接管破产企业，清算组应当由股东、有关机构及专业人士组成。其主要职责是清理破产企业的财产、处理破产企业的善后事宜，代表破产企业参与民事诉讼活动。

清算组依法接管破产企业后，立即接管破产企业的账册、文书、资料、印章，行使法律赋予的权力；对破产企业的财产进行保管、清算、估价、变卖、分配、决定是否履行未履行完毕的合同，交付属于他人的财产，追收破产企业在法院受理破产案件前6个月至宣告破产之日期间内非法处理的财产。

5. 破产财产的分配

清算组在清理破产企业的财产、处理完善后事宜、验证破产债权后，在确定破产企业的财产的基础上编制财产分配方案，提交债权人会议讨论，通过后报人民法院批准，人民法院批准后由清算组具体执行。

清算组分配破产财产前，首先应拨付清算费用，包括：(1)破产财产管理、变卖、分配所需的费用；(2)破产案件诉讼费；(3)为债权人的共同利益而在破产程序中支付的其他费用。破产财产在优先支付清算费用后，按以下顺序清偿：(1)破产企业拖欠的职工工资、劳动保险费用；(2)破产企业拖欠税款；(3)破产债权。清偿结果如果有剩余财产，在企业所有者之间进行再次分配。

6. 报告清算工作

清算组在接管破产企业后，应定时或不定时向人民法院报告清算工作的进度，并提请人民法院终结破产程序。人民法院应当在接到申请后7日内作出裁定，终结破产程序。

7. 企业注销登记

清算组清偿完破产企业的债务后，清算工作结束，应当向人民法院报告，请求终结破产程序，清算组向破产企业的原登记机关申请注销原企业登记，同时解散清算组。

(三)破产中的财务问题

1. 破产财产

破产财产是指在破产程序中，由破产管理人管理处分的、用于破产清偿分配的、破产企业享有或经营管理的财产及财产权利。按照我国破产法规定，破产财产由下列财产构成：

(1)宣告破产时破产企业经营管理的全部财产。这些财产大体包括四类：一是有形财产，如厂房、机器设备、运输工具、原材料、产成品和办公用品等；二是无形财产，如土地使用权、专利权、商标权、著作权、专有技术、特许权等；三是货币和有价证券；四是投资权益，如破产企业在其他公司中享有的股权。

(2)破产企业在宣告破产后至破产程序终结前取得的财产。依据破产法的规定，破产企业的清算组可以进行必要的民事活动，并有权决定继续履行破产企业未履行的合同。通过清算组的行为所取得的财产本身属法人资本增值的结果，构成法人财产的组成部分。具体包括：因破产企业的债务人的清偿和财产持有人的交还而取得的财产；因未履行合同的继续履行而取得的财产；由破产企业享有的投资权益所产生的收益，如公司股份的年终分红；破产财产所生的利息，如房租、银行利息；清算期间继续营业的收益等。

(3)应当由破产企业享有的其他财产权利。包括应当由破产企业享有的物权、合同债权、票据权利、股东权等。

注意：已经作为担保物的财产不属于破产财产，但担保物的价款超过其所担保债务数额的，超过部分属于破产财产。

2. 破产债权的界定

破产债权是指在破产前宣告成立的，对于破产人享有的无财产担保债权。根据破产法的规定，破产债权由下列各项构成：

(1)破产宣告前成立的无财产担保的债权和放弃优先受偿权利的有财产担保的债权为破产债权。

(2)破产宣告时未到期的债权视为已到期债权，数额为减去未到期的利息。

(3)破产宣告前成立的有财产担保的债权，债权人享有就该担保物优先受偿的权利。但是有财产担保的债权，其数额超过担保物的价款的，未受清偿的部分，作为破产债权，依照破产程序受偿。

债权人申报的债权，经债权人会议审查无异议后才能成立。债权被确认，债权人可以参与破产程序；有异议的，申报该债权的债权人在收到不予确认债权通知后，可向人民法院申请裁决。

3.破产费用的确认

破产费用是指企业在破产过程中所发生的各项支出。在破产案件清算过程中，应当尽量减少破产费用的支出。破产费用在破产财产中优先拨付，当破产财产不足以支付破产费用时，人民法院应当宣告破产程序终结，未清偿的债务不再清偿。

4.破产财产分配与清偿

当破产财产全部被确认和拍卖，破产债权全部被界定和确认，破产费用总额被核算出来后，清算组就可以提出破产财产分配方案，经债权人会议讨论通过，报请人民法院裁定后执行。

如果破产财产不足以清偿同一顺序的清偿要求的，按照比例在债权之间进行分配。破产财产分配完毕，由清算组提请人民法院终结破产程序。破产程序终结后，未得到清偿的债权不再清偿。

第四节　企业财务人员职业道德与素质

21世纪初的中国，所面临的变革是前所未有的。信息技术带来的知识经济，加入WTO后面临的全球化等将给人们的生活方式、思维方式、工作方式及经济发展方式带来剧烈而深刻的变革。在这场变革中企业面临诸多发展问题，但其中的关键问题是人员素质问题。企业财务管理工作的好坏取决于财务人员的素质和职业道德。企业在财务管理工作中，用人要讲究以德为先，德才并重。

一、企业财务人员的职业道德

职业道德是同人们的职业活动紧密联系的、具有自身职业特征的道德准则、规范的总和。在会计职业活动中应遵循的、体现会计职业特征的、调整会计职业关系的职业行为准则和规范称为会计职业道德，是企业财务会计人员从事会计职业所应达到的基本要求。1996 年财政部发布《会计基础工作规范》中，对财务会计人员的职业道德提出了原则性规范：敬业爱岗、熟悉法规、依法办事、客观公正、搞好服务、保守秘密。朱镕基总理更是指出："诚信为本，操守为重，遵循准则，不做假账。"

（一）会计职业道德的作用

1.会计职业道德是对会计法律制度的重要补充

会计法律制度是对财务会计人员工作行为的最低要求，只能对会计人员不得违法的行为作出规定，无法对他们如何爱岗敬业、提高技能、强化服务等提出具体要求。如果会计人员缺乏爱岗敬业的热情和态度，没有必要的职业技能和服务意识，则很难保证会计信息达到真实、完整的法定要求。因此，对会计法律规范以外的行为，会计职业道德可以起到很重要的辅助和补充作用。

2.会计职业道德是规范会计行为的导向

在社会经济生活中，会计职业道德指导着人们会计行为的方向，纠正人们的错误会计行为，表现出会计职业道德的导向功能。会计职业的特点就是直接涉及物质利益，稍有私心贪欲就会走上犯罪道路。会计职业道德能通过造成社会舆论、形成会计道德风尚、树立会计职业道德榜样等方式来深刻影响人们的会计职业道德观念和行为。会计职业道德将教育功能和调节功能、导向功能联系在一起，它们之间是相互渗透的。

3.会计职业道德是实现会计目标的重要保证

财务会计目标是为利益相关者提供有用的会计信息。而能否及时提供相关的、可靠的会计信息，取决于财务会计人员能否严格履行职业行为准则。如果财务会计人员故意或非故意地提供了不充分、不可靠的会计信息，就会严重背离会计目标，造成会计信息严重失真，使利益相关者决策失误，甚至导致社会经济秩序混乱。因此，会计职业道德规范约束着会计人员的职业行为，是实现会计目标的重要保证。

4.会计职业道德是会计人员提高素质的内在要求

随着社会的不断进步和发展，对会计人员的素质要求越来越高。会计职业道德是会计人员素质的重要体现。一个高素质的会计人员应当做到爱岗敬业、不断提高专业胜任能力，这不仅是会计职业道德的主要内容，也是会计人员遵循会计职业道德的可靠保证。倡导会计职业道德，加强会计职业道德教育，并结合会计职业活动，引导会计人员进一步加强自我修养，提高专业胜任能力，有利于促进会计人员整体素质的不断提高。

（二）会计职业道德规范的内容

会计职业道德规范是对会计人员在会计行为中所提出的道德要求，既是会计人员在履行其职责活动时所应具备的道德品质，也是调整会计人员与国家、不同利益群体或会计人员相互之间的社会关系及社会道德规范的总和，是对财经法律、法规的重要补充。非法行为肯定不道德，但合法行为也可能存在着不道德的情况。一般来说，会计职业道德规范包括：客观公正，爱岗敬业，廉洁自律和保守秘密等。

1. 客观公正

会计信息失真是一个世界性难题，在我国也很严重。其中一个重要原因是会计人员在处理会计业务时不能遵循客观公正的原则，进行所谓的"技术处理"，欺骗、误导信息使用者，实质上就是会计造假。2001 年 4 月 16 日，朱镕基总理在视察上海国家会计学院时为该院题写校训"不做假账"，要求全国的会计人员从自身做起，抵制假账，这是客观公正这一道德规范的基本体现，提出了以德治理会计信息失真问题的基本思路。客观公正是会计职业意志的具体体现。有了这种职业意志和崇高的职业精神，在会计工作中，才能做到坚持原则，照章办事。

2. 爱岗敬业

爱岗敬业要求会计人员充分认识本职工作在社会、企业和自身发展过程中的地位和作用，珍惜自己的工作岗位，自觉履行岗位职责，以积极、健康和高效的态度对待会计工作，做到认真负责，恪尽职守。企业财务管理所需的基本信息来自会计系统，而会计系统的正常运转需要各个岗位会计人员的协调合作。他们工作的好坏、效率的高低都影响着整个会计系统运行的质量，影响着会计任务的完成和会计目标的实现，进而影响财务管理工作的开展，直至企业目标的完成。

3. 廉洁自律

在市场经济改革和对外开放的体制转轨过程中，人们的思想意识、价值观都在发生变化。与其他领域一样，会计领域也遇到了道德滑坡的困扰。会计工作说到底就是对金钱和物资的管理，正是这种时时与钱物相关的职业工作要求会计人员必须是一个在经济上廉洁自律、公私分明的人，这已成为社会公众考察会计人员职业资格的基本前提之一。会计人员在社会中职业声誉的取得，在很大程度上也依赖于这种道德品质。

4. 保守秘密

保守秘密是会计职业道德规范的基本要求，是指会计人员应当保守本单位的商业秘密，不能将从业过程中所获得的信息据为己有，或者泄露给第三方谋取利益。会计工作是一项综合性很强的经济工作，它涵盖了一个单位整个生产经营的各个环节，所掌握的会计信息也涉及企业的方方面面，如企业产品研发、定价情况，投标底价，关键员工工资等信息对企业来说都是商业秘密。除非获得授权，这些秘密是不能外泄的，否则会给企业带来难以估量的损失。在目前会计人才流动日趋频繁的情况下，保守秘密更显重要。

二、企业财务人员素质

在现代企业蓬勃发展的今天，财务人员的职能正在发生深刻的变化，传统的核算工作开始成为财务人员基本的技能要求。如何搜集和筛选财务信息为企业决策提供信息支持，参与投资、融资和资本运作，规避财务风险，已成为企业对财务管理人员提出的更新更高要求。财务管理人员的角色将由传统的注重于财务数据处理的“计数专家”转变成企业战略管理者，这正是我国企业目前迫切需求的稀缺人才。按照目前的新趋势，财务人员素质包括以下内容：

(一)基础技能

财务人员的基础技能包括四项：语言沟通、计算机和网络、经济法律知识和职业道德。基础技能是财务人员在本行业所必须具备的素质，对其他行业同样适用。

首先，语言沟通能力是所有社会职业人士应有的能力。财务人员既要与企业内部各级管理人员和员工进行财务上的沟通，又要与企业外部各行业人士如银行、税务、证券、客户和供应商、中介机构等打交道。因此，清楚地表达和传递信息是财务工作顺利开展的前提条件。

其次，随着计算机和网络的应用和普及，人们的生活和工作已经发生了革命性的改变。计算机已经可以全部取代财务核算和分析工作，而互联网则突破了空间和时间的限制，可以实现异地交流甚至实时核算。目前，计算机与互联网已经成为人们日常生活和工作不可缺少的工具，当然也是财务人员必备的技能之一。

再次，作为财务人员，必须了解基本的经济管理知识和法律法规。经济管理知识是财务人员了解企业所处的宏观和微观经济环境的重要手段，如国家和地方的产业政策、税收政策、利率政策等。企业财务人员要随时跟踪了解宏微观经济面的变化，调整本企业的财务政策，以便参与企业的战略规划和战术调整，更好地实现企业的财务目标。

最后，财务人员要具备良好的职业道德。职业道德是职业人士安身立命之本，不仅代表个人职业素养，也影响企业的外在形象。

（二）专业技能

财务人员的专业技能包括熟练掌握会计专业知识技能，熟悉相关财务软件的应用。作为财务人员，首先要具备较高的会计专业知识技能，包括掌握一般会计理论和熟练的会计实务技能。会计理论是从会计工作实践中总结出的关于会计的一般规律，能够从较高的层面把握财会工作的运行规律，指导会计实务工作，提高财务分析能力，为领导决策提供有价值的建议。而会计实务是不断变化的，它需要理论的指导，但更多的是经验的积累。会计实务不但包括财务会计核算规则的运用，还包括对财务软件的应用。

（三）管理知识和技能

财务人员的管理技能包括组织、协调、分析和决策能力等。财务人员隶属于企业的管理部门，担负着企业财务信息的披露与解释，财务决策的参与，部门业绩指标的制订与考核，预算控制的制订、执行和反馈等责任。上至企业老总，财务人员要参与企业决策，进行财务分析等；下至普通员工，财务人员要组织、协调财务关系等。因此，财务人员要具备应有的管理能力。

（四）创新能力和自学能力

目前，人类正处于从工业经济时代向知识经济时代的转变阶段。知识经济，其实质就是高技术经济、高文化经济、高智力经济，是一种区别于以传统工业为支柱产业、以稀缺自然资源为主要依托的传统经济的新型经济。知识经济时代的来临，使得知识的获得与运用能力成为职业人士的重要技能。因此，面对新知识、新技能，财务人员要能够快速掌握，有自己独到的见解和判断，能迅速解决新出现的问题。

三、企业的人才机制

在企业的生存与发展过程中，人才起到了关键性的作用，大企业可以凭借其名气和雄厚的实力吸引各种人才。而名气小、资源少的企业，在吸引人才方面困难重重，如何吸引人才便成为企业业主必须时刻考虑的的问题。尤其是中高级财务人员的严重缺乏，在一定程度上制约了企业的进一步发展。

企业缺乏财务人才是一个普遍现象，这也与企业经营者的管理思想有关，他们往往轻视财务人员在企业中的作用，认为他们不过手拿是一支笔、一把算盘算账的账房先生而已，没有将之提高到管理、决策的高度。从而在企业发展过程中不能引进先进的财务管理思想和方法，制约了企业规模的做大和现代企业制度的建立。因此，在吸引财务人才的问题上，企业管理者首先要转变观念，然后创造条件，采用各种形式，不拘一格招贤纳才。

(一)两个观念的转变：全面人才观和财务决策观

由于历史与社会的原因，一方面企业普遍认为人才就是指技术人才。他们将企业经营中的诸多问题归根于缺乏技术人才。这种狭隘的人才观，使企业形成一种对技术人才的依赖性，难以发现自身存在的真实问题，也不重视人才管理体制的系统建设，从而使企业难以获得长期稳定的发展。

企业应建立的人才观是：人才是多样性的。企业经营中的方方面面都需要各种各样的人才，除技术人才外，还有管理人才、市场营销人才、公关人才等等。应该说，一切具有可为企业发展所用的特殊技能或才干的人都是企业的人才。

另一个观念是改变对财务人员工作的看法。由于经济活动越来越复杂，企业面临的风险无处不在，这时就需要一个可靠的信息系统来反映企业的经济业务，并对取得的信息进行分析，在此基础上进行管理和决策等。会计工作就是一个信息系统，为企业的各方利益相关者提供所需的信息，财务工作则对这些信息进行分析、整理，提出意见和建议。

因此，当企业发展到一定规模时，对于财务人员来说，他们的工作就不再是简单的算账与报账了。企业在税务筹划、成本核算、预算控制、资金运作、企业上市、企业并购等方面，都需要相应的财务与会计人才来组织和实施，参与制定企业未来的战略与发展规划。

(二)人才机制的建立

面对日趋激烈的人才竞争，企业应建立一个有效的吸引人才的机制，具体可以从以下几方面着手：

1.制定合理的薪资、福利政策

考虑到自身的实力和实际条件，企业应制定一套有自己特色的、灵活的薪酬制度。可以根据工作性质和人才层次的不同，采取不同的计量标准和评价方式。另外，企业应积极参与社会福利制度的改革和建设，按照法律的规定，根据自身条件，努力建立较为完善的福利保障制度。并尽可能地为人才解除后顾之忧，例如帮助解决配偶就业、调动、子女教育等问题，以增强人才对企业的归属感。

2.职位升迁的激励

根据马斯洛的需求层次理论,人不但有物质上的需求,也有精神上的需求。因此,创造恰当的非物质条件,也是吸引人才的一种重要的手段。根据人才自身的素质与经验,结合企业内部的实际情况,依照企业的目标策略,给人才设置富有挑战性的工作或职位,使其能够在工作中得到发展的空间,不但满足了人才自我满足、自我实现的需要,同时,也使得人才在工作中得到了锻炼,反过来也有利于企业的发展。对此,企业应建立一套系统的内部培养和选拔体系。一些企业,特别是中小企业由于自身条件的限制,它的选拔对象相对较少,所能投入的资金和时间也相对较少,所以培养和选拔工作要有重点、有针对性。

3.股权激励

在吸引人才方面企业还可以顺应企业改革的潮流,以建立现代企业制度为契机,在"产权明晰"上下功夫,制定多样的、具有吸引力的股权激励政策。将个体的利益和企业的利益统一起来,从而在公司内构建"利益共同体",增强人才的责任心,激发积极性和创造性。比如采取员工持股、给予期权等方式。因每个企业都有自己的特点,使用股权激励的形式必然各不相同,企业可以根据自身的实际情况灵活运用。

4.建立企业文化

我国企业长期以来对企业文化建设的重要性缺乏必要的认识。其实成功的企业文化对于企业员工的潜移默化的作用有时比物质的激励更为有效。企业文化是一定社会、经济、文化背景下的企业,在一定时间内逐步形成和发展起来的稳定、独立的价值观以及以此为核心而形成的一系列行为规范、道德准则、群体意识、风俗习惯等。一个好的企业文化,不但可以激发全体员工的热情,统一企业成员的认识,齐心协力地为实现企业战略目标而努力,而且是留住和吸引人才的有效手段。

思考与练习

一、思考题

1.企业国际化财务管理主要包括哪些方面?

2.简述企业并购的含义和类型。

3.简述企业破产清算程序。

4.企业破产涉及哪些财务问题?

5.财务人员职业道德包括哪些方面?

二、判断题

1.外汇风险中的经济风险是指企业已经发生的以外币计价的交易,在交易发生到交易完成的这段时间里由于外币汇率的变动而导致本币价值增加或减少的风险。(　　)

2.国际贸易信贷是指由供应商、金融机构或其他官方机构为国际贸易提供资金的一种信用行为。(　　)

3.新设合并是指一家企业以现金、证券或其他形式购买取得其他企业的产权,使其他企业丧失法人资格或改变法人实体,并取得对这些企业的控制权的经济行为。(　　)

4.横向并购可以实现产销纵向一体化,加强对原料供应商或买主的控制,提高竞争能力。(　　)

5.贴现现金流量法是根据目标企业的收益和市盈率确定其价值的方法。(　　)

6.债务重组是指债权人按照其与债务人达成的协议或法院的裁决同意债务人修改债务条件的事项。(　　)

7.若企业由于连续亏损,且这种亏损企业的负债已经超过资产的市场价值,资产变现能力差,导致债务偿付困难的,可以申请破产。(　　)

8.对会计职业道德以外的行为,会计法律规范可以起到很重要的辅助和补充作用。(　　)

三、多选题

1.进行国际化经营的企业可以采取保值措施减小交易风险,主要的措施有(　　)。

A.利用远期外汇交易保值　　B.利用外汇期货交易保值

C.利用借款与投资方式保值　　D.利用外汇现货交易保值

2.外汇风险一般分为(　　)。

A.经济风险　　B.交易风险

C.政治风险　　D.会计风险

3.跨国筹资的资金来源广泛,筹资方式也多种多样,主要可以采用以下一些方式(　　)。

A.从国际商业银行贷款　　B.发行国际债券

C.利用国际贸易信贷　　D.利用国际租赁

4. 并购可以提高企业的财务能力，为企业合理避税。这是企业并购的（ ）。

A. 规模经济效应　　B. 多元化效应
C. 财务协同效应　　D. 资源便捷效应

5. 按照我国会计准则和制度的规定，债务重组方式有（ ）。

A. 以低于债务账面价值的现金清偿债务
B. 以非现金资产清偿债务
C. 债务转为资本
D. 修改其他债务条件

6. 会计职业道德规范的内容包括（ ）。

A. 客观公正　　B. 爱岗敬业
C. 廉洁自律　　D. 保守秘密

7. 企业财务人员的素质包括（ ）。

A. 基础技能　　B. 专业技能
C. 管理知识和技能　　D. 创新能力和自学能力

习题参考答案

第一章

二、判断题

1. × 2. × 3. √ 4. √ 5. √

三、单选题

1. C 2. A 3. A 4. C 5. D 6. C 7. B

四、多选题

1. ABCD 2. ABCDE 3. ABCD 4. ABC 5. ABC
6. ABC

第二章

二、判断题

1. × 2. √ 3. × 4. √ 5. × 6. × 7. √ 8. ×
9. × 10. ×

三、单选题

1. B 2. B 3. B 4. C 5. B 6. B 7. A 8. D

四、单选题

1. ABCD 2. BCD 3. BC 4. AC 5. BCD
6. ABD 7. ABD 8. AB

五、计算与分析题

1.(1)期末流动资产＝360
期初流动资产＝292.5
(2)销售收入＝1 000.5 万元
(3)流动资产平均余额＝326.25 万元

流动资产周转次数＝3.07 次

2.销售额＝63.75 万元

应收账款周转天数＝360/3.8＝94.7 天

3.

某公司资产负债表

2012 年 12 月 31 日　　单位:万元

资产项目	金　额	负债及所有者权益	金　额
现　金	4	流动负债	20
应收账款	20	长期负债	12
存　货	20	股东权益	40
固定资产净值	28		
资产总计	72	权益总计	72

4.(1)流动比率＝2.1

速动比率＝0.9

资产负债率＝50%

权益乘数＝2

(2)总资产增长率＝0

销售利润率＝18%

净资产收益率＝18%

(3)2011 年:

资产报酬率＝8%

净资产收益率＝20%

2012 年:

总资产周转率＝0.5

资产报酬率＝9%

净资产收益率＝18%

第三章

二、判断题

1.√　2.×　3.√　4.×　5.√　6.×

三、单项选择题

1.D　2.C　3.C　4.C　5.C　6.B　7.A　8.B
9.D　10.D　11.B　12.B　13.A　14.A　15.B　16.D
17.C

四、多项选择题

1. ABCD　2. AC　3. BCD　4. ABCD　5. BCD
6. AD

五、计算与分析题

1. $P = A(P/A, i, 10) = 6\,000 \times (P/A, 7\%, 10) = 6\,000 \times 7.0236$
$= 42\,141.60$

无法按计划借到贷款

2. $F = 1\,000\,000 \times (1+8\%/4)\hat{}(5\times4) = 1\,000\,000 \times 1.4859$
$= 148.59$ 万元

3. $P_{11} = 4\,000(P/A, 8\%, 10) = 4\,000 \times 6.7101 = 26\,840.4$

$P_0 = 26\,840.4(F/P, 8\%, 10) = 2\,6840.4 \times 0.4632 = 12\,432.47$

4. $P_1 = 20\,000(P/A, 10\%, 10) = 20\,000 \times 6.1446 = 122\,892$

$P_2 = 25\,000(P/A, 10\%, 5) + 15\,000(P/A, 10\%, 5)(F/P, 10\%, 5)$
$= 130\,075.62$

第二个项目获利大

5. $P = 3\,000((P/A, 8\%, 10-1)+1) = 3\,000 \times 7.2469 = 21\,740.7$
应向租赁公司租用

6. $F = 123\,600(F/P, 10\%, 7) = 123\,600 \times 1.9487 = 240\,859.32$
可以购买

7. (1)在2013年末各年流出资金的终值之和：
$(F/A, 8\%, 3+1) - 1 = 4.5061 - 1 = 3.5061$
$F = 300 \times 3.5061 = 1051.83$
(2)在2014年初各年流入资金的现值之和：
$P = 100(P/A, 8\%, 10) = 100 \times 6.7101 = 671.01$
(3)判断该投资项目方案是否可行。
$NPV = 671.01 - 1051.83 = -380.82$
不可行

8. (1)分别计算A、B两个项目净现值的期望值：
$E(A) = 200 \times 0.2 + 100 \times 0.6 + 50 \times 0.2 = 110$
$E(B) = 110$
(2)分别计算A、B两个项目期望值的标准差：
$A = 49$
$B = 111$

(3)判断 A、B 两个投资项目的优劣。

A 优于 B

9. 各产品投资的期望值

E(A)＝16.5％

E(B)＝16.5％

E(C)＝16.5％

各产品投资的标准差

A＝10.5％

B＝19.1％

C＝27.8％

A 方案最好

第四章

二、判断题

1. × 2. × 3. × 4. × 5. × 6. × 7. √ 8. √
9. × 10. √ 11. × 12. √ 13. √ 14. √ 15. √ 16. ×
17. × 18. √

三、单选题

1. C 2. C 3. B 4. D 5. C 6. B 7. B 8. C
9. D 10. C 11. A 12. A 13. C 14. D 15. C 16. A
17. A 18. A 19. C 20. B

四、多选题

1. ABD 2. BC 3. AC 4. ABCD 5. ABC
6. BCD 7. AD 8. AB 9. AB 10. AB
11. BCD 12. ABC 13. ACD 14. ABC 15. ABCD
16. ACD 17. ACD

五、计算题

1. P＝80×(P/A,5％,3)＋1 000×(P/F,5％,3)＝1 081

P＝80×(P/A,8％,3)＋1 000×(P/F,8％,3)＝ 1 000

P＝80×(P/A,15％,3)＋1 000×(P/F,15％,3)＝840

2. (1)98 万元信用额

(2)2％/(1－2％)×(360÷10)＝73.47％

(3)2％/(1－2％)×(360÷40)＝18.37％

3.(1)2%/(1－2%)×(360÷20)＝36.73%

(2)2%/(1－2%)×(360÷40)＝18.37%

(3)1%/(1－1%)×(360÷10)＝36.36%

应该选择A公司

4.P＝100×(P/A,8%,3)＋1 000×(P/F,8%,3)＝ 1 051.54

投资者愿意购买

5.(1)边际贡献＝(50－30)×100 000＝2 000 000

(2)DOL＝200÷100＝2

(3)DFL＝100÷(100－60×12%)＝1.078

DTL＝2×1.078＝2.156

6.(1)DFL＝400÷(400－800×7%)＝1.1627

每股利润＝(400－800×7%)×(1－30%)÷120＝2元/股

(2)每股利润＝2×(1＋20%×1.1627)＝2.465

(3)EBIT＝(30%÷1.1627＋1)×400＝503.2万元

7.个别资金成本：

债券成本＝8%×(1－30%)÷(1－2%)＝5.71%

优先股成本＝12%÷(1－5%)＝12.63%

普通股成本＝14%÷(1－7%)＋4%＝19.05%

加权资金成本＝11.096%

8.(1)20 000

(2)10 000

(3)DOL＝20 000÷(20 000－10 000)＝2

(4)2×10%＝20%

(5)2007：

DOL＝22 000÷(22 000－10 000)＝1.83

DFL＝10 000×(1＋20%)÷(10 000×120%－5 000)＝1.714

DTL＝1.714×1.83＝3.137

9.甲方案11.16%

乙方案10.8%

应选择乙方案

10.(1)银行借款成本＝7%×(1－33%)÷(1－2%)＝4.79%

债券成本＝140 000×(1－33%)×9%÷150 000÷(1－3%)＝5.8%

优先股成本＝250 000×12%÷250 000÷(1－4%)＝12.5%

普通股成本=1.2÷(10−10＊6%)+8%=20.77%

留存收益=1.2/10+8%=20%

(2)加权=14.78%

11.(1)EPS=(EBIT−80)×(1−33%)÷(4 500+1 000)……1

EPS=(EBIT−80−250)×(1−33%)÷4 500……2

使得1=2

得出EBIT=1 455

(2)乙方案DFL=1 455/(1 455−330)=1.293

(3)1 200<1 455,甲方案

(4)1 600,乙方案

(5)乙方案每股利润增长幅度=10%×1.293=12.93%

第五章

二、判断题

1.× 2.√ 3.× 4.√ 5.× 6.√ 7.× 8.√
9.× 10.×

三、单项选择题

1.C 2.D 3.C 4.B 5.D 6.A 7.A 8.B
9.B 10.A 11.D 12.C 13.B 14.B 15.B 16.B
17.D

四、多项选择题

1.BC 2.ABD 3.BCD 4.ABD 5.AD
6.AB 7.BD 8.BC 9.ABCD 10.AC
11.AD 12.ABCD 13.BCD 14.ABCD 15.ABD
16.ABCD

五、计算题

1.(1)NCF_0=−24万

NCF_{1-5}=2.6+3.8=6.4万

NCF_6=6.4+1.2=7.6万

(2)NPV=1.4344万

(3)PI=1.06

(4)该项目可行

2.NPV=0.9192万

3. 按序号顺序:(1)250;(2)150;(3)180;(4)300;(5)120;(6)950

4. (1)$NCF_0=-200$ 万　$NCF_{1-5}=80$ 万

(2)静态回收期=2.5 年

(3)投资利润率=40%

5. NPV=39.54 万,可行

6. (1)$NCF_0=-50$ 万　$NCF_{1-10}=4.5+5=9.5$ 万

(2)NPV=8.3737 万

(3)PI=1.17

(4)项目可行

7. (1)甲方案:$NCF_{1-5}=0.84$ 万

乙方案:$NCF_0=-3.9$ 万

$NCF_1=0.9$ 万

$NCF_2=0.882$ 万

$NCF_3=0.864$ 万

$NCF_4=0.846$ 万

$NCF_5=1.728$ 万

(2)乙－甲

△NPV=－2372.57 元

(3)甲方案 IRR=12.39%;乙方案 IRR=9.52%

(4)应选甲方案

8. K=20%

9. V=200 元

10. (1)V=8.528 万

该债券市价是 92 000 元,不应购买

(2)IRR=10.07%

11. V=169.4

第六章

二、判断题

1.√　2.×　3.×　4.√　5.×　6.√　7.√　8.×

9.√　10.√　11.×

三、单项选择

1.A　2.B　3.C　4.D　5.A　6.D　7.A　8.C

9. A　10. B　11. A　12. D　13. A　14. D　15. D　16. D
17. D　18. D　19. C　20. C　21. B　22. C

四、多项选择

1. ABD　2. BD　3. BCD　4. ABC　5. ABCD
6. BC　7. BC　8. ABCD　9. ABC　10. ABCD
11. ABD　12. ABCD　13. AB　14. AB　15. ACD
16. BD　17. CD　18. ABD

五、计算分析题

1. 丁 70 000

2. (1)Q=50 000 元
(2)TC=5 000 元
TF=2 500 元
TK=2 500 元
(3)交易次数=5 次
间隔期=72 天

3. (1)2008 年度赊销额=3 600 万元
(2)应收账款平均余额=600 万元
(3)维持赊销资金=300 万元
(4)机会成本=30 万元
(5)40 天

4.

项目	45 天	60 天
信用成本后收益	695 万元	1 012 万元

应该采用 60 天信用期限

5. 信用期限和折扣

方案	A	B
信用成本后收益	1 285.83	1 320.04

选择 B 方案

6. 收账政策

项目	现行收账政策	拟改变的收账政策
信用成本合计	347.5 万元	243.75 万元

应选择拟改变的收账政策

7.(1)Q=900 件

(2)最佳订货批次=50 次

(3)相关总成本=18 000 元

第七章

二、判断题

1.√　2.√　3.√　4.×　5.√

三、单选题

1.A　2.C　3.D　4.C　5.B

四、多选题

1.ABC　2.BCD　3.BCD　4.ABCDE　5.BC

五、计算分析题

1.可发放股利=120 万元

每股股利=0.24 元/股

2.(1)股本=4 400 万元

资本公积=9 360 万元

盈余公积=5 000 万元

未分配利润=1 240 万元

(2)每股市价=4 元

(3)发放前每股收益=0.247 5 元/股

发放后每股收益=0.225 元/股

第八章

二、判断题

1.×　2.×　3.√　4.×　5.√

三、单选题

1.D　2.B　3.C　4.C　5.B

四、多选题

1.ABC　2.ABD　3.AB　4.ABD　5.AB

五、计算及分析题

1.算术平均法：

7月销售量＝(2 300＋2 500＋2 460＋2 550＋2 600＋2 640)÷6＝2 508件

加权平均法：

7月销售量＝2 558件

2.(1)盈亏平衡点销售量＝300 000÷(160－100)＝5 000件

盈亏平衡点销售额＝5 000×160＝800 000元

(2)利润＝8 000×60－300 000＝180 000元

(3)销售量＝(240 000＋300 000)÷60＝9 000件

3.(1)现金收入＝28 200元

(2)现金支出＝45 900元

(3)现金余额＝8 000＋28 200－45 900＝－9 700元

(4)资金筹措额＝10 000＋5 000＝15 000元

(5)现金月末余额＝5 300元

4.A＝2 000

B＝1 500

C＝34 000

D＝2 000

E＝38 000

F＝－500

G＝－1 000

I＝3 000

H＝2 000

5.略

第九章

二、判断题

1.×　2.√　3.×　4.×　5.×6.√　7.√　8.×

三、多选题

1.ABC　2.ABD　3.ABCD　4.ABCD　5.ABCD

6.ABCD　7.ABCD

附　录

附表一　1元复利终值系数表

期数	1%	2%	3%	4%	5%	6%	7%	8%	9%	10%
1	1.010 0	1.020 0	1.030 0	1.040 0	1.050 0	1.060 0	1.070 0	1.080 0	1.090 0	1.100 0
2	1.020 1	1.040 4	1.060 9	1.081 6	1.102 5	1.123 6	1.144 9	1.166 4	1.188 1	1.210 0
3	1.030 3	1.061 2	1.092 7	1.124 9	1.157 6	1.191 0	1.225 0	1.259 7	1.295 0	1.331 0
4	1.040 6	1.082 4	1.125 5	1.169 9	1.215 5	1.262 5	1.310 8	1.360 5	1.411 6	1.464 1
5	1.051 0	1.104 1	1.159 3	1.216 7	1.276 3	1.338 2	1.402 6	1.469 3	1.538 6	1.610 5
6	1.061 5	1.126 2	1.194 1	1.265 3	1.340 1	1.418 5	1.500 7	1.586 9	1.677 1	1.771 6
7	1.072 1	1.148 7	1.229 9	1.315 9	1.407 1	1.503 6	1.605 8	1.713 8	1.828 0	1.948 7
8	1.082 9	1.171 7	1.266 8	1.368 6	1.477 5	1.593 8	1.718 2	1.850 9	1.992 6	2.143 6
9	1.093 7	1.195 1	1.304 8	1.423 3	1.551 3	1.689 5	1.838 5	1.999 0	2.171 9	2.357 9
10	1.104 6	1.219 0	1.343 9	1.480 2	1.628 9	1.790 8	1.967 2	2.158 9	2.367 4	2.593 7
11	1.115 7	1.243 4	1.384 2	1.539 5	1.710 3	1.898 3	2.104 9	2.331 6	2.580 4	2.853 1
12	1.126 8	1.268 2	1.425 8	1.601 0	1.795 9	2.012 2	2.252 2	2.518 2	2.812 7	3.138 4
13	1.138 1	1.293 6	1.468 5	1.665 1	1.885 6	2.132 9	2.409 8	2.719 6	3.065 8	3.452 3
14	1.149 5	1.319 5	1.512 6	1.731 7	1.979 9	2.260 9	2.578 5	2.937 2	3.341 7	3.797 5
15	1.161 0	1.345 9	1.558 0	1.800 9	2.078 9	2.396 6	2.759 0	3.172 2	3.642 5	4.177 2
16	1.172 6	1.372 8	1.604 7	1.873 0	2.182 9	2.540 4	2.952 2	3.425 9	3.970 3	4.5950
17	1.184 3	1.400 2	1.652 8	1.947 9	2.292 0	2.692 8	3.158 8	3.700 0	4.327 6	5.054 5
18	1.196 1	1.428 2	1.702 4	2.025 8	2.406 6	2.854 3	3.379 9	3.996 0	4.717 1	5.559 9
19	1.208 1	1.456 8	1.753 5	2.106 8	2.527 0	3.025 6	3.616 5	4.315 7	5.141 7	6.115 9
20	1.220 2	1.485 9	1.806 1	2.191 1	2.653 3	3.207 1	3.869 7	4.661 0	5.604 4	6.727 5
21	1.232 4	1.515 7	1.860 3	2.278 8	2.786 0	3.399 6	4.140 6	5.033 8	6.108 8	7.400 2
22	1.244 7	1.546 0	1.916 1	2.369 9	2.925 3	3.603 5	4.430 4	5.436 5	6.658 6	8.140 3
23	1.257 2	1.576 9	1.973 6	2.464 7	3.071 5	3.819 7	4.740 5	5.871 5	7.257 9	8.954 3
24	1.269 7	1.608 4	2.032 8	2.563 3	3.225 1	4.048 9	5.072 4	6.341 2	7.911 1	9.8497
25	1.282 4	1.640 6	2.093 8	2.665 8	3.386 4	4.291 9	5.427 4	6.848 5	8.623 1	10.83 5
26	1.295 3	1.673 4	2.156 6	2.772 5	3.555 7	4.549 4	5.807 4	7.396 4	9.399 2	11.918
27	1.308 2	1.706 9	2.221 3	2.883 4	3.733 5	4.822 3	6.213 9	7.988 1	10.245	13.110
28	1.321 3	1.741 0	2.287 9	2.998 7	3.920 1	5.111 7	6.648 8	8.627 1	11.167	14.421
29	1.334 5	1.775 8	2.356 6	3.118 7	4.116 1	5.418 4	7.114 3	9.317 3	12.172	15.863
30	1.347 8	1.811 4	2.427 3	3.243 4	4.321 9	5.743 5	7.612 3	10.063	13.268	17.449
40	1.488 9	2.208 0	3.262 0	4.801 0	7.040 0	10.286	14.974	21.725	31.409	45.259
50	1.644 6	2.691 6	4.383 9	7.106 7	11.467	18.420	29.457	46.902	74.358	117.39
60	1.816 7	3.281 0	5.891 6	10.520	18.679	32.988	57.946	101.26	176.03	304.48

续表

期数	12%	14%	15%	16%	18%	20%	24%	28%	32%	36%
1	1.120 0	1.140 0	1.150 0	1.160 0	1.180 0	1.200 0	1.240 0	1.280 0	1.320 0	1.360 0
2	1.254 4	1.299 6	1.322 5	1.345 6	1.392 4	1.440 0	1.537 6	1.638 4	1.742 4	1.849 6
3	1.404 9	1.481 5	1.520 9	1.560 9	1.643 0	1.728 0	1.906 6	2.097 2	2.300 0	2.515 5
4	1.573 5	1.689 0	1.749 0	1.810 6	1.938 8	2.073 6	2.364 2	2.684 4	3.036 0	3.421 0
5	1.762 3	1.925 4	2.011 4	2.100 3	2.287 8	2.488 3	2.931 6	3.436 0	4.007 5	4.652 6
6	1.973 8	2.195 0	2.313 1	2.436 4	2.699 6	2.986 0	3.635 2	4.398 0	5.289 9	6.327 5
7	2.210 7	2.502 3	2.660 0	2.826 2	3.185 5	3.583 2	4.507 7	5.629 5	6.982 6	8.605 4
8	2.476 0	2.852 6	3.059 0	3.278 4	3.758 9	4.299 8	5.589 5	7.205 8	9.217 0	11.703
9	2.773 1	3.251 9	3.517 9	3.803 0	4.435 5	5.159 8	6.931 0	9.223 4	12.166	15.917
10	3.105 8	3.707 2	4.045 6	4.411 4	5.233 8	6.191 7	8.594 4	11.806	16.060	21.647
11	3.478 5	4.226 2	4.652 4	5.117 3	6.175 9	7.430 1	10.657	15.112	21.199	29.439
12	3.896 0	4.817 9	5.350 3	5.936 0	7.287 6	8.916 1	13.215	19.343	27.983	40.037
13	4.363 5	5.492 4	6.152 8	6.885 8	8.599 4	10.699	16.386	24.759	36.937	54.451
14	4.887 1	6.261 3	7.075 7	7.987 5	10.147	12.839	20.319	31.691	48.757	74.053
15	5.473 6	7.137 9	8.137 1	9.265 5	11.974	15.407	25.196	40.565	64.359	100.71
16	6.130 4	8.137 2	9.357 6	10.748	14.129	18.488	31.243	51.923	84.954	136.97
17	6.866 0	9.276 5	10.761	12.468	16.672	22.186	38.741	66.461	112.14	186.28
18	7.690 0	10.575	12.375	14.463	19.673	26.623	48.039	85.071	148.02	253.34
19	8.612 8	12.056	14.232	16.777	23.214	31.948	59.568	108.89	195.39	344.54
20	9.646 3	13.743	16.367	19.461	27.393	38.338	73.864	139.38	257.92	468.57
21	10.804	15.668	18.822	22.574	32.324	46.005	91.592	178.41	340.45	637.26
22	12.100	17.861	21.645	26.186	38.142	55.206	113.57	228.36	449.39	866.67
23	13.552	20.362	24.891	30.376	45.008	66.247	140.83	292.30	593.20	1178.7
24	15.179	23.212	28.625	35.236	53.109	79.497	174.63	374.14	783.02	1 603.0
25	17.000	26.462	32.919	40.874	62.669	95.396	216.54	478.90	1 033.6	2 180.1
26	19.040	30.167	37.857	47.414	73.949	114.48	268.51	613.00	1 364.3	2 964.9
27	21.325	34.390	43.535	55.000	87.260	137.37	332.95	784.64	1 800.9	4 032.3
28	23.884	39.204	50.066	63.800	102.97	164.84	412.86	1 004.3	2 377.2	5 483.9
29	26.750	44.693	57.575	74.009	121.50	197.81	511.95	1 285.6	3 137.9	7 458.1
30	29.960	50.950	66.212	85.850	143.37	237.38	634.82	1 645.5	4 142.1	10 143
40	93.051	188.88	267.86	378.72	750.38	1 469.8	5 455.9	19 427	66 521	*
50	289.00	700.23	1 083.7	1 670.7	3 927.4	9 100.4	46 890	*	*	*
60	897.60	2 595.9	4 384.0	7 370.2	20 555	56 348	*	*	*	*

* >99 999

附表二　1元复利现值系数表

期数	1%	2%	3%	4%	5%	6%	7%	8%	9%	10%
1	0.990 1	0.980 4	0.970 9	0.961 5	0.952 4	0.943 4	0.934 6	0.925 9	0.917 4	0.909 1
2	0.980 3	0.961 2	0.942 6	0.924 6	0.907 0	0.890 0	0.873 4	0.857 3	0.841 7	0.826 4
3	0.970 6	0.942 3	0.915 1	0.889 0	0.863 8	0.839 6	0.816 3	0.793 8	0.772 2	0.751 3
4	0.961 0	0.923 8	0.888 5	0.854 8	0.822 7	0.792 1	0.762 9	0.735 0	0.708 4	0.683 0
5	0.951 5	0.905 7	0.862 6	0.821 9	0.783 5	0.747 3	0.713 0	0.680 6	0.649 9	0.620 9
6	0.942 0	0.888 0	0.837 5	0.790 3	0.746 2	0.705 0	0.666 3	0.630 2	0.596 3	0.564 5
7	0.932 7	0.870 6	0.813 1	0.759 9	0.710 7	0.665 1	0.622 7	0.583 5	0.547 0	0.513 2
8	0.923 5	0.853 5	0.789 4	0.730 7	0.676 8	0.627 4	0.582 0	0.540 3	0.501 9	0.466 5
9	0.914 3	0.836 8	0.766 4	0.702 6	0.644 6	0.591 9	0.543 9	0.500 2	0.460 4	0.424 1
10	0.905 3	0.820 3	0.744 1	0.675 6	0.613 9	0.558 4	0.508 3	0.463 2	0.422 4	0.385 5
11	0.896 3	0.804 3	0.722 4	0.649 6	0.584 7	0.526 8	0.475 1	0.428 9	0.387 5	0.350 5
12	0.887 4	0.788 5	0.701 4	0.624 6	0.556 8	0.497 0	0.444 0	0.397 1	0.355 5	0.318 6
13	0.878 7	0.773 0	0.681 0	0.600 6	0.530 3	0.468 8	0.415 0	0.367 7	0.326 2	0.289 7
14	0.870 0	0.757 9	0.661 1	0.577 5	0.505 1	0.442 3	0.387 8	0.340 5	0.299 2	0.263 3
15	0.861 3	0.743 0	0.641 9	0.555 3	0.481 0	0.417 3	0.362 4	0.315 2	0.274 5	0.239 4
16	0.852 8	0.728 4	0.623 2	0.533 9	0.458 1	0.393 6	0.338 7	0.291 9	0.251 9	0.217 6
17	0.844 4	0.714 2	0.605 0	0.513 4	0.436 3	0.371 4	0.316 6	0.270 3	0.231 1	0.197 8
18	0.836 0	0.700 2	0.587 4	0.493 6	0.415 5	0.350 3	0.295 9	0.250 2	0.212 0	0.179 9
19	0.827 7	0.686 4	0.570 3	0.474 6	0.395 7	0.330 5	0.276 5	0.231 7	0.194 5	0.163 5
20	0.819 5	0.673 0	0.553 7	0.456 4	0.376 9	0.311 8	0.258 4	0.214 5	0.178 4	0.148 6
21	0.811 4	0.659 8	0.537 5	0.438 8	0.358 9	0.294 2	0.241 5	0.198 7	0.163 7	0.135 1
22	0.803 4	0.646 8	0.521 9	0.422 0	0.341 8	0.277 5	0.225 7	0.183 9	0.150 2	0.122 8
23	0.795 4	0.634 2	0.506 7	0.405 7	0.325 6	0.261 8	0.210 9	0.170 3	0.137 8	0.111 7
24	0.787 6	0.621 7	0.491 9	0.390 1	0.310 1	0.247 0	0.197 1	0.157 7	0.126 4	0.101 5
25	0.779 8	0.609 5	0.477 6	0.375 1	0.295 3	0.233 0	0.184 2	0.146 0	0.116 0	0.092 3
26	0.772 0	0.597 6	0.463 7	0.360 7	0.281 2	0.219 8	0.172 2	0.135 2	0.106 4	0.083 9
27	0.764 4	0.585 9	0.450 2	0.346 8	0.267 8	0.207 4	0.160 9	0.125 2	0.097 6	0.076 3
28	0.756 8	0.574 4	0.437 1	0.333 5	0.255 1	0.195 6	0.150 4	0.115 9	0.089 5	0.069 3
29	0.749 3	0.563 1	0.424 3	0.320 7	0.242 9	0.184 6	0.140 6	0.107 3	0.082 2	0.063 0
30	0.741 9	0.552 1	0.412 0	0.308 3	0.231 4	0.174 1	0.131 4	0.099 4	0.075 4	0.057 3
35	0.705 9	0.500 0	0.355 4	0.253 4	0.181 3	0.130 1	0.093 7	0.067 6	0.049 0	0.035 6
40	0.671 7	0.452 9	0.306 6	0.208 3	0.142 0	0.097 2	0.066 8	0.046 0	0.031 8	0.022 1
45	0.639 1	0.410 2	0.264 4	0.171 2	0.111 3	0.072 7	0.047 6	0.031 3	0.020 7	0.013 7
50	0.608 0	0.371 5	0.228 1	0.140 7	0.087 2	0.054 3	0.033 9	0.021 3	0.013 4	0.008 5
55	0.578 5	0.336 5	0.196 8	0.115 7	0.068 3	0.040 6	0.024 2	0.014 5	0.008 7	0.005 3

续表

期数	12%	14%	15%	16%	18%	20%	24%	28%	32%	36%
1	0.892 9	0.877 2	0.869 6	0.862 1	0.847 5	0.833 3	0.806 5	0.781 3	0.757 6	0.735 3
2	0.797 2	0.769 5	0.756 1	0.743 2	0.718 2	0.694 4	0.650 4	0.610 4	0.573 9	0.540 7
3	0.711 8	0.675 0	0.657 5	0.640 7	0.608 6	0.578 7	0.524 5	0.476 8	0.434 8	0.397 5
4	0.635 5	0.592 1	0.571 8	0.552 3	0.515 8	0.482 3	0.423 0	0.372 5	0.329 4	0.292 3
5	0.567 4	0.519 4	0.497 2	0.476 1	0.437 1	0.401 9	0.341 1	0.291 0	0.249 5	0.214 9
6	0.506 6	0.455 6	0.432 3	0.410 4	0.370 4	0.334 9	0.275 1	0.227 4	0.189 0	0.158 0
7	0.452 3	0.399 6	0.375 9	0.353 8	0.313 9	0.279 1	0.221 8	0.177 6	0.143 2	0.116 2
8	0.403 9	0.350 6	0.326 9	0.305 0	0.266 0	0.232 6	0.178 9	0.138 8	0.108 5	0.085 4
9	0.360 6	0.307 5	0.284 3	0.263 0	0.225 5	0.193 8	0.144 3	0.108 4	0.082 2	0.062 8
10	0.322 0	0.269 7	0.247 2	0.226 7	0.191 1	0.161 5	0.116 4	0.084 7	0.062 3	0.046 2
11	0.287 5	0.236 6	0.214 9	0.195 4	0.161 9	0.134 6	0.093 8	0.066 2	0.047 2	0.034 0
12	0.256 7	0.207 6	0.186 9	0.168 5	0.137 2	0.112 2	0.075 7	0.051 7	0.035 7	0.025 0
13	0.229 2	0.182 1	0.162 5	0.145 2	0.116 3	0.093 5	0.061 0	0.040 4	0.027 1	0.018 4
14	0.204 6	0.159 7	0.141 3	0.125 2	0.098 5	0.077 9	0.049 2	0.031 6	0.020 5	0.013 5
15	0.182 7	0.140 1	0.122 9	0.107 9	0.083 5	0.064 9	0.039 7	0.024 7	0.015 5	0.009 9
16	0.163 1	0.122 9	0.106 9	0.093 0	0.070 8	0.054 1	0.032 0	0.019 3	0.011 8	0.007 3
17	0.145 6	0.107 8	0.092 9	0.080 2	0.060 0	0.045 1	0.025 8	0.015 0	0.008 9	0.005 4
18	0.130 0	0.094 6	0.080 8	0.069 1	0.050 8	0.037 6	0.020 8	0.011 8	0.006 8	0.003 9
19	0.116 1	0.082 9	0.070 3	0.059 6	0.043 1	0.031 3	0.016 8	0.009 2	0.005 1	0.002 9
20	0.103 7	0.072 8	0.061 1	0.051 4	0.036 5	0.026 1	0.013 5	0.007 2	0.003 9	0.002 1
21	0.092 6	0.063 8	0.053 1	0.044 3	0.030 9	0.021 7	0.010 9	0.005 6	0.002 9	0.001 6
22	0.082 6	0.056 0	0.046 2	0.038 2	0.026 2	0.018 1	0.008 8	0.004 4	0.002 2	0.001 2
23	0.073 8	0.049 1	0.040 2	0.032 9	0.022 2	0.015 1	0.007 1	0.003 4	0.001 7	0.000 8
24	0.065 9	0.043 1	0.034 9	0.028 4	0.018 8	0.012 6	0.005 7	0.002 7	0.001 3	0.000 6
25	0.058 8	0.037 8	0.030 4	0.024 5	0.016 0	0.010 5	0.004 6	0.002 1	0.001 0	0.000 5
26	0.052 5	0.033 1	0.026 4	0.021 1	0.013 5	0.008 7	0.003 7	0.001 6	0.000 7	0.000 3
27	0.046 9	0.029 1	0.023 0	0.018 2	0.011 5	0.007 3	0.003 0	0.001 3	0.000 6	0.000 2
28	0.041 9	0.025 5	0.020 0	0.015 7	0.009 7	0.006 1	0.002 4	0.001 0	0.000 4	0.000 2
29	0.037 4	0.022 4	0.017 4	0.013 5	0.008 2	0.005 1	0.002 0	0.000 8	0.000 3	0.000 1
30	0.033 4	0.019 6	0.015 1	0.011 6	0.007 0	0.004 2	0.001 6	0.000 6	0.000 2	0.000 1
35	0.018 9	0.010 2	0.007 5	0.005 5	0.003 0	0.001 7	0.000 5	0.000 2	0.000 1	0.000 0
40	0.010 7	0.005 3	0.003 7	0.002 6	0.001 3	0.000 7	0.000 2	0.000 1	*	*
45	0.006 1	0.002 7	0.001 9	0.001 3	0.000 6	0.000 3	0.000 1	*	*	*
50	0.003 5	0.001 4	0.000 9	0.000 6	0.000 3	0.000 1	*	*	*	*
55	0.002 0	0.000 7	0.000 5	0.000 3	*	*	*	*	*	*

* <0.000 1

附表三　1元年金终值系数表

期数	1%	2%	3%	4%	5%	6%	7%	8%	9%	10%
1	1.000 0	1.000 0	1.000 0	1.000 0	1.000 0	1.000 0	1.000 0	1.000 0	1.000 0	1.000 0
2	2.010 0	2.020 0	2.030 0	2.040 0	2.050 0	2.060 0	2.070 0	2.080 0	2.090 0	2.100 0
3	3.030 1	3.060 4	3.090 9	3.121 6	3.152 5	3.183 6	3.214 9	3.246 4	3.278 1	3.310 0
4	4.060 4	4.121 6	4.183 6	4.246 5	4.310 1	4.374 6	4.439 9	4.506 1	4.573 1	4.641 0
5	5.101 0	5.204 0	5.309 1	5.416 3	5.525 6	5.637 1	5.750 7	5.866 6	5.984 7	6.105 1
6	6.152 0	6.308 1	6.468 4	6.633 0	6.801 9	6.975 3	7.153 3	7.335 9	7.523 3	7.715 6
7	7.213 5	7.434 3	7.662 5	7.898 3	8.142 0	8.393 8	8.654 0	8.922 8	9.200 4	9.487 2
8	8.285 7	8.583 0	8.892 3	9.214 2	9.549 1	9.897 5	10.260	10.637	11.028	11.436
9	9.368 5	9.754 6	10.159	10.583	11.027	11.491	11.978	12.488	13.021	13.579
10	10.462	10.950	11.464	12.006	12.578	13.181	13.816	14.487	15.193	15.937
11	11.567	12.169	12.808	13.486	14.207	14.972	15.784	16.645	17.560	18.531
12	12.683	13.412	14.192	15.026	15.917	16.870	17.888	18.977	20.141	21.384
13	13.809	14.680	15.618	16.627	17.713	18.882	20.141	21.495	22.953	24.523
14	14.947	15.974	17.086	18.292	19.599	21.015	22.550	24.215	26.019	27.975
15	16.097	17.293	18.599	20.024	21.579	23.276	25.129	27.152	29.361	31.772
16	17.258	18.639	20.157	21.825	23.657	25.673	27.888	30.324	33.003	35.950
17	18.430	20.012	21.762	23.698	25.840	28.213	30.840	33.750	36.974	40.545
18	19.615	21.412	23.414	25.645	28.132	30.906	33.999	37.450	41.301	45.599
19	20.811	22.841	25.117	27.671	30.539	33.760	37.379	41.446	46.018	51.159
20	22.019	24.297	26.870	29.778	33.066	36.786	40.995	45.762	51.160	57.275
21	23.239	25.783	28.676	31.969	35.719	39.993	44.865	50.423	56.765	64.002
22	24.472	27.299	30.537	34.248	38.505	43.392	49.006	55.457	62.873	71.403
23	25.716	28.845	32.453	36.618	41.430	46.996	53.436	60.893	69.532	79.543
24	26.973	30.422	34.426	39.083	44.502	50.816	58.177	66.765	76.790	88.497
25	28.243	32.030	36.459	41.646	47.727	54.865	63.249	73.106	84.701	98.347
26	29.526	33.671	38.553	44.312	51.113	59.156	68.676	79.954	93.324	109.18
27	30.821	35.344	40.710	47.084	54.669	63.706	74.484	87.351	102.72	121.10
28	32.129	37.051	42.931	49.968	58.403	68.528	80.698	95.339	112.97	134.21
29	33.450	38.792	45.219	52.966	62.323	73.640	87.347	103.97	124.14	148.63
30	34.785	40.568	47.575	56.085	66.439	79.058	94.461	113.28	136.31	164.49
40	48.886	60.402	75.401	95.026	120.80	154.76	199.64	259.06	337.88	442.59
50	64.463	84.579	112.80	152.67	209.35	290.34	406.53	573.77	815.08	1163.9
60	81.670	114.05	163.05	237.99	353.58	533.13	813.52	1253.2	1944.8	3034.8

续表

期数	12%	14%	15%	16%	18%	20%	24%	28%	32%	36%
1	1.000 0	1.000 0	1.000 0	1.000 0	1.000 0	1.000 0	1.000 0	1.000 0	1.000 0	1.000 0
2	2.120 0	2.140 0	2.150 0	2.160 0	2.180 0	2.200 0	2.240 0	2.280 0	2.320 0	2.360 0
3	3.374 4	3.439 6	3.472 5	3.505 6	3.572 4	3.640 0	3.777 6	3.918 4	4.062 4	4.209 6
4	4.779 3	4.921 1	4.993 4	5.066 5	5.215 4	5.368 0	5.684 2	6.015 6	6.362 4	6.725 1
5	6.352 8	6.610 1	6.742 4	6.877 1	7.154 2	7.441 6	8.0484	8.699 9	9.398 3	10.146
6	8.115 2	8.535 5	8.753 7	8.977 5	9.442 0	9.929 9	10.980	12.136	13.406	14.799
7	10.089	10.730	11.067	11.414	12.142	12.916	14.615	16.534	18.696	21.126
8	12.300	13.233	13.727	14.240	15.327	16.499	19.123	22.163	25.678	29.732
9	14.776	16.085	16.786	17.519	19.086	20.799	24.712	29.369	34.895	41.435
10	17.549	19.337	20.304	21.321	23.521	25.959	31.643	38.593	47.062	57.352
11	20.655	23.045	24.349	25.733	28.755	32.150	40.238	50.398	63.122	78.998
12	24.133	27.271	29.002	30.850	34.931	39.581	50.895	65.510	84.320	108.44
13	28.029	32.089	34.352	36.786	42.219	48.497	64.110	84.853	112.30	148.47
14	32.393	37.581	40.505	43.672	50.818	59.196	80.496	109.61	149.24	202.93
15	37.280	43.842	47.580	51.660	60.965	72.035	100.82	141.30	198.00	276.98
16	42.753	50.980	55.717	60.925	72.939	87.442	126.01	181.87	262.36	377.69
17	48.884	59.118	65.075	71.673	87.068	105.93	157.25	233.79	347.31	514.66
18	55.750	68.394	75.836	84.141	103.74	128.12	195.99	300.25	459.45	700.94
19	63.440	78.969	88.212	98.603	123.41	154.74	244.03	385.32	607.47	954.28
20	72.052	91.025	102.44	115.38	146.63	186.69	303.60	494.21	802.86	1298.8
21	81.699	104.77	118.81	134.84	174.02	225.03	377.46	633.59	1 060.8	1 767.4
22	92.503	120.44	137.63	157.41	206.34	271.03	469.06	812.00	1 401.2	2 404.7
23	104.60	138.30	159.28	183.60	244.49	326.24	582.63	1 040.4	1 850.6	3 271.3
24	118.16	158.66	184.17	213.98	289.49	392.48	723.46	1 332.7	2 443.8	4 450.0
25	133.33	181.87	212.79	249.21	342.60	471.98	898.09	1 706.8	3 226.8	6 053.0
26	150.33	208.33	245.71	290.09	405.27	567.38	1 114.6	2 185.7	4 260.4	8 233.1
27	169.37	238.50	283.57	337.50	479.22	681.85	1 383.1	2 798.7	5 624.8	11 198
28	190.70	272.89	327.10	392.50	566.48	819.22	1 716.1	3 583.3	7 425.7	15 230
29	214.58	312.09	377.17	456.30	669.45	984.07	2 129.0	4 587.7	9 802.9	20 714
30	241.33	356.79	434.75	530.31	790.95	1 181.9	2 640.9	5 873.2	12 941	28 172
40	767.09	1 342.0	1 779.1	2 360.8	4 163.2	7 343.9	22 729	69 377	*	*
50	2 400.0	4 994.5	7 217.7	10 436	21 813	45 497	*	*	*	*
60	7 471.6	18 535	29 220	46 058	*	*	*	*	*	*

* >99 999

附表四　1 元年金现值系数表

期数	1%	2%	3%	4%	5%	6%	7%	8%	9%	10%
1	0.990 1	0.980 4	0.970 9	0.961 5	0.952 4	0.943 4	0.934 6	0.925 9	0.917 4	0.909 1
2	1.970 4	1.941 6	1.913 5	1.886 1	1.859 4	1.833 4	1.808 0	1.783 3	1.759 1	1.735 5
3	2.941 0	2.883 9	2.828 6	2.775 1	2.723 2	2.673 0	2.624 3	2.577 1	2.531 3	2.486 9
4	3.902 0	3.807 7	3.717 1	3.629 9	3.546 0	3.465 1	3.387 2	3.312 1	3.239 7	3.169 9
5	4.853 4	4.713 5	4.579 7	4.451 8	4.329 5	4.212 4	4.100 2	3.992 7	3.889 7	3.790 8
6	5.795 5	5.601 4	5.417 2	5.242 1	5.075 7	4.917 3	4.766 5	4.622 9	4.485 9	4.355 3
7	6.728 2	6.472 0	6.230 3	6.002 1	5.786 4	5.582 4	5.389 3	5.206 4	5.033 0	4.868 4
8	7.651 7	7.325 5	7.019 7	6.732 7	6.463 2	6.209 8	5.971 3	5.746 6	5.534 8	5.334 9
9	8.566 0	8.162 2	7.786 1	7.435 3	7.107 8	6.801 7	6.515 2	6.246 9	5.995 2	5.759 0
10	9.471 3	8.982 6	8.530 2	8.110 9	7.721 7	7.360 1	7.023 6	6.710 1	6.417 7	6.144 6
11	10.368	9.787	9.253	8.760 5	8.306 4	7.886 9	7.498 7	7.139 0	6.805 2	6.495 1
12	11.255	10.575	9.954	9.385 1	8.863 3	8.383 8	7.942 7	7.536 1	7.160 7	6.813 7
13	12.134	11.348	10.635	9.985 6	9.393 6	8.852 7	8.357 7	7.903 8	7.486 9	7.103 4
14	13.004	12.106	11.296	10.563	9.898 6	9.295 0	8.745 5	8.244 2	7.786 2	7.366 7
15	13.865	12.849	11.938	11.118	10.380	9.712 2	9.107 9	8.559 5	8.060 7	7.606 1
16	14.718	13.578	12.561	11.652	10.838	10.106	9.446 6	8.851 4	8.312 6	7.823 7
17	15.562	14.292	13.166	12.166	11.274	10.477	9.763 2	9.121 6	8.543 6	8.021 6
18	16.398	14.992	13.754	12.659	11.690	10.828	10.059	9.371 9	8.755 6	8.201 4
19	17.226	15.678	14.324	13.134	12.085	11.158	10.336	9.603 6	8.950 1	8.364 9
20	18.046	16.351	14.877	13.590	12.462	11.470	10.594	9.818 1	9.128 5	8.513 6
21	18.857	17.011	15.415	14.029	12.821	11.764	10.836	10.017	9.292 2	8.648 7
22	19.660	17.658	15.937	14.451	13.163	12.042	11.061	10.201	9.442 4	8.771 5
23	20.456	18.292	16.444	14.857	13.489	12.303	11.272	10.371	9.580 2	8.883 2
24	21.243	18.914	16.936	15.247	13.799	12.550	11.469	10.529	9.706 6	8.984 7
25	22.023	19.523	17.413	15.622	14.094	12.783	11.654	10.675	9.822 6	9.077 0
26	22.795	20.121	17.877	15.983	14.375	13.003	11.826	10.810	9.929 0	9.160 9
27	23.560	20.707	18.327	16.330	14.643	13.211	11.987	10.935	10.027	9.237 2
28	24.316	21.281	18.764	16.663	14.898	13.406	12.137	11.051	10.116	9.306 6
29	25.066	21.844	19.188	16.984	15.141	13.591	12.278	11.158	10.198	9.369 6
30	25.808	22.396	19.600	17.292	15.372	13.765	12.409	11.258	10.274	9.426 9
35	29.409	24.999	21.487	18.665	16.374	14.498	12.948	11.655	10.567	9.644 2
40	32.835	27.355	23.115	19.793	17.159	15.046	13.332	11.925	10.757	9.779 1
45	36.095	29.490	24.519	20.720	17.774	15.456	13.606	12.108	10.881	9.862 8
50	39.196	31.424	25.730	21.482	18.256	15.762	13.801	12.233	10.962	9.914 8
55	42.147	33.175	26.774	22.109	18.633	15.991	13.940	12.319	11.014	9.947 1

续表

期数	12%	14%	15%	16%	18%	20%	24%	28%	32%	36%
1	0.892 9	0.877 2	0.869 6	0.862 1	0.847 5	0.833 3	0.806 5	0.781 3	0.757 6	0.735 3
2	1.690 1	1.646 7	1.625 7	1.605 2	1.565 6	1.527 8	1.456 8	1.391 6	1.331 5	1.276 0
3	2.401 8	2.321 6	2.283 2	2.245 9	2.174 3	2.106 5	1.981 3	1.868 4	1.766 3	1.673 5
4	3.037 3	2.913 7	2.855 0	2.798 2	2.690 1	2.588 7	2.404 3	2.241 0	2.095 7	1.965 8
5	3.604 8	3.433 1	3.352 2	3.274 3	3.127 2	2.990 6	2.745 4	2.532 0	2.3452	2.180 7
6	4.111 4	3.888 7	3.784 5	3.684 7	3.497 6	3.325 5	3.020 5	2.759 4	2.534 2	2.338 8
7	4.563 8	4.288 3	4.160 4	4.038 6	3.811 5	3.604 6	3.242 3	2.937 0	2.677 5	2.455 0
8	4.967 6	4.638 9	4.487 3	4.343 6	4.077 6	3.837 2	3.421 2	3.075 8	2.786 0	2.540 4
9	5.328 2	4.946 4	4.771 6	4.606 5	4.303 0	4.031 0	3.565 5	3.184 2	2.868 1	2.603 3
10	5.650 2	5.216 1	5.018 8	4.833 2	4.494 1	4.192 5	3.681 9	3.268 9	2.930 4	2.649 5
11	5.937 7	5.452 7	5.233 7	5.028 6	4.656 0	4.327 1	3.775 7	3.335 1	2.977 6	2.683 4
12	6.194 4	5.660 3	5.420 6	5.197 1	4.793 2	4.439 2	3.851 4	3.386 8	3.013 3	2.708 4
13	6.423 5	5.842 4	5.583 1	5.342 3	4.909 5	4.532 7	3.912 4	3.427 2	3.040 4	2.726 8
14	6.628 2	6.002 1	5.724 5	5.467 5	5.008 1	4.610 6	3.961 6	3.458 7	3.060 9	2.740 3
15	6.810 9	6.142 2	5.847 4	5.575 5	5.091 6	4.675 5	4.001 3	3.483 4	3.076 4	2.750 2
16	6.974 0	6.265 1	5.954 2	5.668 5	5.162 4	4.729 6	4.033 3	3.502 6	3.088 2	2.757 5
17	7.119 6	6.372 9	6.047 2	5.748 7	5.222 3	4.774 6	4.059 1	3.517 7	3.097 1	2.762 9
18	7.249 7	6.467 4	6.128 0	5.817 8	5.273 2	4.812 2	4.079 9	3.529 4	3.103 9	2.766 8
19	7.365 8	6.550 4	6.198 2	5.877 5	5.316 2	4.843 5	4.096 7	3.538 6	3.109 0	2.769 7
20	7.469 4	6.623 1	6.259 3	5.928 8	5.352 7	4.869 6	4.110 3	3.545 8	3.112 9	2.771 8
21	7.562 0	6.687 0	6.312 5	5.973 1	5.383 7	4.891 3	4.121 2	3.551 4	3.115 8	2.773 4
22	7.644 6	6.742 9	6.358 7	6.011 3	5.409 9	4.909 4	4.130 0	3.555 8	3.118 0	2.774 6
23	7.718 4	6.792 1	6.398 8	6.044 2	5.432 1	4.924 5	4.137 1	3.559 2	3.119 7	2.775 4
24	7.784 3	6.835 1	6.433 8	6.072 6	5.450 9	4.937 1	4.142 8	3.561 9	3.121 0	2.776 0
25	7.843 1	6.872 9	6.464 1	6.097 1	5.466 9	4.947 6	4.147 4	3.564 0	3.122 0	2.776 5
26	7.895 7	6.906 1	6.490 6	6.118 2	5.480 4	4.956 3	4.151 1	3.565 6	3.122 7	2.776 8
27	7.942 6	6.935 2	6.513 5	6.136 4	5.491 9	4.963 6	4.154 2	3.566 9	3.123 3	2.777 1
28	7.984 4	6.960 7	6.533 5	6.152 0	5.501 6	4.969 7	4.156 6	3.567 9	3.123 7	2.777 3
29	8.021 8	6.983 0	6.550 9	6.165 6	5.509 8	4.974 7	4.158 5	3.568 7	3.124 0	2.777 4
30	8.055 2	7.002 7	6.566 0	6.177 2	5.516 8	4.978 9	4.160 1	3.569 3	3.124 2	2.777 5
35	8.175 5	7.070 0	6.616 6	6.215 3	5.538 6	4.991 5	4.164 4	3.570 8	3.124 8	2.777 7
40	8.243 8	7.105 0	6.641 8	6.233 5	5.548 2	4.996 6	4.165 9	3.571 2	3.125 0	2.777 8
45	8.282 5	7.123 2	6.654 3	6.242 1	5.552 3	4.998 6	4.166 4	3.571 4	3.125 0	2.777 8
50	8.304 5	7.132 7	6.660 5	6.246 3	5.554 1	4.999 5	4.166 6	3.571 4	3.125 0	2.777 8
55	8.317 0	7.137 6	6.663 6	6.248 2	5.554 9	4.999 8	4.166 6	3.571 4	3.125 0	2.777 8

图书在版编目(CIP)数据

财务管理实务/肖凌主编.—2版.—厦门:厦门大学出版社,2013.10(2021.1重印)

(21世纪高职高专会计学系列教材)

ISBN 978-7-5615-2844-0

Ⅰ.①财… Ⅱ.①肖… Ⅲ.①财务管理-高等职业教育-教材 Ⅳ.①F275

中国版本图书馆CIP数据核字(2013)第190076号

厦门大学出版社出版发行

(地址:厦门市软件园二期望海路39号 邮编:361008)

http://www.xmupress.com

xmup @ xmupress.com

厦门集大印刷厂印刷

2013年10月第2版 2021年1月第3次印刷

开本:787×960 1/16 印张:19 字数:336千字

定价:42.00元